Reliability of Financial Information

財務情報の信頼性

会計と監査の挑戦

友杉芳正
田中　弘　編著
佐藤倫正

税務経理協会

執筆者一覧

編著者

友杉芳正	早稲田大学大学院会計研究科教授。第Ⅰ部第2章，第Ⅲ部第1章担当。
田中　弘	神奈川大学経済学部教授。第Ⅰ部第4章担当。
佐藤倫正	名古屋大学大学院経済学研究科教授。第Ⅰ部第1章，第Ⅴ部第1章，第4章担当。

著　者

浦崎直浩	近畿大学経営学部教授。第Ⅱ部第1章担当。
蟹江　章	北海道大学大学院経済学研究科教授。第Ⅲ部第3章，第5章担当。
木村彰吾	名古屋大学大学院経済学研究科教授。第Ⅳ部第5章担当。
小西範幸	岡山大学大学院社会文化科学研究科教授。第Ⅳ部第2章担当。
白木俊彦	南山大学大学院ビジネス研究科教授。第Ⅱ部第2章担当。
中條良美	阪南大学経営情報学部准教授。第Ⅳ部第4章担当。
徳賀芳弘	京都大学大学院経営管理研究部教授。第Ⅰ部第3章担当。
中川豊隆	岡山大学大学院社会文化科学研究科准教授。第Ⅴ部第1章，第4章担当。
野口晃弘	名古屋大学大学院経済学研究科教授。第Ⅳ部第3章担当。
林　隆敏	関西学院大学商学部教授。第Ⅲ部第2章担当。
朴　恩芝	香川大学経済学部准教授。第Ⅳ部第6章担当。
挽　直治	成蹊大学経済学部非常勤講師。第Ⅱ部第5章担当。
向伊知郎	愛知学院大学経営学部教授。第Ⅳ部第1章，第Ⅴ部第3章担当。
吉田和生	名古屋市立大学大学院経済学研究科教授。第Ⅴ部第2章担当。
吉田康英	中京大学経営学部教授。第Ⅱ部第3章，第4章，第Ⅲ部第4章担当。

はしがき

　昨今の企業不正や会計不正は，事業地位の向上，意図的な利益操作，法令定款違反など様々な理由により多発しており，企業社会の会計と監査に対する信頼性を喪失させ，まさに「会計不信」と「監査不信」をもたらしている。そのため，企業情報開示の拡充に伴う財務情報の信頼性のあり方について，会計基準・監査基準の設定・改訂，経営者の誠実性に関係する健全なコーポレート・ガバナンスの構築，監査の品質管理の強化など，基準設定者側，経営者側，監査人側の関係者により，それぞれ「会計の質」と「監査の質」を高める努力がなされ，投資者との期待ギャップの解消が図られている。

　会計ビッグバン以降，わが国の会計は収益費用観から資産負債観へと進展し，意思決定有用性のもとキャッシュ・フロー計算書の導入とともに公正価値評価における経済価値計算を志向し，人的資産や知的資産などの評価の要素を取り入れ始めている。会計がますます主観性，予測性，複雑性を持ち始めているため，監査が客観的証拠から心証的証拠へと説得的証拠を入手せざるを得なくなってきている。そのような潮流の中で，企業社会における不祥事として批判される「会計不正」と「監査不正」の発生が多くみられる。

　ここに，財務情報の信頼性を確保し，その保証水準を高める必要性から，「会計のあり方」と「監査のあり方」について，グローバル化にみられるコンバージェンス（収斂化）を意識しつつ，理論的・制度的・実証的な総合研究を行い，公共の利益の実現を図るため，企業社会の秩序形成の一翼を担う会計と監査の重要な役割存在の意義を探り，社会的有用性を確保する方策を鋭意検討する必要がある。

　それゆえ，財務情報の信頼性とその保証に関する研究の現代的意義は，経営者の企業社会責任（ＣＳＲ：corporate social responsibility）遂行における誠実性を反映する会計が，「形式より実質（substance over form）」へと経済的実態把握を志向することにより，見積りや将来予測の要素が増加し，それに対する監査が内部統制の有効性の評価のもと，リスク・アプローチの貫徹により不正発見，防止を意図し，財務情報の信頼性を合理的に保証する新しい段階に突入してい

ることとの関連において理解されなければならない。そのため，会計と監査の信頼性とその保証に関する本質把握が必要である。

　わが国では，制度論的にみれば，利害関係調整情報は，現在株主を中心としつつも，債権者などその他のステークホルダーとの関係を意識した問題へと発展し，主に会社法会計制度（平成18年5月1日施行）と繋がるのに対し，投資意思決定情報は，投資者に提供される必要な財務情報として，投資意思決定有用性を保有することが必要となり，主に金融商品取引法会計制度（平成19年9月30日施行）と繋がる。それらの財務情報には，それぞれ信頼性を付与する監査制度が用意されている。

　グローバル化を視野に入れれば，平成16（2004）年4月に国際会計基準審議会（International Accounting Standards Board：IASB）と米国の財務会計基準審議会（Financial Accounting Standards Board：FASB）の合同会議における「共通概念フレームワークの構築」では，財務情報の質的特性としての「信頼性（reliability）」概念は「忠実な表現（faithful representation）」概念へと変更が提案されており，財務情報の信頼性を確保するには，信頼性の用語が多面的に使用されているため，その精緻化を図る必要がある。

　また，会計基準では2007年8月8日に国際会計基準審議会（IASB）と企業会計基準委員会（ASBJ）とが「東京合意」に達し，2011年までにコンバージェンスを目指すことになり，監査においても，国際監査・保証基準審議会（IAASB）の国際監査基準と日本公認会計士協会の監査基準委員会報告書とのクラリティ・プロジェクト（透明性計画）が始まっており，これも2011年までに達成が予定されている。

　このように，会計と監査におけるコンバージェンス（収斂化）への潮流の中で，「財務情報の信頼性とその保証」の展開には，「会計の信頼性」と「監査の信頼性」の両面の内容理解と相互依存的関係把握が必要不可欠となる。

　これらの動向を踏まえ，会計と監査を取り巻く激変する環境状況の認識のもとに，本書は，多角的観点から，第Ⅰ部「財務情報の信頼性概念に関する基本的考察」，第Ⅱ部「公正価値会計の信頼性」，第Ⅲ部「財務情報の信頼性における監査保証」，第Ⅳ部「拡大する財務情報における信頼性」，第Ⅴ部「財務情報の信頼性に関する実証研究」の5部構成としてまとめている。

第Ⅰ部「財務情報の信頼性概念に関する基本的考察」では，財務情報の信頼性概念に関する基本的かつ包括的な考察を行い，財務情報の信頼性の構造，財務情報の質的特性としての信頼性，「信頼性」から「忠実な表現」への変化の意味，基準設定主体の独立性と財務情報の信頼性の関係を追究している。

　第Ⅱ部「公正価値会計の信頼性」では，収益費用観から資産負債観への会計観の変化により発生した極めて重要な意味をもつ公正価値評価，現在時価測定の信頼性を取り上げ，包括利益項目の信頼性に関する為替換算調整勘定，有価証券評価差額金，デリバティブ評価損益，退職給付損益を個別的，具体的に検討している

　第Ⅲ部「財務情報の信頼性における監査保証」では，監査環境が激変し，会社法，金融商品取引法の施行により，監査の多様な制度選択の可能な時代に入り，コーポレート・ガバナンス，監査基準，保証業務（合理的保証，限定的保証），監査人の独立性・倫理性，監査業務・監査事務所の品質管理，内部統制の有効性の評価，内部統制報告書監査，リスク管理と内部統制，会計上の見積り・将来予測の監査，監査に対する信頼性の回復策など，財務情報の信頼性を高める監査全般にわたって本質的内容を検討している。

　第Ⅳ部「拡大する財務情報における信頼性」では，財務情報の信頼性を強化する方策について展開している。連結財務情報の連結の範囲と特別目的事業体（ＳＰＥ），事業等のリスク情報開示における信頼性の程度を検討し，財務情報の信頼性を補強・強化するものとして，会計参与制度，保守主義，管理会計手法の貢献可能性，環境の保証業務とサステナビリティ報告の信頼性について検討している。

　第Ⅴ部「財務情報の信頼性に関する実証研究」では，財務情報の信頼性に関係する資金法と利益の質の把握，報告利益管理と監査の質の把握，減損会計情報の信頼性の把握，アンケート調査に基づく経理担当者の意識調査分析などを取り上げて検討している。

　このように５部構成としてまとめたのは，会計と監査を取り巻く環境変化の中で，まず経営者の高度な誠実性の履行のもとに，財務情報の利用者に対し，発信情報として作成される財務情報の信頼性が，「基準設定の信頼性→認識・

測定・記録・表示の信頼性→有用な財務情報の信頼性」のサイクル・プロセスにおいて把握される必要があること，それに付随して「企業不祥事の多発・会計不信→監査の強化・信頼性の保証→健全なコーポレート・ガバナンスの構築」の流れの視野の中で，社会的コントロール機能を果たす監査の信頼性を回復するために監査の果たす本来的姿を追究する必要があること，それらを「会計・監査行動の実証研究→会計不信と利益操作の関係→財務情報の信頼性の付与程度」を通して探るために，先行研究の分析，利益の質・監査の質の分析，経理担当者の意識調査分析に関する実証研究をもとに，その本質を明らかにすることを試みているからである。

　本書は，日本会計研究学会・特別委員会「財務情報の信頼性に関する研究」（委員長・友杉芳正，平成17～18年度），および科学研究費・基盤研究（A）「財務情報の信頼性と保証に関する研究」（代表・友杉芳正，平成17～19年度）における，計3年間にわたる研究成果をもとに，最新情報を取り入れてまとめた意欲的な著作である。今後，グローバル化へとますます進展していく経済社会において，健全な企業社会の秩序形成に必要不可欠な会計と監査が，有意義なひとつの社会的用具として認識され，ますますその信頼の度合いを増し，重要な役割を果たすことを期待するものである。そのため，本書がいささかでも貢献できれば，これにすぎる喜びはない。読者諸賢から忌憚のないご意見を賜れば幸いである。

　なお，株式会社税務経理協会の大坪嘉春社長，第一編集部課長の新堀博子氏には，多大なご支援とご協力を賜った。ここに，衷心より，厚く御礼を申し上げる次第である。

平成20年6月1日

編　者
友杉　芳正
田中　　弘
佐藤　倫正

目　次

はしがき

第Ⅰ部　財務情報の信頼性概念に関する基本的考察

第1章　財務情報の信頼性 …………………………………………… *3*
　　1．はじめに……………………………………………………… *3*
　　2．信頼性概念の多様性………………………………………… *4*
　　3．概念フレームワークの重要性……………………………… *9*
　　4．結びに代えて………………………………………………… *10*

第2章　財務情報の質的特性としての信頼性 ……………………… *13*
　　1．財務情報の信頼性…………………………………………… *13*
　　2．IASBの情報特性…………………………………………… *14*
　　3．FASBの情報特性…………………………………………… *15*
　　4．ASBJの情報特性…………………………………………… *16*
　　5．IASB・FASB共同プロジェクトの情報特性…………… *17*

第3章　「信頼性」から「忠実な表現」へ変化の意味 …………… *22*
　　1．はじめに……………………………………………………… *22*
　　2．「忠実な表現」概念を「信頼性」概念に代替させる
　　　　消極的理由………………………………………………… *23*
　　3．「忠実な表現」概念を「信頼性」概念に代替させる
　　　　積極的理由………………………………………………… *24*
　　4．結びに代えて………………………………………………… *27*

第4章　基準設定主体の主体性・独立性と財務情報の
　　　　信頼性 ·· 31
　　1．はじめに ·· 31
　　2．基準設定主体と基準の強制力 ··· 32
　　3．基準設定主体に対する政治的介入―インフレ会計基準の例 ········· 34
　　4．投資税額控除の会計基準―APBに対するSECの介入例 ········· 35
　　5．オイル・ガス事業の会計基準―FASBに対するSECの
　　　　介入例 ·· 37
　　6．会計基準と国策・国益 ··· 38

第Ⅱ部　公正価値会計の信頼性

第1章　公正価値測定とその信頼性 ·· 43
　　1．はじめに ·· 43
　　2．SFAS157「公正価値測定」の概要 ··································· 44
　　3．結びに代えて ·· 50

第2章　為替換算調整勘定と包括利益情報の信頼性 ················ 52
　　1．はじめに ·· 52
　　2．為替換算調整勘定の性格と包括利益 ······························· 53
　　3．為替換算調整勘定と包括利益計算書 ······························· 58
　　4．結びに代えて ·· 61

第3章　有価証券評価差額金と包括利益情報の信頼性 ············ 63
　　1．はじめに ·· 63
　　2．保有目的区分の概要 ··· 63
　　3．保有目的区分毎の会計処理 ·· 65
　　4．財務情報の信頼性に影響を及ぼす要因 ··························· 67
　　5．財務情報の信頼性に対する評価 ······································· 70

6．結びに代えて……………………………………………………………71

第4章　デリバティブ評価損益と包括利益情報の信頼性………73
　　　1．はじめに……………………………………………………………73
　　　2．キャッシュ・フロー・ヘッジの概要…………………………74
　　　3．キャッシュ・フロー・ヘッジの会計処理……………………76
　　　4．財務情報の信頼性に影響を及ぼす要因………………………78
　　　5．財務情報の信頼性に対する評価…………………………………80
　　　6．結びに代えて……………………………………………………82

第5章　利得または損失，過去勤務費用または収益と
　　　　包括利益情報の信頼性……………………………………………84
　　　1．はじめに……………………………………………………………84
　　　2．ＦＡＳ158号………………………………………………………85
　　　3．経営者の会計判断の重要性………………………………………86
　　　4．予測要素の判断とアクチュアリー………………………………88
　　　5．結びに代えて……………………………………………………89

第Ⅲ部　財務情報の信頼性における監査保証

第1章　監査環境の変化と信頼性の確保……………………………97
　　　1．はじめに……………………………………………………………97
　　　2．監査の品質管理の強化……………………………………………97
　　　3．不正発見型監査の重視と独立性の強化…………………………99
　　　4．リスク・アプローチの徹底化……………………………………100
　　　5．内部統制監査と四半期レビューの実現…………………………101
　　　6．監査における実質的判断の導入…………………………………102
　　　7．一元機構と二元機構の選択制……………………………………103
　　　8．実質優先主義と離脱規定の適用可能性…………………………104

9．結びに代えて ………………………………………………… 105

第2章　財務情報の信頼性と監査による保証 …………………… 107
　　　1．監査による保証の意味 ………………………………………… 107
　　　2．保証業務の定義および分類 …………………………………… 108
　　　3．保証水準とその決定要因 ……………………………………… 110
　　　4．保証業務リスクと合理的な保証 ……………………………… 112
　　　5．保証水準を巡る諸問題 ………………………………………… 114

第3章　財務諸表監査と内部統制監査 …………………………… 117
　　　1．リスク・アプローチ監査における内部統制 ………………… 117
　　　2．アメリカにおける内部統制監査 ……………………………… 118
　　　3．わが国における内部統制監査 ………………………………… 121
　　　4．内部統制監査と財務情報の信頼性 …………………………… 124

第4章　会計上の見積りの監査と信頼性 ………………………… 127
　　　1．はじめに ………………………………………………………… 127
　　　2．経営者による会計上の見積りの構造 ………………………… 127
　　　3．監査人による会計上の見積りの監査の構造 ………………… 129
　　　4．特別な検討を必要とするリスクと潜在的な経営者の
　　　　偏向指標の検討 ………………………………………………… 134
　　　5．結びに代えて …………………………………………………… 135

第5章　監査に対する信頼の回復と向上 ………………………… 137
　　　1．粉飾と監査の失敗 ……………………………………………… 137
　　　2．監査不信の構図 ………………………………………………… 138
　　　3．監査に対する信頼の定義 ……………………………………… 140
　　　4．監査に対する信頼の回復・向上策 …………………………… 141
　　　5．情報開示と信頼の回復・向上 ………………………………… 145

第Ⅳ部　拡大する財務情報における信頼性

第1章　連結財務情報の信頼性
　　　　　－連結の範囲と特別目的事業体 …………………………149
　　1．はじめに …………………………………………………………149
　　2．報告企業と支配概念 ……………………………………………150
　　3．SPC・SPE・VIEの連結規定 …………………………………151
　　4．SPC・VIEの連結実態～日本企業の場合 …………………155
　　5．結びに代えて ……………………………………………………158

第2章　事業等のリスク情報の開示とその信頼性 ………160
　　1．はじめに …………………………………………………………160
　　2．事業等のリスク情報の開示制度 ………………………………161
　　3．企業リスクの考え方 ……………………………………………163
　　4．リスク情報の識別 ………………………………………………166
　　5．リスク情報の分類 ………………………………………………169
　　6．有価証券報告書における開示の実態 …………………………170
　　7．信頼性向上に向けて ……………………………………………171

第3章　会計参与制度の創設と財務情報の信頼性 ………175
　　1．はじめに …………………………………………………………175
　　2．会計参与 …………………………………………………………175
　　3．小規模閉鎖会社における会計参与の役割 ……………………177
　　4．大規模公開会社における会計参与の役割 ……………………178
　　5．会計専門職を会社役員に加える必要性 ………………………179
　　6．結びに代えて ……………………………………………………180

第4章　保守主義と会計情報の信頼性
－企業価値関連性の分析をもとに ……………… 184
1．はじめに ……………………………………………… 184
2．株価評価における保守主義の位置づけ …………… 185
3．保守主義の測定 ……………………………………… 186
4．保守主義と信頼性 …………………………………… 191

第5章　財務情報の信頼性に対する管理会計手法の貢献可能性 ……………… 194
1．はじめに ……………………………………………… 194
2．管理会計情報の特徴とその信頼性 ………………… 194
3．経営者の会計行動についての分析 ………………… 197
4．結びに代えて ………………………………………… 201

第6章　サステナビリティ情報の第三者保証 ……… 203
1．はじめに ……………………………………………… 203
2．第三者保証のための基準 …………………………… 205
3．日本企業のサステナビリティ情報に関する第三者保証 ……… 207
4．結びに代えて ………………………………………… 210

第Ⅴ部　財務情報の信頼性に関する実証研究

第1章　財務情報の信頼性と利質分析
－資金法による利益の再計算 ……………… 215
1．はじめに ……………………………………………… 215
2．資金法と資金循環力 ………………………………… 215
3．再計算利益の算定 …………………………………… 218
4．再計算利益情報の有用性 …………………………… 220
5．結びに代えて ………………………………………… 221

第2章　わが国における監査の質と報告利益管理の分析 ……224
　　1．はじめに……………………………………………………224
　　2．仮　　説…………………………………………………225
　　3．サンプルとデータ…………………………………………226
　　4．分析方法…………………………………………………227
　　5．分析結果…………………………………………………228
　　6．結びに代えて……………………………………………231

第3章　減損会計情報の信頼性 ………………………………236
　　1．はじめに……………………………………………………236
　　2．減損会計情報の比較可能性………………………………237
　　3．経営者の裁量的判断の除去………………………………239
　　4．結びに代えて……………………………………………244

第4章　財務情報の信頼性に関する経理担当者の意識調査 …246
　　1．はじめに……………………………………………………246
　　2．アンケートの構成…………………………………………247
　　3．調査結果の概要…………………………………………247
　　4．アンケート結果の解析……………………………………250
　　5．結びに代えて……………………………………………254
　　資料：財務情報の信頼性に関するアンケート………………256

おわりに ……………………………………………………………263

第Ⅰ部

財務情報の信頼性概念に関する基本的考察

第1章
財務情報の信頼性

1. はじめに

　一般に信頼性は，主体が客体に対して抱く「安心して頼れる」という感覚であるが，安心感は楽観的な盲信からも生ずるし，制裁的な抑止力によって無理やり作り出された確信からも生ずる。その中間に，双方向の努力による相互信頼による安心感がある（山岸1998）。本来の信頼性は，そのような関係から生ずるのが望ましいが，その成立を支援するための合意の形成や，法的な仕組みの整備だけでなく，概念フレームワークの整備も重要と思われる。

　一方，客体としての会計は，そのプロセスの複雑性ゆえに，不正が介入する余地があるし，企業には一定の範囲で報告利益を動かせる余地が与えられている。そのうえ，会計ビッグバンによって時価会計が導入され，見積りに依存する局面が一層大きくなった。このことも財務情報の信頼性に影響を与えている。

　ここでは，現行の財務内容開示制度による監査済み財務諸表によって提供される情報を財務情報と呼ぶことにする。すなわち財務諸表，附属明細表，注記，そして監査報告書などがその内容となる。したがって，企業の任意開示になっている環境報告書などは，その意味での財務情報ではないが，それを補完する重要な情報源である。

　情報利用者にとって企業が提供する財務情報に信頼性（reliability）があり，それを信じて頼りきれることが望ましい。その意味で情報利用者は信頼性のある情報を必要とする。しかしながら，どのような情報に信頼性があるのか，また，どの程度の信頼性が求められているのか，この点を考えていくと，そこにはかなり重要な問題領域が広がっているように思える。

　信頼性というと，第一に思い浮かぶのは，ＦＡＳＢの概念ステートメント第

2号が扱った会計情報の質的特性（Qualitative Characteristics of Accounting Information）の中の「信頼性（reliability）」であり（ＦＡＳＢ，1980），これが貴重な手がかりを与えてくれている。ＦＡＳＢによると，会計情報の信頼性は次図のように，目的適合性（relevance）と並ぶかたちで情報の有用性を決定する情報属性と捉えられている。そして，目的適合性と信頼性の間にはコンフリクトが存在し，一方を追求すれば他方が犠牲になることもあると考えられている（Anthony 1984, pp.44-45）。そして，信頼性は①事実写像性（representative faithfulness）と②中立性（neutrality）と③検証可能性（verifiability），からなるとされている。事実写像性は表現の忠実性とも訳される。

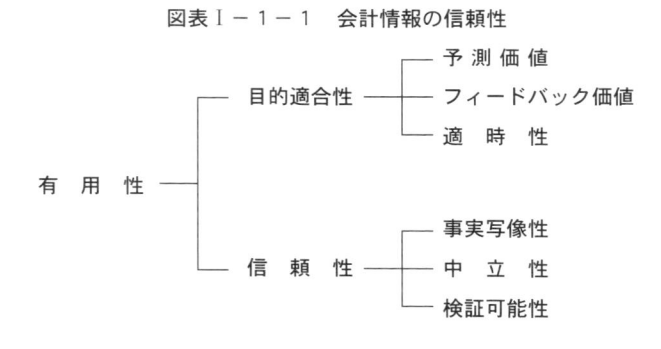

図表Ⅰ－1－1　会計情報の信頼性

```
                    ┌─ 予 測 価 値
         ┌ 目的適合性 ─┼─ フィードバック価値
         │            └─ 適 時 性
有 用 性 ─┤
         │            ┌─ 事実写像性
         └ 信 頼 性 ─┼─ 中 立 性
                      └─ 検証可能性
```

　一方で，最近になってＦＡＳＢとＩＡＳＢの合同委員会は信頼性概念を見直して，この概念の使用を止める動きを見せている。その場合，信頼性の位置に事実写像性に近い忠実な表現（faithful representation）という概念を移し替えることが検討されている（ＩＡＳＢ2008）。しかし，信頼性という用語の使用を止めたからといって，会計不信がなくなり財務情報の信頼性の問題がなくなるとも思えない。

2. 信頼性概念の多様性

　ＦＡＳＢとＩＡＳＢの合同委員会が信頼性という用語を使用しない理由の1つに，それが多様な意義を持つ曖昧さを含んだ概念であることが指摘される。しかし，情報利用者が信頼性のある情報を欲するのは事実であるから，その多

様な意味が明確に理解されれば，その重要性と利用可能性が一層増す可能性もある。そこで本章ではこの立場から，信頼性という用語の周辺にある関連用語を引き寄せながら組み立てて，財務情報の信頼性を構造的にとらえるアプローチを試みる。

(1) 信頼性の3つの概念

以下では，情報の信頼性を広く捉え，ＦＡＳＢの信頼性概念を縦割りにする形で，少なくとも次の3つの意味の信頼性があると考えてみることにする。すなわち，組織あるいは人の行動に対して，trustworthy（名詞形は trustworthiness だが，ここではこの用語を用いる）という意味での信頼性を，ルールなどの処理システムに対して credibility という意味での信頼性を，そしてシステムのアウトプットとしての情報に対して狭義の reliability あるいは creditability という意味での信頼性を当ててみる。その関係は次のようになる。

図表Ⅰ－1－2　3つの信頼性

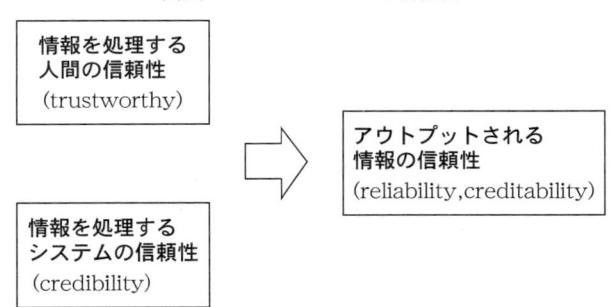

```
┌──────────────┐
│ 情報を処理する   │
│ 人間の信頼性     │
│ (trustworthy)   │
└──────────────┘      ┌──────────────┐
              ⇒  │ アウトプットされる │
┌──────────────┐      │ 情報の信頼性       │
│ 情報を処理する   │      │ (reliability,creditability) │
│ システムの信頼性 │      └──────────────┘
│ (credibility)   │
└──────────────┘
```

イングランド・ウェールズ勅許会計士協会（ＩＣＡＥＷ）は，事業報告の信頼性（reliability）を高めるキャンペーンの中で，integrity の重要性に着目している（ICAEW 2007）。

integrity は日本語では誠実性と訳されるが，原語の意味は，倫理的・道徳的徳目を備えた人または組織の性質であり，「信頼性の高い情報は資本市場の効率性を図る上で必要であり，高品質な情報に作り上げる重要な要素が integrity および integrity を備えた個人や組織である」（沖野2007，27頁）とされるので，ここでの trustworthy に近い概念であると考えられる。

⑵ 財務情報の信頼性の構造

次に、このような「信頼性」という用語の多義性に着目しながら、それを財務情報の作成・伝達のプロセスの中に移し込んでいくと、次の図表Ⅰ－1－3のような構造図を描くことができる。

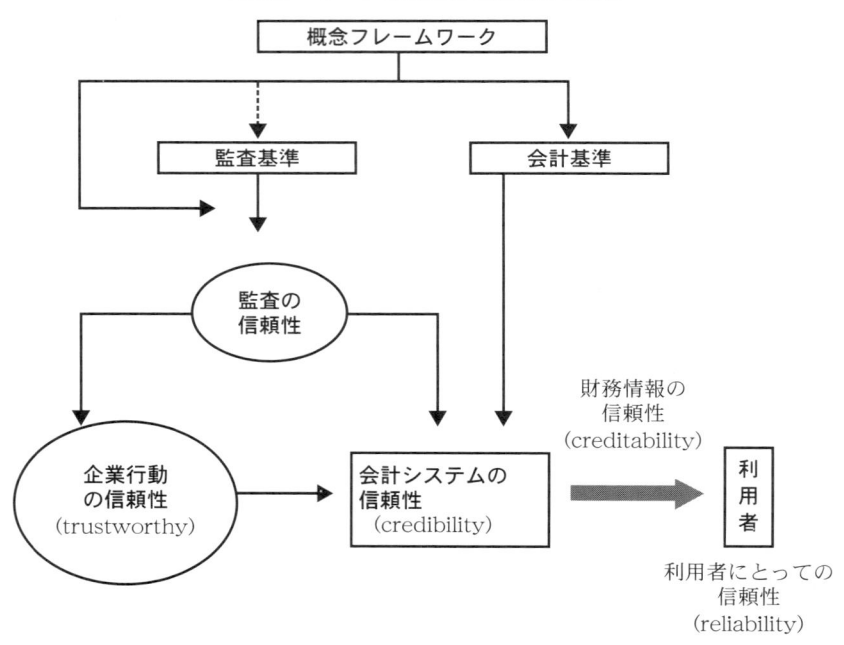

図表Ⅰ－1－3 財務情報の信頼性の構造

```
              ┌─────────────────┐
              │ 概念フレームワーク │
              └────────┬────────┘
                 ┌─────┴─────┐
           ┌─────▼─────┐ ┌───▼─────┐
           │ 監査基準  │ │ 会計基準 │
           └─────┬─────┘ └────┬────┘
                 ▼             │
            ╭─────────╮        │
            │ 監査の  │        │
            │ 信頼性  │        │
            ╰────┬────╯        │
        ┌───────┴──────┐       │
        ▼              ▼       ▼
   ╭─────────╮    ┌─────────┐
   │企業行動 │───▶│会計システム│══▶ 利用者
   │の信頼性 │    │の信頼性  │
   │(trustworthy)│ │(credibility)│
   ╰─────────╯    └─────────┘
```

財務情報の信頼性 (creditability)

利用者にとっての信頼性 (reliability)

この構造図では①会計システムへのインプット（企業活動）にかかわる信頼性と、②会計システムそのものの信頼性と、③会計システムからのアウトプット（財務諸表）の信頼性、という少なくとも３つの局面が区別されている。そして、まず大づかみに、人あるいは組織の行動に対して trustworthy という意味での信頼性を、システム（監査を含む）に対して credibility という意味での信頼性を、そして会計システムのアウトプットとしての財務情報に対して creditability という意味での信頼性を当てている。

もっとも、企業行動にしても、企業がもっている行動規範や各種のマニュアルのようなソフト・システムの部分と、それを運用する人間の２つの要因に分

けることができ，会計システムにしても，会計基準や企業独自の会計マニュアルのようなソフト・システムの他に，コンピューターのようなハード・システムがあり，それぞれに信頼性（credibility）があると同時に，それを運用する会計人の信頼性（trustworthy）がある。アウトプットとしての信頼性（creditability）は，それらが総合されたものである。

そこで以下に，この図のいくつかのフレームについて補足を加えておく。

第1は，企業行動の信頼性（trustworthy）である。株式会社は株主有限責任の原則のもとで運営されているため，場合によってはステークホルダーに多大な損害を与えかねない。環境や消費者の健康にダメージを与えるような不測の事態が予防されるような，企業行動が適法かどうかを超えて，倫理的・道徳的に条理にかなっているという意味での信頼性もありうる。そこで企業行動は十分に監視される必要がある。そのために会計は重要な役割を果たすが，それを超えたコーポレート・ガバナンスの仕組みが重要になる。企業の内部統制を強化する近年の動向は（町田2007），この領域における信頼性の向上に貢献するものである。

第2は，監査の信頼性である。監査による保証は財務情報の信頼性を担保する上で重要な役割を果たす。ここ数年来，アメリカではエンロンやワールド・コム事件，日本ではカネボウやライブドアによる会計不正が大きな話題となった。会計不正は会計不信をまねく。企業が公表する財務情報の信頼性を保証する役割が監査に期待されているが，その監査が会計不正に対して警鐘を鳴らさないようだと，公表される財務情報の信頼性に影響が出てくる。監査の信頼性は，監査行動の信頼性（trustworthy）と監査基準（システム）の信頼性（credibility）に分けられよう。さらに，監査報告書の信頼性（creditability）もありうる。

第3は，企業行動を捕捉する会計システムの信頼性（credibility）である。この点はまず概念フレームワークと関連している。収益費用アプローチによる伝統的損益計算は，資産負債アプローチの立場から激しく批判されることになったが，その理由は収益費用アプローチによる収益と費用の配分計算に恣意性が介入する余地が大きいことであった。一方，資産負債アプローチが重視する公正価値も，その測定には配分の場合とは別種の見積りと判断が介入する。これらは，期間計算を行う上で避けられない会計の限界でもある。このことに伴う

財務情報の信頼性を回復する手段が必要となる。

　キャッシュ・フロー計算書は，財務情報の信頼性を向上させる有用な手段だが（佐藤2006），キャッシュ・フロー計算書が直接法で作成されるようになると，会計のもつ牽制機能が大幅に強化されるであろう。そのような簿記システムは複式3元簿記と呼ばれうるが，そのような勘定組織も工夫されている（佐藤1994）。

　第4は，会計システムのアウトプットとしての財務情報の信頼性（creditability）である。この意味での信頼性は，事実写像性，中立性，検証可能性という会計情報の信頼性（reliability）だけでなく，企業行動の信頼性と会計システムの信頼性をも含む広範な概念も考えられる。これにあえて別の日本語を当てれば，「見事さ」ということになろうか。その全容の検討は別の機会に譲るしかない。

　会計システムのアウトプットとしての財務情報の信頼性については，測定の信頼性と報告あるいは表示の信頼性に分けて考えることができよう。時価評価差額を株主資本等変動計算書に収容するか損益計算書に収容するかによって，その測定方法は同じでも，表示の信頼性は違ったものになる。また，貸借対照表と損益計算書とキャッシュ・フロー計算書の活動表示区分を一致させることも，表示の信頼性を向上させるであろう。

　第5は，クロスボーダーでみた財務情報の利用者が抱く信頼感である。会計基準が国によって異なる場合，クロスボーダーで投資を考えている情報利用者にとって，財務情報の信頼性は国によって異なったものに映るはずである。現在進行している会計基準の国際的統合は，この次元での信頼性を向上させるであろう。ただし，その概念フレームワークの背後にある会計思考に，市場原理主義に根ざした株主中心主義が色濃く見えるようだと，社会的観点からの信頼性は低下するであろう。

　財務情報に信頼性がないと感じた利用者は，受け取った情報を積極的に再計算して信頼性があると自らが信じる数値を作り出す可能性がある。あるいは単に信頼性のあると考える企業のみを投資の対象に選択するかもしれない。そのような企業が十分に存在すればよいが，そうでない場合は，証券市場そのものが縮小していくしかない。財務情報の信頼性を維持していくことは経済の安定的発展のために不可欠である。

3. 概念フレームワークの重要性

　財務会計の概念フレームワークは，財務会計にかかわる諸概念が互いに関連しあって1つの構造を形成するような，諸概念の体系である。概念フレームワークは会計基準ではなく，会計基準を作成する際に指針として用いられる。アンソニーによれば概念フレームワークは，大きく分けて前提と基礎概念からなり，前提は，主体とその環境に関する前提と，利用者と利用者の情報要求に関する前提からなるとしている（Anthony1984）。

　概念フレームワークは，図表Ｉ－1－3で示されるような経路を通して利用者が感じる財務情報の信頼性（reliability）に影響を及ぼすと考えられる。ここでは概念フレームワークの内容が財務情報の信頼性に影響する重要な3つの論点に着目しておく。

　第1は，会計主体論である。主体に関する前提については，企業の所有主の観点から会計を説明する所有主理論（主体の所有主の権利について会計報告をするという考え方）と，エンティティー理論（企業はその所有主から独立して存在し，株主は企業資金あるいは資本の1つの源泉にすぎない）の2つの立場があり，どちらを選択するかで，財務情報の受け手の信頼感は異なってくると考えられる。現状では所有主理論に立った概念フレームワークが選択されているが，それが株主重視の考え方や市場原理主義的利益追求と結びつくと，企業の社会的信頼性を損ねる可能性もある。したがって，そのような傾向を緩和するエンティティー理論も視野に入れる必要がある。ＩＡＳＢとＦＡＳＢが合同して作成している国際会計の概念フレームワークでは，エンティティー理論を採用する方向を示している（ＩＡＳＢ2008, Chapter 1）。

　財務情報の利用者が，エンティティー理論の立場に立つか資本主理論の立場に立つかによっても，財務情報の信頼性は異なったものと映りうる。

　第2は，財務諸表の体系である。概念フレームワークにおいて，主要財務諸表を貸借対照表と損益計算書の二表とするか，それにキャッシュ・フロー計算書を加えて三表とするかによって，たとえ会計基準と会計システムが同じでも，利用者が抱く信頼性は異なったものになりうる。それは，キャッシュ・フロー

計算書の役割をどの程度重視するかと関わっている。この点でＡＳＢＪのワーキンググループが2004年に公表した『討議資料』は，キャッシュ・フロー計算書を主要財務諸表と認めていなかったため問題があったが，2006年12月にＡＳＢＪの『討議資料』として公表されたものでは，主要財務諸表とされ，会計基準と概念フレームワークの不一致は回避された。

　第3は，上記とも関連するが，概念フレームワークは会計基準および監査基準の設定に影響を及ぼすだけでなく，場合によっては監査基準のない場合には監査の拠り所として機能することもあり，このことを通して，財務情報の信頼性（reliability）に影響を与えうる。

　財務会計の概念フレームワークが注目され始めたのは，1970年代のアメリカで，財務報告の目的が，決算会計（株主総会目的）から情報会計（投資家の意思決定支援目的）へと重点移行する時期であった。新しい状況に対応するため，多くの関係者の合意を形成する必要があった。今の日本は会計ビッグバンによって会計の内容が変わろうとしており，一般に合意を得た信頼性（credibility）のある概念フレームワークが必要である。ＩＡＳＢとＦＡＳＢが合同で作成している国際会計の概念フレームワークがその役をになう可能性が高い。

4. 結びに代えて

　本章では，ＦＡＳＢの信頼性（reliability）の概念を手がかりにしながら，それを縦割りにする形で，システムにかかわる信頼性（credibility）とそれを運用する人にかかわる信頼性（trustworthy），さらにその結果のアウトプットの信頼性（creditability）に区別して，財務情報の作成・伝達システムにあてはめてみた。

　結果として見えてきたのは，企業をとりまく激しい環境の変化のなかで，財務情報の信頼性を確保するためには，財務情報の作成・伝達の各プロセスでの人の教育の重要性と，人が利用するシステムを常時最適の状態に保つことの重要性である。そのシステムとは，たとえば会計基準であり監査基準であり，概念フレームワークである。日本で新しく作成される概念フレームワークは，とくに重要であり，その様々な意味の信頼性が財務情報の信頼性に多大な影響を与えるであろう。

概念フレームワークの内容の妥当性についての論点としては，会計主体論や財務報告の目的の他に，財務諸表の体系を論ずるための会計観がある。さらに，発生主義利益情報，時価情報，キャッシュ・フロー情報の有用性と信頼性について実証研究を踏まえた十分な合意が必要である。

【参考文献】

沖野光二（2007）「財務報告における誠実性―ＩＣＡＥＷの取り組み―」『簿記教育と倫理のフレームワークに関する研究』日本簿記学会・簿記教育研究部会・中間報告書，27-32頁。

企業会計基準委員会（ASBJ），基本概念ワーキング・グループ（2004）『討議資料　財務会計の概念フレームワーク』

企業会計基準委員会（ASBJ）（2006）『討議資料　財務会計の概念フレームワーク』。

斎藤静樹編著（2005）『討議資料　財務会計の概念フレームワーク』中央経済社。

酒井治郎（1992）『会計主体と資本会計』中央経済社。

佐藤倫正（1993）『資金会計論』白桃書房。

佐藤倫正（1994）「資金会計の勘定組織」『會計』第145巻第1号，14-27頁。

佐藤倫正（2005）「財務諸表の連携と業績報告－日本の選択」『企業会計』第57巻第5号，612-619頁。

佐藤倫正（2006）「財務情報の信頼性とキャッシュフロー計算書」『経済科学』第53巻第4号，9-20頁。

辻山栄子（2004）「財務報告の信頼性と時価情報，利益情報」『会計』第157巻第4号，14-27頁。

中井稔（2006）「会計情報と不確実性に関する考察」『企業会計』第58巻第7号，88-94頁。

町田祥弘（2007）『内部統制の知識』日本経済新聞出版社。

山岸俊男（1998）『信頼の構造―こころと社会の進化ゲーム』東京大学出版会。

American Institute of Certified Public Accountants (AICPA) (1973) *Objectives of Financial Statements*: *Report of the Study Group on the Objectives of Financial Statements.* (川口順一訳（1976）『アメリカ公認会計士協会，財務諸表の目的』同文舘出版）

American Institute of Certified Public Accountants (AICPA) (1992) *The Meaning of Present Fairy in Conformity with Generally Accepted Accounting Principles*, SAS, No. 69, Section 411.

Anthony, Robert (1984) *Future Directions for Financial Accounting,* Dow Jones-Irwin. （佐藤倫正訳（1989）『アンソニー財務会計論』白桃書房）

Benston, G., M. Bromwich, R. Litan, and A. Wagenhofer (2002), *Following the Money,* AEI-Brooking Joint Center for Regulatory Studies. （田代樹彦・石井康彦・中山重穂訳（2005）『会計制度改革への挑戦』税務経理協会）

Financial Accounting Standards Board(FASB)(1980)Statement of Financial Accounting Concepts, No.2, *Qualitative Characteristics of Accounting Information.* （平松一夫・広瀬義州共訳（1988）『ＦＡＳＢ財務会計の諸概念』中央経済社）

Financial Accounting Standards Board(2006)Financial Accounting Series, Preliminary View, *Conceptual Framework for Financial Reporting : Objectives of Financial Reporting and Qualitative Characteristics of Decision-Useful Financial Reporting Information,* FASB.

Institute of Chartered Accountants in England and Wales(ICAEW)(2007), *Reporting with Integrity : An Initiative from the Institute of Chartered Accountants in England and Wales,* (Information for Better Markets), ICAEW, April.

International Accounting Standards Board (IASB) (2005) *Information for Observers : Conceptual Framework.*

International Accounting Standards Board (IASB) (2008) *Exposure Draft of an Improved Conceptual Framework for Financial Reporting : Chapter 1 : The Objective of Financial Reporting, Chapter 2 : Qualitative Characteristics and Constraints of Decision-useful Financial Information.*

第2章
財務情報の質的特性としての信頼性

1. 財務情報の信頼性

　会計は，実物経済から金融経済へと資本市場の変化につれて経済実態の把握を指向する会計へと進展し，収益費用観，資産負債観などの会計観の混在，見積り・予測要素の増大，公正価値評価の導入，財務情報の質的特性の制度的変容，会計基準の複雑化などがみられる中で，財務情報の意義，財務会計システムの特質，財務情報の信頼性を明らかにする必要がある。

　それは信頼していた優良企業に粉飾などの会計不正が発覚し，財務情報の信頼性とは何か，監査はどのような信頼性の付与を行っていたのかが大きな社会問題となり，投資意思決定有用性の命題に応えていないのではないかとして，会計制度，監査制度のあり方が厳しく問われたからである。

　「信頼性」は主体，客体，行為など様々な面で使用される多義的な意味を持つ用語であり，財務情報の作成者側，利用者側など使用する立場，レベルによって微妙な使われ方，ニュアンスに差がみられ，原語としても reliability をはじめ，credibility, trustworthy, integrity などが考えられる。会計面では，財務情報の信頼性，財務報告の信頼性，財務諸表の信頼性，財務会計システムの信頼性，会計基準の信頼性，ディスクロージャー制度の信頼性，有価証券報告書の信頼性など，多くの場面で「信頼性」の用語が使用されており，監査面においても同様に多様な使われ方をしている。

　国際的には，国際会計基準審議会（International Accounting Standards Board：ＩＡＳＢ），国際会計士連盟（International Federation of Accountants：ＩＦＡＣ）

の国際監査・保証基準審議会（International Auditing and Assurance Standards Board：ＩＡＡＳＢ），米国の財務会計基準審議会（Financial Accounting Standards Board：ＦＡＳＢ），「企業会計改革法」(サーベンス・オックスリー法：Sarbanes-Oxley Act of 2002)，それに基づく公開会社会計監視委員会（Public Company Accounting Oversight Board：ＰＣＡＯＢ）をはじめ，国内的には，金融庁の企業会計審議会，公認会計士・監査審査会，証券取引等監視委員会，財務会計基準機構の企業会計基準委員会，日本公認会計士協会，日本監査役協会，日本内部監査協会などにより，財務情報に内在する不正を発見する会計と監査の連携が求められる中で，財務情報の信頼性を高める努力がなされている。

このように，会計不信，監査不信を払拭し，資本市場の公正性と透明性を増すため，財務情報の特性としての「信頼性」は，「目的適合性」との関係から，両者はいかにあるべきかについて多くの議論がなされてきたが，平成16（2004）年の「ＩＡＳＢ・ＦＡＳＢ合同会議」では，「信頼性」が財務情報の質的特性から外され，「忠実な表現」が使用されることが取り上げられた。ここでは信頼性概念の特性を検討するため，主な見解を取り上げる。

2. ＩＡＳＢの情報特性

ＩＡＳＢ「概念フレームワーク」[1]においては，会計は経済的意思決定を行うための投資者に有用な情報を提供することを目指し，財務諸表の質的特性として，「①理解可能性，②目的適合性，③信頼性，④比較可能性」の４つを取り上げている。

そのうち「信頼性」は，「情報が有用であるためには，信頼し得るものでなければならない。情報は，重大な誤謬および偏向が除去され，またそれが表示しようとするか，あるいは表示されることが合理的に期待される事実を忠実に表現したものとして利用者が信頼する場合に，信頼性の特性を有する。(par. 31)」としている。目的適合的な情報であっても，それが信頼するに足るものでなければ，情報利用者はその情報を参考にできないし，あるいは誤った意思決定を行ってしまうかもしれないからである。

その「信頼性」（reliability）の質的特性には，「①表現の忠実性（faithful representation)，②実質優先主義（substance over form），③中立性（neutrality），④慎重性（prudence），⑤完全性（completeness）」の5つのサブ特性が取り上げられている[2]。

① 「表現の忠実性」は，「それが表示しようとするかあるいは表示されることが合理的に期待される取引その他の事象を，忠実に表現しなければならない。(par.33)」とするものであり，それは「事実をありのままに表現する」ということになる。

② 「実質優先主義」は，「取引その他の事象は，単に法的形式に従うのではなく，その実質と経済的実態に則して会計処理され表示されることが必要である。(par.35)」とされ，法的形式主義の反対のものとして考えられている。

③ 「中立性」は，「財務諸表に記載される情報は，それが信頼性を有するためには，中立，つまり不偏性を有するものでなければならない。(par.36)」としている。

④ 「慎重性」は，「財務諸表の作成者は，多くの事象と状況に不可避的に伴う不確実性に対処し，この不確実性は，その性質や範囲の開示することにより，また財務諸表の作成における慎重性の行使により認識される。(par.37)」としている。そこには，故意に過剰な慎重性の適用はすべきではないということも含んでいる。

⑤ 「完全性」は，「財務諸表における情報の信頼性を有するためには，重要性及びコストの制約範囲内において，完全なものでなければならない。(par.38)」としている。目的適合的な情報は，できる限りにおいてすべて提供するということになる。

3. FASBの情報特性

FASB「財務会計諸概念に関するステートメント」（SFAC）[3]では，会計情報を有用にさせる特性の階層構造が示されている。上位に位置する「理解可能性」のもと，「目的適合性」と「信頼性」の要素が必要であり，その下位に「比較可能性」が位置づけられている。

「信頼性」は「情報が目的に適合するものであり、かつ信頼しうるものでなければならない。(par.58)」とし、「測定値の信頼性は、それが表現しようとするものを忠実に表現することにかかっている。(par.59)」としている。それゆえ、「信頼性」は「①検証可能性(verifiability)、②表現の忠実性(representational faithfulness)、③中立性(neutrality)」の3つの特性から構成される。

①「検証可能性」は「独立した複数の測定者が同一の測定方法を用いれば、事実上同じになるであろう結果をもたらすものである。(par.82)」としている。

②「表現の忠実性」は「測定値または記述と、それらが表現しようとする現象とが対応または一致することをいう。会計においては、表現されるべき現象は、経済的資源および債務ならびにそれらを変動させる取引および事象である。(par.63)」としている。

③「中立性」は「会計基準を形成しまたは適用する場合に、もたらされる情報の目的適合性および信頼性に最大の関心を払わなければならないことを意味する。(par.98)」としている。

4. ＡＳＢＪの情報特性

日本の企業会計基準委員会（ＡＳＢＪ）の討議資料「財務会計の概念フレームワーク」（平成18年12月）では、「有用性」を支える特性として、「1）意思決定との関連性、2）内的な整合性、3）信頼性」の3つを指摘している。これらの「意思決定との関連性」、「内的な整合性」、「信頼性」の3特性は、状況に応じ、すべて満たす場合もあれば、特性間にトレード・オフの関係もみられるとしている。

その中で、「信頼性」は、「①中立性、②検証可能性、③表現の忠実性」の3要因に支えられている。

①「中立性」は、会計情報の作成者である経営者と投資者の利害の不一致に起因する弊害を小さく抑えるために、一部の関係者の利害だけを偏重することのない財務報告が求められる。

②「検証可能性」は、利益の測定に際して将来事象の見積り測定値には、ばらつきが生じ、ある種のノイズが含まれるため、測定者の主観に左右されない

事実に基づく財務報告が求められる。

③「表現の忠実性」は，多様な事実を少数の会計上の項目へと分類する際，分類基準に解釈の余地が残されている場合，分類結果が信頼できない事態を避けるため，事実と会計上の分類項目との明確な対応関係が求められる。

5. IASB・FASB共同プロジェクトの情報特性

平成16 (2004) 年4月22日～23日に，IASB (国際会計基準審議会) とFASB (財務会計基準審議会) はその合同会議[4]において，ともに「概念フレームワーク」を有しているが，両者間に差異があるため，「共通概念フレームワーク」を構築する「共同プロジェクト」の立ち上げに合意し，複合アプローチ (ハイブリッド・アプローチ) を採用することになった。複合アプローチとは，概念フレームワークについて包括的にすべての見直しをしないが，複数の会計基準に影響を与える可能性のある横断的な性格をもつ問題に焦点を当て，議論を展開し，その共通化を図るアプローチである。

平成17 (2005) 年5月16日～18日に，「IASB・FASB合同会議」では，「目的適合性」(relevance) と「信頼性」(reliability)，サブ特性について議論がなされ，「信頼性」の用語使用を止め，代わりに「忠実な表現」(faithful representation) を使うことになった。

「忠実な表現」は，財務報告における記述や会計方法とそれらが表現しようとする現象との間に一致があることを求めている。使用される記述や会計方法が「検証可能性」を有しなければ，「忠実な表現」は満たされず，記述や会計方法に「中立性」がなければ，「忠実な表現」は満たされない。このように，「忠実な表現」は，「完全性」，「実質優先」，「検証可能性」，「中立性」を内包しており，「忠実な表現」を用いることによって，人々の「信頼性」に対して持っている誤解を解決できると判断された。

実際の経済現象に関係する「忠実な表現」は，重要な質的特性であり，経済現象の実質を把握することがその要点である。「忠実な表現」には，「完全性」という概念が含まれる。「完全性」は，情報が「信頼性」を得るためには，「重要性」とコストという制約の範囲内で遺漏のない完全なものでなければならな

いものである。「忠実な表現」が意味するもの，意味しないものを見極める議論をする必要がある。

　財務情報は，「中立性」を必要とし，意思決定または成果に影響することが意図されたバイアスがないこと（公正不偏）が必要である。会計情報の望ましい質的特性間において，ＦＡＳＢが用いている「保守主義」(conservatism)，またはＩＡＳＢが用いている「慎重性」(prudence) は，ＩＡＳＢ・ＦＡＳＢ共通概念フレームワークから除外すべきとされ，「不確実性」(uncertainty) の面は注意深く対処することが必要とされた。

　「保守主義」は，ビジネスに固有の不確実性およびリスクが適切に考慮されていることを保証しようとする，不確実なものに対する慎重な対処であり，「慎重性」は，不確実な状況下で要求される見積りの判断に当たっては，資産または収益の過大表示および負債または費用の過小表示にならないように，ある程度の用心深さを要求するものである。

　「検証可能性」について，情報が表現しようとしていることを忠実に表現していること，重要な誤謬を含まず，完全で，中立であることを，利用者に保証を与えるために，財務情報は「検証可能性」を有する必要がある。

　「信頼性」は，各基準によって様々なレベルで用いられている。例えば，取引所取引と相対取引，有形固定資産と無形資産に適用される「信頼できる」測定方法に求められる「信頼性」には格差があり，この格差は適切に説明できない状況となっている。このような問題を解決するために，新しい用語が必要と考えられたからである。

　結論として，合同会議では，「信頼性」に代わる質的特性として，「忠実な表現」を用いることにし，サブ特性として，「完全性」，「検証可能性」，「中立性」を位置づけることになった。それは，ＩＡＳＢ概念からは「中立性」と「完全性」，ＦＡＳＢ概念からは「検証可能性」と「中立性」がそれぞれ取り入れられている。

　以上，財務情報の質的特性に関する３見解の比較を図示すれば，図表Ｉ－２－１～３のようになる。

　なお，平成17 (2005) 年７月19日～21日に，概念フレームワークについて，「財務報告の目的と受託責任 (stewardship)，説明責任 (accountability) との関

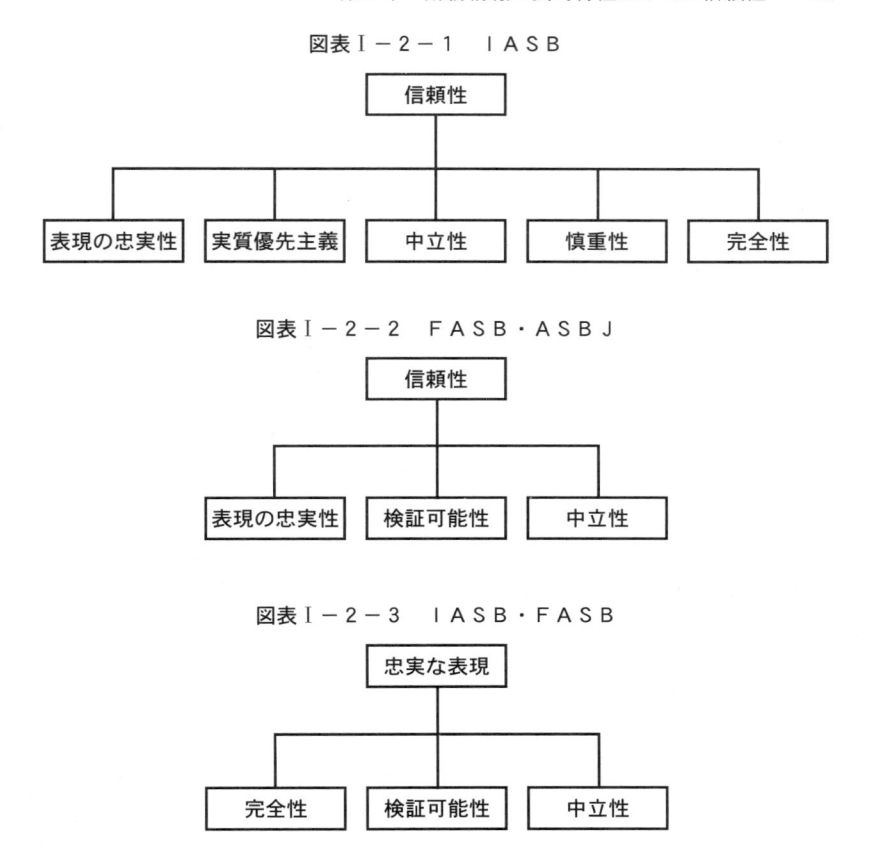

第2章 財務情報の質的特性としての信頼性　19

図表Ⅰ-2-1　IASB

```
                    信頼性
    ┌──────┬──────┬──────┬──────┬──────┐
 表現の忠実性  実質優先主義  中立性   慎重性   完全性
```

図表Ⅰ-2-2　FASB・ASBJ

```
           信頼性
    ┌──────┬──────┐
 表現の忠実性  検証可能性  中立性
```

図表Ⅰ-2-3　IASB・FASB

```
          忠実な表現
    ┌──────┬──────┐
   完全性   検証可能性  中立性
```

係」と「会計情報の質的特性間の関係」について議論された。

　前者の「受託責任と説明責任」に関しては，平成17 (2005) 年4月21日～22日開催の合同会議で取り上げられていた財務報告の目的から「受託責任と説明責任」の記述を削除し，明示しないことになった。

　後者の「会計情報の質的特性間の関係」については，「目的適合性」「忠実な表現」「比較可能性」「理解可能性」「重要性」などの質的特性間の階層関係やトレード・オフ関係により，今まで優先関係や犠牲関係から説明されてきたが，いろいろな批判があるため，異なる質的特性をどのように適用するかのプロセスを示すアプローチが採用されることになり，「基準設定及び意思決定に有用な

財務報告構築への質的特性の利用」が，フローチャートとして示されることになった。それは，プロセス・アプローチにより，「インプット項目の選択プロセス」と「アウトプット報告の構築プロセス」があるとし，それぞれのプロセスにおいて「忠実な表現」が関係することを指摘している。

このように，ＩＡＳＢ・ＦＡＳＢの「共同プロジェクト」では，質的属性に関して議論がなされており，「信頼性」に代えて使用される「忠実な表現」は，まだ揺れ動いている状況にあり，また「検証可能性」も「忠実な表現」の構成属性を有しないとの見解も披瀝されているため，実物資本市場経済から金融資本市場経済への進展，株主価値から企業価値への企業観の認識差，会計観として収益費用観から資産負債観への変転などのもとにおける，財務情報の本来の質的特性とは何かの検討が急務な状況にある。

（注）
1） 国際会計基準審議会著，日本公認会計士協会国際委員会訳（2001）『国際会計基準書2001』同文舘出版。
2） ＩＡＳＢの「faithful representation」は「忠実な表現」「忠実な表現性」，「事実写像性」，ＦＡＳＢの「representational faithfulness」は「表現の忠実性」と訳され，また，「relevance」は「目的適合性」「適合性」「関連性」と訳されている。ここでは，今までの翻訳本に従い，表現の忠実性，目的適合性を使うが，ＩＡＳＢ・ＦＡＳＢ合同会議のみ，英文通りに「忠実な表現」の訳語を使う。
3） 財務会計基準審議会編，平松一夫・広瀬義州訳（2002）『ＦＡＳＢ財務会計の諸概念（増補版）』中央経済社。
4） ＩＡＳＢ・ＦＡＳＢ合同会議録（なお，転載許可済み）。FASB (Financial Accounting Standards Board), Preliminary View : *Conceptual Framework for Financial Reporting：Objectives of Financial Reporting and Qualitative Characteristics of Decision-Useful Financial Reporting Information,* 2006.

【参考文献】
古賀智敏・五十嵐則夫著（1999）『会計基準のグローバル化戦略』森山書店。
八田進二・橋本尚共訳（2001）『21世紀の財務報告』白桃書房。
わが国会計基準の国際的調和化に関する研究委員会編（2001）『わが国会計基準と国際会計基準および米国会計基準との比較調査：わが国会計基準の国際的調和化に関する研究委員会報告』企業財務制度研究会。
権泰殷編著（2004）『国際会計論（改訂版）』創成社。
中央青山監査法人（2004）『国際財務報告基準ハンドブック』中央経済社。
あずさ監査法人（2005）『国際財務報告基準適用ガイドブック』中央経済社。

財務会計基準機構,企業会計基準委員会,討議資料「財務会計の概念フレームワーク」(平成18年)

武田隆二 (2008)『最新財務諸表論 (第11版)』中央経済社。

企業会計基準委員会 (ASBJ),基本概念ワーキング・グループ (2004)『討議資料 財務会計の概念フレームワーク』

企業会計基準委員会 (ASBJ) (2006)『討議資料 財務会計の概念フレームワーク』。

斎藤静樹編著 (2005)『討議資料 財務会計の概念フレームワーク』中央経済社。

Financial Accounting Standards Board(FASB)(1980)Statement of Financial Accounting Concepts, No.2, *Qualitative Characteristics of Accounting Information.* (平松一夫・広瀬義州共訳 (1988)『FASB財務会計の諸概念』中央経済社)

International Accounting Standards Board (IASB) (2008) *Exposure Draft of an Improved Conceptual Framework for Financial Reporting : Chapter 1 : The Objective of Financial Reporting, Chapter 2 : Qualitative Characteristics and Constraints of Decision-useful Financial Information.*

第3章

「信頼性」から「忠実な表現」へ変化の意味

1. はじめに

　国際会計基準審議会（International Accounting Standards Board：IASB）と米国財務会計基準審議会（Financial Accounting Standards Board：FASB）による概念フレームワークのコンバージェンスに関するジョイント・プロジェクト（以後，「合同プロジェクト」と略す）が，2006年6月に公表した『財務報告の目的と意思決定にとって有用な財務報告情報の質的特性』（FASB, 2006）では，「信頼性」に代わって「忠実な表現」（faithful representation）を「関連性」（relevance）と並ぶ質的特性の中心的な概念として位置づけている。本章の課題はこの代替の経緯を紹介し論点を整理することによって「信頼性」の意味を考察することにある。

　まず，本章で論ずる「信頼性」概念について若干の限定をしておかなければならない。周知のように，「信頼性」という用語は会計学上の専門用語として用いられているばかりでなく，その他の研究領域でも使用され，さらに日常用語としても広く用いられている。そこで，本章では，まず議論の対象を「概念フレームワーク」における「信頼性」（reliability）概念に絞った上で，会計上の認識・測定の局面（会計情報の作成過程）において発生する「信頼性」に関する問題に限定して論ずることとしたい[1]。この研究対象の限定に関連して，情報利用者が信頼できると判断する会計測定値の硬度は国や時代のコンテクストで，また個々人で相違することは言うまでもないが，ここでは情報の受け手は均質と仮定して議論を進める。

2. 「忠実な表現」概念を「信頼性」概念に代替させる消極的理由

　FASBの『財務会計の諸概念に関するステートメント』(Statement of Financial Accounting Concepts：SFAC)の2号(FASB, 1980)は，会計情報が意思決定にとって有用であるために備えるべき質的特性として，「信頼性」を「関連性」と並ぶもう1つの柱として位置づけ，次のように規定している。

　「ある測定値の信頼性は，それが表現しようとするものを忠実に表現することにかかっており，それは情報利用者に対する保証と結びつき，またその保証は測定値が表現上の特性をもっていることを検証することによって確保される」(FASB, 1980, par.59)。

　また，IASB(IASC)の『財務諸表の作成・表示のためのフレームワーク』(IASC, 1989)は，「信頼性」を次のように定義している。

　「情報が有用であるためには，信頼し得るものでなければならない。情報は，重大な誤謬及び偏向が除去され，またそれが表示しようとするか，あるいは表示されることが合理的に期待される事実を忠実に表現したものとして利用者が信頼する場合に，信頼性の特性を有する」(IASC, 1989, par.31)。

　以上のように，FASBもIASBも，表現の忠実性をその中心的な内容としてはいるものの，「信頼性」がその上位概念として位置づけられていた。

　しかし，近年，FASB，IASB及び／または「合同プロジェクト」は，「信頼性」を「関連性」と並ぶ質的特性の柱として位置づけることに対して，次のような批判を展開している。

　まず，「信頼性」の意味が市場関係者に共有されておらず(FASB, 2006, par. BC2.26)，誤った解釈が広範になされている(FASB, 2005, p.3)ことが指摘されている。FASBが同一の測定方法を提案した場合に，「信頼性を阻害する」との理由から批判されたり，「信頼性を高める」との理由から支持されたりした。それは，信頼性とは何かについて市場関係者間で合意がなされておらず，会計基準設定主体の構成メンバーの間ですら合意が形成されていないからである(FASAC, 2005, p.8)という。また，「信頼性」という用語が本来の意味から離れて誤用されていることも指摘されている。FASB(1980)におい

ても，IASC (1989) においても，「信頼性」は測定値の「正確性」(precision) や「確実性」(certainty) を直接的に意味するものとして定義付けられていないが，ある測定方法では正確なまたは確実な測定ができない場合に，その測定値が「信頼できない」として当該方法が否定されることがある（FASAC, 2004, p.10, FASAC, 2005, p.8）という。

　また，「合同プロジェクト」は，個々の会計基準の要求する測定値の信頼性の程度に相違があること，言い換えれば，どの程度の信頼性が保証されれば当該測定方法を支持するルールが認められるかについて合意がないことを指摘している（IASB, 2005, pars.38-45, FASAC, 2005, p.8.）。当該問題と関連して，多様な意味を持つ「信頼性」の質を量的に表現することも経験的に測定することも困難であるとの指摘もある（IASB (2005), pars.32-37)[2]。

　さらに，必要とされる「信頼性」の程度が決定困難なことから，「信頼性」は「保守主義」(conservatism) または「慎重性」(prudence) と結びつきやすい（FASAC, 2005, p.9）。たとえば，IASB (1989) では，「慎重性」を「信頼性」の一要素と位置づけており，また，「保守主義」を「信頼性」の要素として位置づけている概念フレームワークもある（CICA, 1988, par.18）。不確実性を伴う状況において行われる見積りに関して要求される「信頼性」の程度を決定できなければ，慎重な判断がより「信頼される」可能性は高いからである。しかし，本来，判断へのバイアスの受け入れを意味する「保守主義」や「慎重性」という概念が，「忠実な表現」（その要素である「中立性」）と論理的に不整合であること（FASB, 2006, BC2.22）に説明の必要はないであろう。

3. 「忠実な表現」概念を「信頼性」概念に代替させる積極的理由

(1) 「忠実な表現」強調の意味

　「忠実な表現」が取り上げられた消極的な理由（「信頼性」概念の曖昧さ・操作困難性）は前節で指摘した通りであるが，ここでは「合同プロジェクト」が「忠実な表現」を質的特性の柱の1つに据えた積極的理由を，FASB, IASB, または「合同プロジェクト」の公表物に基づいて推定してみたい。

　「合同プロジェクト」は，「信頼性」概念を明確化したり，再定義したりする

よりも元々「信頼性」に期待されていた役割を果たす別の用語を中心に据えることが生産的であると考えた（ＦＡＳＢ, 2006, par. BC2.27）という。そこで，「信頼性」に取って代わったのは，「忠実な表現」である。

「合同プロジェクト」は，「ある情報が意思決定にとって有用であるためには，財務諸表に示されている会計測定値または会計的記述とそれらが表現しようとする経済現象（economic phenomena）とが対応または一致すること，すなわち，忠実な表現が決定的に重要である」（ＦＡＳＢ, 2006, par. BC2.28）と述べている。

この定義では会計測定値または会計的表現と現実世界における経済的現象との「対応」（correspondence）または「一致」（agreement）が強調されているが，表現の忠実性が重視されることによって，会計上の測定がより実在論的にシフトする可能性が高い。現実世界の経済的事物（事象と物）が存在して，それを会計的に表現するという姿勢が貫かれると，現実世界に対象を見いだすことの困難な会計上の認識・測定は否定される。例えば，繰延資産は，期間損益計算上の目的から将来の収益との対応を考慮した上で「将来において費用となるもの」との資産の定義が先行して概念負荷的に計上が容認されてきた項目であるが，その計上と期間配分は対象となる現実世界の事物の価値増減等の事実に即したものではないために否定されることになる（Johnson, 2005, p.2）。

(2) 「直接的検証可能性」の強調の意味

「忠実な表現」を強調し現実世界における経済的現象との直接的な対応を問うという姿勢は，「検証可能性」概念にも影響を与えることになる。ＦＡＳＢ (1980) 及びＩＡＳＣ (1989) においても，「検証可能性」の程度についての言及はあったが，「検証可能性」の質的な分類は行われていない。しかし，「合同プロジェクト」は，検証の質を「直接的検証」（direct verification）と「間接的検証」（indirect verification）に分けて，「直接的検証」の好ましさを主張している（ＦＡＳＢ, 2006, par. QC26）。

2つの検証概念の相違は，ＦＡＳＡＣ (2004) や「合同プロジェクト」等の説明に基づけば，次のように解することができる。まず，「直接的検証」とは，会計測定値と現実世界の経済的事物とを直接的に突き合わせて，当該会計測定

値を検証することをいう（ＦＡＳＡＣ，2004，p.6. Johnson, 2005, p.2. ＦＡＳＢ，2006, par.ＱＣ26）。現金の期末在高，棚卸資産の期末棚卸高，あるいは，相場のある有価証券の価額などは，直接的な検証が可能であるといえる。

他方，「間接的検証」とは，同一の会計方法を用いて再計算するとすれば同一の結果となることによって検証することをいう。つまり，測定対象と測定値との直接的な突き合わせはできないが一定の測定方法が重要な誤謬やバイアスなしに適用されていることをいう（ＦＡＳＡＣ，2004，p.6. Johnson, 2005, p.2. ＦＡＳＢ，2006, par.ＱＣ26）。

ＦＡＳＡＣ（2004）によれば，「直接的検証」は上記の測定者バイアス（測定者によって測定に持ち込まれる意図的なバイアス）[3]と測定バイアス（同様に，測定方法が確定されていないことによって発生する測定値のバラツキ）[4]の両方を軽減するが，「間接的検証」は測定者バイアスのみを軽減し，測定バイアスを軽減しないので，直接的に検証できる測定方法が好ましいと述べている（ＦＡＳＡＣ，2004，p.6. ＦＡＳＡＣ，2005，p.12. Johnson, 2005, p.3）。

「忠実な表現」概念の重視は，現実世界における事物との直接的な関係を強調することから，「検証可能性」概念における「直接的検証」概念と整合的であるが，「間接的検証」概念とは整合的ではない。間接的に検証できても（測定方法が明らかで再測定が可能であっても），測定値が測定対象のいずれの価値も表していない場合には[5]，つまり測定対象の「忠実な表現」となっていないことがありうるからである[6]。例えば，棚卸資産の原価額は，同じ原価の流列（ＬＩＦＯやＦＩＦＯ等）を想定して，仕入高（金額と数）と期末棚卸高を検証することによって，すなわち，費用配分の方法を追体験することによって，当該金額に至ることが間接的に検証される。しかし，この場合，当該金額が期末の棚卸資産の価値を忠実に表現しているわけではないので，間接的検証可能性は忠実な表現の構成要素とは言えない。

⑶　公正価値測定との関係

公正価値測定との関係をみてみると，「忠実な表現」概念への代替と直接的検証可能性の強調の理由がより明確になってくる。

ＦＡＳＢ，ＩＡＳＢ，及び／または「合同プロジェクト」は，公正価値測定

をさらに導入する提案を行った際に，しばしば測定値が「信頼できない」との反論を受けてきた（Johnson, 2005, p.4．ＦＡＳＡＣ, 2004, p.10）。この問題の「合同プロジェクト」における解決策は，「関連性」と「信頼性」のトレード・オフ関係を変化させることと考えることができる。そのため「関連性」とのトレード・オフ関係を発生させにくい「忠実な表現」概念を「信頼性」概念に代わって採用した[7]上で，さらに「関連性」が「忠実な表現」より優先される（ＦＡＳＡＣ, 2005, p.13）との解釈を示したのである。

　また，検証可能性概念との関係について，「直接的検証可能性」と整合的であるのは公正市場価値（Mark to Market によって測定値が決定されるもの）である。取得原価の配分・対応によって決定される会計数値（費用額・未償却原価額）も Mark to Model による公正価値測定値も「間接的検証可能性」しか保証されないからである。

　そのような意味において，「忠実な表現」概念への代替・直接的検証可能性の重視は，公正市場価値の使用拡大を前提としたものであり，公正市場価値会計のための理論的整備の一環と理解することができる。

　しかし，現在ＩＡＳＢ／ＦＡＳＢが検討中の会計基準においては，市場価値を有さない金融商品の公正価値評価や無形固定資産という形での自己創設のれん（主観のれん）の一部の公正価値評価（Mark to Model）が含まれている。「忠実な表現」と結びついた「直接的検証可能性」の強調は，その方向での認識・測定の拡張に対する足かせとなるであろう[8]。

4. 結びに代えて

　「合同プロジェクト」は，「信頼性」に代わり「忠実な表現」を質的特性の１つの柱とすることを提案している。それは，直接的には，「信頼性」概念の意味の曖昧さ，多義性，操作困難性が問題にされたからであるが，同時に，「合同プロジェクト」の会計基準設定に関する近未来の計画との関係があることが推定可能である。

　「合同プロジェクト」は，「忠実な表現」概念を「関連性」と並ぶ質的特性として位置づけることによって，会計上の認識・測定をより対象（現実世界の経済

現象）の側に重点を置くものへと変化させ，公正市場価値の取得原価（及び未償却原価）への優位性を明示する意図をもっていた。その背景には，FASB，IASB，及び／または「合同プロジェクト」が公正価値測定をさらに導入する提案を行った際に「信頼性」の低下を根拠に反論がなされてきたという事実がある。「関連性」と「信頼性」とのトレード・オフが公正価値測定拡大への歯止めとなっていたのである。

「忠実な表現」（現実世界と会計的表現との対応）が強調されることにより，会計上の認識・測定はより実在論的な方向へシフトし，ストック重視，価値測定の重視へと変化するであろう。また，「忠実な表現」概念と整合的な「直接的検証」概念が取り入れられることによって，原価評価・配分というフロー・ベースの会計方法が否定され，ストックベースの会計方法が代替していく。実際に，IASB／FASB（2007）は期待出口価値（市場価値）も使用価値（経済価値）も表さない未償却原価の算定を否定しており（IASB, 2007, par.34），減価償却や棚卸資産の原価決定等が否定されていく可能性がある。

このような形で，取得原価会計の枠組みが取り崩され，他方で公正市場価値会計のための外枠が形成されていくことになるのであろうが，この変化の先にある Mark to Model でしか測定できない諸項目の測定においては「忠実な表現」と「直接的検証可能性」の両概念が足かせとなるであろう。

（注）
1） 本章では，会計情報の信頼性の程度を左右する局面として，情報の作成過程（認識・測定）に限定して論じているが，情報の提供過程（伝達）に関わる局面においても会計情報の信頼性を左右する要因がある。情報の伝達過程における主要な問題は，情報の伝達者（経営者）が伝達の過程において，誤謬を犯したり，意図的に情報開示のタイミングを遅らせたり，重要な情報を秘匿したり，特定の利用者にのみ重要な情報を開示したりすることよって，情報の信頼性が低下するという点である。
2） なお，Barth et al.(2001) では，株価に反映される価値を真の価値と仮定し，会計数値が株価と統計上有意に相関していれば会計数値が真実の価値を誤差なく測定しており，当該会計数値は信頼性が備わっていると解している。その結果，彼らにとって，value relevance についての検証は relevance と reliability の結合テストとなり，reliability の有無や程度を relevance と独立して経験的に検証することはできなくなる（Holthausen & Watts, 2001, pp.17−18.）。
3） 測定過程に持ち込まれるバイアスには，①測定者バイアス（measurer bias）と②測定バイアス（measurement bias）があるが，測定者バイアスとは，測定者の（熟練度

の欠如等による）測定ミスと測定者による意図的な歪曲をいう。
4）測定バイアスとは，会計利益や資本のように，概念負荷的で不確かな測定対象を測定することによる測定対象の不確定性の問題とそのような測定対象に即した測定手段の未発達・フィージビリティの欠如の問題が考えられるが，いずれも測定対象と測定方法との不適合の問題といってよい。
5）公正価値会計は，取得原価会計が放棄していた価値の把握（取得原価会計は価値の把握とは異なる目的を有していたが）を理論的前提としているので，その前提で考えれば，という意味である。
6）「忠実な表現」は，測定値（measure）の忠実性のみならずその質的表現（description）の忠実性も意味しているが，ここでは測定値に限定して論じている。
7）ＡＳＢＪ（2006）も，これまで「関連性」に対するチェック機能を果たしてきた「信頼性」概念が「忠実な表現」に取って代わることによって，チェック機能が失われることを指摘している（p.4）。
8）「合同プロジェクト」の提案に対して多数（179通）のコメントが寄せられている。検証可能性は忠実な表現の構成要素ではないとの指摘（e.g. ＩＡＡＳＢ，2006, p.2. ＩＣＡＥＷ，2006, para.38）が多いのは，直接的・間接的に検証できなくとも測定値が測定対象を忠実に表現している場合がありうることや，逆に，間接的に検証されても測定値が測定対象を忠実に表現しているとは言えないからである。

ＦＡＳＢもこのような批判を受けて，間接的検証は忠実に表現された情報をもたらさないことを認めた上で，検証可能性を忠実な表現の構成要素ではなく，独立した質的特性とすることを勧告している（ＦＡＳＢ，2007, pp.1, 2）。

【参考文献】

American Accounting Association(2006), Comments by the American Accounting Association's Financial Accounting Standards Committee on the FASB's Conceptual Framework for Financial Reporting, AAA.

Accounting Standards Board of Japan (2006), *Comments on the IASB Discussion Paper,* "Preliminary View on an Improved Conceptual Framework for Financial Reporting," ASBJ.

Barth, M.E., W.H. Beaver, and W. Landsman (2001), "The relevance of value relevance research" *Journal of Accounting and Economics* 31, 77−104.

Canadian Institute of Certified Accountants (1988), "Financial Statement Concepts", CICA/Handbook: Section 1000, CICA.

Financial Accounting Standards Advisory Council (2004), *The FASB's Conceptual Framework: Relevance and Reliability,* FASB.

FASAC (2005), *Joint Conceptual Framework Project (Attachment F),* FASB.

Financial Accounting Standards Board (1976), Discussion Memorandum, *An Analysis of Issues Related to Conceptual Framework for Financial Accounting and Reporting: Elements of Financial Statements and Their Measurement,* FASB.（津守常弘監訳（1997）『ＦＡＳＢ財務会計の概念フレームワーク』）

FASB (1980), Statement of Financial Accounting Concepts No.2, *Qualitative Characteristics of Accounting Information*, FASB. (平松一夫・広瀬義州訳 (2004)『FASB財務会計の諸概念』(増補版) 中央経済社)

FASB (2005), Minutes of the May 25, 2005 Board Meeting: *Conceptual Framework-Qualitative Characteristics : Relevance and Reliability*, FASB.

FASB (2006), Financial Accounting Series, Preliminary View, *Conceptual Framework for Financial Reporting : Objectives of Financial Reporting and Qualitative Characteristics of Decision-Useful Financial Reporting Information*, FASB.

FASB (2007), *Board Meeting Handout* (May 2), *Conceptual Framework*, FASB.

Glover, J., Y. Ijiri, C. Levine, P. Liang (2005), "Separating Facts from Forecasts in Financial Statements," *Accounting Horizons*, vol. 19, pp. 267-282.

Holthausen R. W. and R. L. Watts (2001), "The relevance of the value relevance literature for financial accounting standards setting, *Journal of Accounting and Economics* 31, 3-75.

Institute of Chartered Accountants in England and Wales (2006), Comments on *the IASB Discussion Paper*, "Preliminary View on an Improved Conceptual Framework for Financial Reporting," ICAEW.

International Accounting Standards Committee (1989), Framework for the Preparation and Presentation of Financial Statements, IASC.

International Accounting Standards Board (2005), Information for Observers, Agenda Paper 7, *Qualitative Characteristics 1 : Relevance and Reliability*, IASB.

IASB (2007), Information Observers, Agenda Paper 2 C, *Conceptual Framework, Phase C : Evaluation of Measurement Basis Candidates Using Measurement Concepts and Principles*, IASB.

International Auditing and Assurance Standards Board (2006), *Comments on the IASB Discussion Paper*, "Preliminary View on an Improved Conceptual Framework for Financial Reporting," IFAC.

Johnson, T. (2005), "Relevance and Reliability" *The FASB Report*, FASB.

日本会計研究学会・特別委員会 (2006),『財務情報の信頼性に関する研究』(委員長：友杉芳正教授)。

第4章
基準設定主体の主体性・独立性と財務情報の信頼性

1. はじめに

　財務情報の信頼性（信頼度）を決める重要なファクターの1つは，「人」である。誰がルールを決め，誰がルールに強制力を付与し，決められたルールを誰が使い，誰がそのモニタリングをするか，ルールが守られない場合に誰がペナルティを課すか，といった人的な問題抜きには，財務情報の信頼性を語ることはできない。

　粉飾を含めた会計不正（不正な会計）は，その動機が何であれ，つまるところ人間による不正な行為である。不正になるかどうかはルールの決めようによって決まるし，決められたルールを順守するかどうかはルールの拘束力（例えば法的制裁の有無）やルールへの信頼度・納得度合い（ルールの設定者とルールの内容に対する信頼と納得の度合い）によって決まる。

　さらに，ルールが守られているかどうかを誰がモニタリングし，万が一ルールが破られた場合に，誰が，いかなるペナルティを課すか（課さないか），モニタリングに失敗した場合における制裁はあるのか，いずれも，企業が公表する財務情報が信頼するに足るものであるかどうかを判断する場合において，重要なファクターである。

　ここでは，「誰が会計のルールを決めるのか」，つまり，会計基準設定主体を取り上げ，設定主体のありよう（地位・権限・人的構成・政治的介入・主張の一貫性・国益や産業振興，さらには税制に対する理解度など）が財務情報の信頼性にいかなる影響を与えるかを検討する。

「ルールを誰が決めるか」という問題は，設定主体の当事者能力（適切なルールを作ることができるかどうか），設定されるルールの強制力（設定主体に強制適用する権限があるかどうか），設定主体の信頼度・信任度（誰が，いかなる立場から，彼らにルール作りを任せているか）など，多面的な側面をもっている。

ルールを誰が決めるのかという問題は，ルールを作る側の人たちだけではなく，ルールが適用される人たち（経営者），ルールが守られているかどうかをモニタリングする人たち（公認会計士等），ルールを適用して得た結果（例えば，作成された財務情報）を利用する人たち（投資者など財務情報の利用者）にも深く関係している。

設定能力のある人たちが適切なルールを設定したとしても，そのルールが適用される人たちが納得していないとか，結果を利用する人たちが信任していないといった場合には，ルールが守られなかったり，ルールの趣旨が曲げられたり，ルール適用の結果（作成される財務情報）に対する信頼度が低かったりするであろう。

以下では，主として，アメリカの基準設定主体を例として，基準設定主体の主体性・独立性と財務情報の信頼性の問題を検討する。

2. 基準設定主体と基準の強制力

アメリカの企業行動をモニタリングしてきたのは，この国の証券取引委員会（SEC）である。ただし，SECは企業の経理については直接的に介入することはせず，かつてはアメリカ公認会計士協会（AICPA）の会計原則審議会（APB）に，現在は財務会計基準審議会（FASB）に任せている。任せられているからといって，APBやFASBが自由に会計基準を設定できるわけではない。常に，SECの意向を受けて，SECの掌の中で，基準作りをしてきたのである。

アメリカの基準設定主体が，APBからFASBに変わった背景には，1960年代に吹き出した会計原則に対する批判と会計原則からの離脱が多発した事情がある。いわゆる「嵐の60年代（Stormy '60）」である。

企業決算の監査を担当する公認会計士の団体（APB）が会計基準を設定する

となると，産業界の意向を汲んだ「甘い基準」にならざるをえないこともある。ＡＰＢが甘い基準を設定すると産業界からは歓迎されて，基準の順守度は高くなる。しかし，そうした産業界寄りの基準に対してはＳＥＣから，もっと厳格な基準を設定するように要請（事実上は，要求に近い）がある。そこでＳＥＣの意向に沿うように厳格な基準をＡＰＢが設定すれば，産業界がその基準を無視するか，基準から離脱する。

わが国では，設定された基準や法律から離脱するといったことは考えられない（そのために，形式的にはルールに従い，実質のところでルールを無視するような実務がみられる）が，アメリカ，イギリス，カナダ，オーストラリアなどの英語圏では，こと会計に関しては，法や基準からの離脱が認められている（詳しくは，田中弘，2001，343－354頁）。「認められている」というよりも，一定の場合には「離脱が強制」されているのである。逆にいうと，法や基準に準拠するだけでは「公正妥当な財務諸表」を作成することができないこともあることを認めて，そうした場合には，ルールから離脱し，より適切な会計処理・表示の方法を採用しなければならないことになっている。

ＡＰＢが，ＳＥＣの指示によって厳格なルールを設定すると，アメリカ企業の中には，この離脱規定を使って，設定されたルールから離脱するものが出るのである。離脱する企業が多いと，他の企業もそれに倣うようになり，ルールがルールとしての意味を為さなくなる。

アメリカの1960年代は，ＳＥＣと会計士協会（ＡＰＢ）と産業界が，それぞれの立場から会計基準の在り方や規制の内容を主張し，ＳＥＣと産業界の間に立った会計士協会は，しばしば窮地に立たされた。会計士協会（ＡＰＢ）が，各方面から寄せられる基準批判をかわし，強力な基準を設定できなければ，会計基準の設定にＳＥＣが乗り出してくる可能性があったのである。

ＳＥＣが乗り出してくるようなことになれば，会計プロフェッションにとってこれ以上の屈辱はない。いわば，当事者能力が疑われるのである。かくして，ＳＥＣの直接介入を避けるために，それまでの会計士を中心としたＡＰＢから，会計士業界からも産業界からも一定の距離を置いた機関としてＦＡＳＢを設立し，そこに会計基準の設定を委ねることにしたのである。

ＦＡＳＢは，表向き，プライベート・セクター（民間団体）であるが，実質は，

「プライベート・セクターの皮を被ったパブリック・セクター」といってもよい。少し意地悪くいえば，FASBは，どんな基準を作るときでも，親分（SEC）の意向に従わざるをえない。

イギリスでも，1980年代の後半，会計士が中心となって設定してきた会計基準からの離脱が頻発するようになり，追い打ちをかけるように，会計基準第16号「カレント・コスト会計」の強制適用に失敗した。政府をはじめ，各界から，会計士を中心とした会計基準委員会（ASC）の基準設定能力を疑われ，このままでは会計基準の設定に政府が直接介入してくることも予想された。

会計の基準を会計プロフェッションが作ることができず，政府に取って代わられることは，会計プロフェッションにとって屈辱である。かくして，イギリスでも，政府の直接的な介入を避けるために，ASC体制から会計基準審議会（ASB）体制に移行することになったのである（詳しくは，田中，1991，107－122頁参照）。

イギリスの基準設定機関（ASB）も，わが国がスタートさせた基準設定機関（企業会計基準委員会）も民間団体，プライベート・セクターである。プライベート・セクターが基準の設定をするとなると，官庁（FASBにとってはSEC，ASBにとっては通商産業省（DTI），日本の機関にとっては金融庁）の意向または掌の中で基準作りするしかない。法や政府機関の後ろ盾がなければ，プライベート・セクターが拘束力のある基準を作ることなどできない。プライベート・セクターが多少とも拘束力のあるルールを作りうるとすれば，法か政府機関の後ろ盾が必要なのである。

3. 基準設定主体に対する政治的介入──インフレ会計基準の例

過去のアメリカやイギリスの歴史を見ると，プライベート・セクターが，政府の意向と異なる基準を設定すれば，決まって，政府が介入してくるか，政府の圧力がかかる。

各国の政府が会計基準の設定に直接介入した例を示そう。1980年代の前半に，イギリスやアメリカをはじめとして，英語圏の各国が時価主義会計（カレント・コスト会計）を採用したのは，各国政府の強い圧力があったからであった。

このときは，英語圏の各国でインフレが進行し，各国の会計士団体はいずれもインフレを指数化した「価格水準変動会計」を採用しようとした。しかし，各国政府は，インフレを指数化して会計数値を手直しするのは，政府の経済政策を採点するようなものだとして許さず，これに代えて，個別価格の変動を反映する「カレント・コスト会計」を制度化するように圧力をかけたのである（カレント・コスト会計の政治的背景については，田中，1991で詳しく紹介した）。

プライベート・セクターが設定する会計基準に，各国政府がこれだけあからさまな介入をしたのは，これまでにないことであったかもしれない。

各国政府の強力な後押しで基準化された時価会計（カレント・コスト会計）の基準は，いずれの国でも，3年も経たずして使われなくなってしまった。多くの企業が，上に紹介した離脱規定を使って時価会計の基準を採用しなくなったのである。

時価会計を止めた理由としては，各国ともインフレが沈静化してきたということを挙げることができるが，それ以上に，時価情報が投資の意思決定にあまり役に立たなかったことが次第に明らかになってきたことがある。換言すれば，時価会計の情報がそれほど有用ではなく，意思決定をするときに信頼して使用することができるものではないことが明らかになってきたのである。

ＳＥＣは，会計のルール作りに関しては，めったに表には出ないが，時には，会計連続通牒（ＡＳＲ）を公表してまで会計基準の設定に介入することもある。ＳＥＣは，ＡＳＲによって，プライベート・セクターが設定した基準（会計処理）と違う基準（会計処理）を採用することで，暗に，プライベート・セクターの基準を改正するようにプレッシャーをかけるのである。

以下では，ＡＩＣＰＡのＡＰＢが会計基準を設定していた時代におけるＳＥＣの介入と，ＦＡＳＢが基準設定主体となってからのＳＥＣの介入を，それぞれ紹介する。

4. 投資税額控除の会計基準――ＡＰＢに対するＳＥＣの介入例

どこの国でもすることであるが，企業の設備投資を奨励して，特定の設備を購入したり更新したりした企業に対して，税金の一部を免除するという産業振

興政策が採られる。例えば，エネルギー需要構造を改革するための設備購入とか，電子機器利用施設への投資など，特定の投資をすると，投資額の一定割合に相当する金額を，その企業の納付すべき法人税から控除することを認めるのである。これを，投資税額控除（Investment Tax Credit：ＩＴＣ）という。

　ＡＰＢは，投資税額控除の会計処理について，ＡＰＢ意見書第２号を基準として公表していた。この基準では，取得した固定資産の原価から投資税額控除を控除するか，貸借対照表に繰延税額控除として計上することを要求していた。前者によれば，耐用年数にわたって減価償却費が軽減され，その分だけ各期の利益が増える。後者によれば，固定資産の耐用年数にわたって，投資税額控除が利益として期間配分される。どちらの方法をとっても，損益に与える影響は同じである。

　ところが，一部の規制機関や通信業界などから，税額控除を全額，当期の利益に算入する処理を求める声があがったのである。公益産業を規制する側としてみれば，税金を軽くしてもらったのだから，その分だけ利益が増えるはずであり，利益が増加した分だけ公共料金の引下げに回してもらいたい，ということであったろう。

　他方で，規制を受ける公益事業からは，当期の利益に計上する処理に反対する声があがった。投資税額控除を当期の利益に計上すれば，利益が膨張し，公共料金の引下げを要求されることは目に見えていたからである。

　こうした状況のときに，ＳＥＣはＡＳＲ第96号を公表して，投資税額控除を当期の利益として計上する処理方法も認めたのである。これによって，規制を受ける公益事業会社は，規制機関の意向を受けて，投資税額控除を利益として計上するしか道がなくなったのである。

　ＳＥＣが会計連続通牒第96号を公表したために，ＡＰＢは，意見書第２号を撤回せざるをえなくなった。新たに設定された意見書第４号では，第２号の処理を推奨しながらも，投資税額控除を当期の利益に算入処理する方法も許容することにしたのである。ＡＰＢは，ＡＰＢ第２号が，一般に公正妥当と認められた会計原則（ＧＡＡＰ）の下で採用すべき唯一の方法として十分な一般的承認を受けていなかったことを理由に，基準の変更を正当化したという。

　スコットはいう。「会計基準設定主体が負けたのである。…この事件によって，

会計基準は真空状態で設定できるものではないこと，会計基準がもたらす経済的帰結によっては，政治の仕組みにも影響を及ぼすこともある，ということが明らかになった」と（William R. Scott, 1997, p.205.）。

SECの介入により，APBが考える「適切な会計処理」と，公益事業を規制する側が考える「適切な処理」が，ともに認められることになった。「会計として正しい処理」と，「国益の視点から正しい処理」がともに認められるようになった場合，個々の企業が採用する処理方法は多様化するであろう。処理方法が多様化すればするほど，そこで作成される財務情報に対する信頼性が低下する。

スコットがいうように，基準を設定する者は，「会計基準がもたらす経済的帰結」，つまり，ある基準を設定するとした場合に，その適用の結果，企業活動，産業界，企業決算などに，どれだけの影響を与えるか，これを予測して，いかなる内容の基準を設定し，どういう条件を満たしたときに，いつから適用するか，について十分に配慮することが必要であろう。

そうした深い配慮がない状態で基準が作成・設定されるならば，基準に対する信頼性も，基準設定主体に対する信頼性も，作成される財務情報に対する信頼性も，揺らぐであろう。

この点では，わが国の基準設定主体は，「会計基準がもたらす経済的帰結」やそれを予測して，いつから基準を適用するのがいいか，といった問題に対する配慮が不足していることは否めない。

5. オイル・ガス事業の会計基準──FASBに対するSECの介入例

FASBは，財務会計基準（SFAS）第19号によって，オイル・ガス事業を営む会社が試掘費用（exploration costs）を支出した場合について，試掘が成功裏に終わった場合にのみ，資産計上を求めていた。

ところが，SECは，1978年のASR第253号によって，試掘費用の全額を資産計上してもよいし，成功部分だけを資産計上してもよいとし，さらに，将来収入の現在割引価値を使うこと（当初は，補足情報として）をも提案した。

成功部分だけを資産計上する方法は，全額資産計上する方法に比べると，純

利益を少なく報告することになる。特に活発に試掘を行っている場合はそうである。中小の試掘会社は、計上する利益が少なくなり資金の調達が困難になるであろうし、資金調達や資金繰りが難しくなれば試掘競争も減少し、さらに悪いことには、試掘そのものが少なくなってしまう。

アメリカは主要な産油国の1つであるが、産油量を大幅に上回る大量の石油を消費する国でもある。海外、特にアラブ諸国から石油を輸入しなければ自動車や飛行機も動かせなくなるし、戦闘機も飛ばせなくなる。しかし、アラブの国々は政情が不安定であったり、アメリカと敵対関係にあったりして、石油を安定的に確保することが難しい。この国は、何が何でも石油の自給自足率を上げる必要があるのである。ＦＡＳＢの会計基準は、アメリカのエネルギー政策から見て、好ましいものではなかったのである。

ＳＥＣは、失敗した試掘の費用を即時に償却させる処理が、試掘をする企業が会計的に破綻し事業から手を引くような事態を招くことを嫌った。そこで、試掘費を、失敗した試掘のものも成功した試掘のものも、すべて資産として計上する方法を認めたのである。それは、私企業の論理を超えた、国策といってもよい。

ＳＥＣの介入があったことから、ＦＡＳＢは、1978年、ＳＦＡＳ第25号を公表し、いずれの方法も認めることにしている。

6. 会計基準と国策・国益

会計基準が私企業の決算の手段にとどまらず、ときには、一国の産業政策や国際関係をも左右するしろものであることが次第に判明してきた。そういう意味で、会計を、政治・経済のコントロールの手段として使うことを見抜いたのは、おそらくアメリカ政府が初めてであり、そうした考えが、アングロ・サクソン社会に次第に広まっていった。いまでは、アングロ・サクソンの世界では常識となっているといってもよい。

ＳＥＣの最強の圧力は、プライベート・セクターが基準作りに失敗すれば、基準設定の権限を剥奪し、ＳＥＣ自らが基準を設定するぞ、という脅かしである。イギリスの通商産業省も、同じである。

第4章 基準設定主体の主体性・独立性と財務情報の信頼性

　ひとくちに会計基準といっても，このような産業政策あるいは国策を背景として設定されるものもあれば，純粋に企業活動の成果と現状を測定・報告するための基準もある。財務情報の信頼性の観点からすると，ある特定の会計基準が政策的な背景のもとに設定されたものかどうか，純粋に企業活動を反映するための基準なのかどうかを見極めることができなければ，財務情報の利用者をミスリードする危険性がある。

　最近では，どこの国でも同じであるが，基準設定主体が設定したいと考える基準と，国家（政府）が設定して貰いたいと考える基準が違うことがある。

　わが国でも，時価会計の基準や減損会計の基準に関して政府・与党などから，「国の産業や経済を左右する可能性の高い会計基準を，なぜ，国民の審判を経てもいない民間の機関（企業会計基準委員会）などに設定させるのか」「最高のレベルのルールは，選挙により国民の信託を受けた国会議員が審議・決定するものであるにもかかわらず，なぜ，われわれ国会議員が会計基準の設定や設定される基準の内容を決めることができないのか」といった声があがっている。

　英米の感覚では当然な声であろうが，わが国では，きっと，「会計に政治が介入するとは何事か」という声のほうが力を持つであろう。しかし，英米はじめ諸外国では，会計がすぐれて政治性を帯びたものであることはつとに認識されており，会計基準を蒸留水と考えるのではなく，ときには産業を保護・振興するための武器として使い，国策を遂行する手段として活用してきた。

　外国でこうした政策的に決められた基準が，国際会計基準といったグローバル・スタンダードを経て，わが国にも取り込まれてきている。それがわが国の国益に反したものであっても，わが国の経済・企業の事情に合わないものであっても，グローバル・スタンダードの御旗のもとに導入されるのである。

　かくしてわが国で設定される基準は，ときに，外国の政治的判断の結果，その国の国益を護るために作られた基準のコピーであったり，その国に発生した会計問題を解決するために設定された基準のコピーであったりする。必ずしも，わが国の国益とか産業振興とか，さらにいえば，わが国の企業活動を公正に反映するために基準が作られているとはいいがたい面がある。

　なお，わが国の基準設定主体（企業会計基準委員会）については，スタートして間もないことや，基準設定のスタンスが国際的な会計基準と国内事情の間で，

あるいは，基準適用の対象を巡って明確とはいいにくいところがあるので，現段階では，上述したような国益・国策を護るための基準作りという視点を欠いていること，また，設定する基準についての事前の調査（フィールドワーク）が行われていないこと，さらに，設定する基準が税制や企業課税に与える影響を考慮していないこと，などを問題点として指摘するにとどめたい。

【参考文献】
田中　弘（1991）『イギリスの会計基準―形成と課題』中央経済社。
田中　弘（2001）『会計学の座標軸』税務経理協会。
田中　弘（2004）『不思議の国の会計学―アメリカと日本』税務経理協会。
田中　弘（2006）「ギャンブラーのための会計をやめよ（聞き手・東谷暁）」『表現者』
　　2006年5月号，62-74頁。
田中　弘（2008）「世界で進む会計改革の真相（上）―アメリカ会計基準に潜む危うさ」
　　『月刊　監査役』2008年6月25日号。
田中　弘（2008）「世界で進む会計改革の真相（下）―日本会計の崩壊が始まる」『月刊
　　監査役』2008年7月25日号。
田中　弘（2008）「会計不正から何を学んだか―複眼思考の会計学(1)」『税経通信』2008
　　年7月号。
Arnold J., T. Hope, A. Southworth and L. Kirkman（1994），*Financial Accounting,*
　　2 nd. ed., Prentice Hall.
Scott W. R. (1997), *Financial Accounting Theory,* Prentice Hall.

第 II 部

公正価値会計の信頼性

第1章
公正価値測定とその信頼性

1. はじめに

　20世紀の市場経済は製造業を中心としたプロダクト型市場経済からポスト工業化社会への脱却として特徴づけることができる。すなわち，20世紀中葉以降，経済がソフト化し21世紀へと繋がる2つの市場経済の流れを生み出した。1つはデリバティブ等に代表されるファイナンス型市場経済の発展であり，もう1方の軸はニューエコノミーと称されるナレッジ型市場経済の台頭である。前者は金融の自由化・グローバル化というファクターが起因となり，後者は情報通信技術（IT）の発展に支えられたものであった。

　上述のような金融主導型の経済環境の中で，日本の上場企業の総資産に占める金融資産の保有割合は，平均で5割を超え，この比率が6割を超える業種は全業種のほぼ3分の1に達している。また，製造業であっても金融資産比率が80％を超える企業が存在する。しかも，6割強の企業が何らかのデリバティブを利用してリスクヘッジを行っているという実態が明らかになっている（浦崎，2002，第2章を参照されたい）。それゆえに，現代企業の資産評価問題とは，まさに金融資産の評価問題であるとみることができる。

　このような経済環境の変化は，企業会計に理論面での反省を促し，プロダクト型会計モデルからファイナンス型会計モデルへ，さらにファイナンス型会計モデルからナレッジ型会計モデルへと基礎理論の展開を生み出した。かかる理論展開において，会計的認識の対象は，有形財から金融財へ，さらに金融財から無形財へと拡張されてきた。それを会計情報の質的特性という側面から特徴づけるならば，原価実現アプローチに基づく客観的でハードな情報から，資産負債アプローチに基づく見積りの比重が高まったソフトな会計情報への転換で

あると指摘することができる。

そこで，以下においては，ファイナンス型会計やナレッジ型会計の基礎となっている公正価値測定の考え方とその信頼性について検討し，公正価値測定の今後の課題を明らかにしようとするものである。

2. SFAS157「公正価値測定」の概要

(1) 公正価値の定義

米国財務会計基準審議会（Financial Accounting Standards Board：FASB）は，2006年9月に財務会計基準書157号「公正価値測定」を公表した。当該基準書は，公正価値を定義し，一般に認められた会計原則としての公正価値の測定に係るフレームワークを構築し，公正価値測定情報の開示を拡充することを目的としている（FASB, 2006, par.1）。公正価値測定が行われる領域が広がるにつれ，アメリカにおける基準書の中で明示的でなかった公正価値測定のフレームワークが明らかにされているという点で基準書157号は重要な意義を有している。例えば，財務会計基準書133号「デリバティブ商品およびヘッジ活動の会計」において，「公正価値とは資産が強制または清算によることなく取引の意思を有する当事者間で売買されうる金額を意味する。」（FASB, 1998, par.540）と説明されているが，取引の当事者や市場についての明確な基準が示されていなかった。

基準書157号では，公正価値の定義は，以前の公正価値の定義における交換価格概念を引き継いでおり，次のように表現されている。

「公正価値は測定日における市場参加者間での秩序ある取引によって資産の売却により受領するかまたは負債の移転のために支払う価格である。」（FASB, 2006, par.5）

この定義における公正価値は，特定の資産または負債の測定値を意味する。したがって，その測定値は，資産または負債に固有の属性を考慮したものであり，具体的には測定日における資産または負債の状態や立地そしてその売却や利用に関する制約を検討した結果である。定義の中の資産または負債は，金融資産や機械などの単独の資産または負債もしくは事業単位や報告単位での資産

グループまたは負債グループを意味している。資産または負債が単独なのかグループなのかという判断は計算単位（unit of account）に依存している。計算単位は，他の会計基準の適用目的に照らして，資産または負債の集計（または非集計）のレベルを考慮して決定される（FASB, 2006, par.6）。

①　秩序ある取引

公正価値測定は，測定日における市場参加者間での秩序ある取引によって資産または負債が交換されることを仮定している。秩序ある取引とは，資産または負債が関わる取引が通常のかつ慣習的なマーケティング活動を可能にするために測定日以前の期間において市場にさらされていることを仮定した取引である。それは，強制的な清算や投げ売りなどの強制的取引を想定していない。資産の売却または負債の移転の取引は，その資産を保有しているまたはその負債を負っている市場参加者の観点から検討された測定日における仮定的取引である。したがって，その定義は，資産を売却したときに受領する価格または資産を移転したときに支払う価格（出口価格）に焦点を当てており，その同一の資産を獲得するために支払う価格またはその同一の負債を仮定したときに受け取る価格（入口価格）には焦点を当てていない（FASB, 2006, par.7）。

②　主要な市場

主要な市場とは，企業が資産の売却または負債の移転を行うときに当該資産と負債にとって最大のボリュームとレベルの活動が伴うような市場である。または最も有利となる市場とは，企業が資産の売却または負債の移転を行うときに，資産市場または負債市場での取引コスト考慮して，資産については受領する金額を最大化するような価格で取引が行われ，負債については支払う金額を最小化するような価格で取引が行われるような市場のことをいう（FASB, 2006, par.8）。なお，資産または負債の公正価値を測定するために利用される主要な市場または最も有利となる市場における価格は取引コストについて修正してはならない。取引コストは，資産の売却や負債の移転に伴う増分の直接的コストであり，資産または負債の属性を表すものではないからである。ただし，資産または負債の立地などにより発生する主要市場または最も有利となる市場への

輸送コストは，資産または負債の属性を表すものであり，当該コストについては公正価値の修正を要する（FASB, 2006, par.9）。

③ 市場参加者

公正価値の定義における市場参加者とは，資産または負債の主要市場または最も有利となる市場における次の条件を満たす買い手と売り手である。

(1) 企業から独立していること。関連当事者でないこと。
(2) 知識を有していること。利用可能なすべての情報に基づいて資産または負債および取引について合理的に理解していること。利用可能な情報には，通常のそして習慣的な相当の努力を払って取得する情報が含まれていること。
(3) 資産または負債の取引を行う能力があること。
(4) 資産または負債について取引する意思があること。すなわち，強制でなく自らの意思で取引が動機づけられていること。

企業は，公正価値の測定に際して市場参加者が誰であるかを明確にする必要はなく，市場参加者を一般的に識別する特徴を明らかにすればよい。具体的には，(a)資産または負債，(b)資産または負債の主要市場または最も有利となる市場，(c)市場において取引相手となる市場参加についてその特徴がわかればよいとされている（FASB, 2006, par.11）。

④ 資産・負債の評価のアプローチ

公正価値測定は，測定日における物理的な可能性，法律上の許容度，財務的な実行可能性などの諸要因を考慮して，市場参加者が資産を最も高度かつ最善に使用することを仮定している。資産が他の資産と結びついてグループとして使用することにより，市場参加者に対する価値が最大化される場合には，資産の公正価値は使用という観点から測定される。これに対して，資産が主として単独で市場参加者に対する価値を最大化する場合には，資産の最も高度かつ最善な使用は交換という観点から，すなわち当該資産を売却することにより受領される価格に基づいて測定される（FASB, 2006, par.13）。

負債の公正価値測定については，負債は測定日に市場参加者に移転し，かつ，

負債の不履行リスクが移転の前後において同一であることが仮定されている。不履行リスクとは，義務が履行されずその結果移転される負債の価値に影響を与えるリスクを意味する。不履行リスクは企業それ自体の信用リスクに限定されるものではないが，信用リスクが負債の公正価値に影響を及ぼすすべての期間についてその影響を検討しなければならない。その影響は，負債の内容に依存するものであり，現金の移転を伴う義務（金融負債）なのか，あるいは，財またはサービスの移転を伴う義務（非金融負債）なのかによって異なってくる（FASB, 2006, par.15）。

また，資産または負債の公正価値を測定するために使用される評価技法は，マーケット・アプローチ，インカム・アプローチ，コスト・アプローチの3つの方法に準拠したものでなければならない。マーケット・アプローチは，同一のまたは比較可能な資産または負債を含む市場取引によって生成される価格またはその他の関連情報を利用する方法である。インカム・アプローチは，将来の金額（キャッシュ・フローまたは稼得利益）を単一の現在の金額に変換する評価方法を利用するものである。コスト・アプローチは，資産の給付能力を取り替えるために現時点で必要とされる金額に基づくものである（FASB, 2006, par.18）。

(2) 公正価値の階層

公正価値は，評価方法へのインプットの相対的な信頼性を考慮して幾つかの階層に分かれる。資産または負債に関連するインプットの利用可能性及び当該インプットの相対的な信頼性が適切な評価方法の選択に影響を与える。FASBは，SFAS157の原案であるFASワーキングドラフトSFAS No.15X「公正価値測定」(FASB, 2005, par.23-24) で公正価値を5つの階層に分けてその信頼性を識別していたが，公表されたSFAS157（FASB, 2006, pars.22-30）では公開草案と同様の3階層に戻している。

図表Ⅱ-1-1は，FASワーキングドラフト15XとSFAS157において示されていた公正価値の階層をまとめたものである。ワーキングドラフトでは，公正価値の階層を5つに類型化している。5つのレベルのうち最も信頼性が高いのがレベル1であり，レベル5は相対的に信頼性が最も低い。レベル5のエ

ンティティインプットとは，外挿法や内挿法によって計算されるが他の市場データで確証されないデータを意味する。

実際に公表された基準書のSFAS157においては，公正価値の階層は3つのレベルに再分類され，ワーキングドラフトでレベル3とレベル4として提示されていた属性がレベル2に位置づけられたことがわかる。

図表Ⅱ－1－1　公正価値の信頼性の階層

SFAS15X	属　性	FAS157
レベル1	活発な市場における同一の資産又は負債の相場	レベル1
レベル2	(a) 活発でない市場における同一の資産又は負債の相場 (b) すべての市場における類似の資産又は負債の相場	レベル2
レベル3	資産又は負債について観察できる相場以外の市場インプット	
レベル4	資産又は負債について観察できないがその他の市場データを相関やその他の手段によって確証される市場インプット	
レベル5	エンティティインプット（資産又は負債について観察できないインプット）	レベル3

なお，そのようなFASBによる公正価値測定の信頼性の類型に対して，IASBは2005年11月に公表した討議資料において，次のように信頼性の4つのレベルを提示している（IASB, 2005d, pars.423, 431, 434）。討議資料では，公正価値の信頼性をレベル1と2の2つに分け，レベル3と4を公正価値の代替としている。

レベル1－初度認識時またはそれに近い時点において測定されるべき資産または負債と同一のあるいは類似の資産または負債について観察される市場価格があること。そして，市場の期待と矛盾しないような信頼できる修正が，（ⅰ）市場で取引されている資産または負債と測定されている資産または負債との差額についてそして（ⅱ）どのような時間差異についても行われること。

レベル2－レベル1の条件を満たす観察できる市場価格がない場合，初度認識の時点で測定されるべき資産または負債の市場価格を見積もるための認められたモデルまたは技法があること。そして，すべての重要なインプットは，モデルまたは技法における市場参加者の決定要因の基礎として期待されうる観察可能な市場価格または信頼できる測定可能な現象を反映していること。

レベル3－受容可能な信頼性を持って公正価値を見積もる能力がないときは，カレントコストを見積もる。
レベル4－企業に固有の期待にかなり依存するモデルまたは技法。

上述のように，FASBは公正価値の信頼性を3つのレベルで考えており，IASBは基本的に信頼性を2つのレベルで考え，レベル3と4は公正価値の代替と捉えている。いずれにしても，活発な市場がない場合には見積りに基づく不確実な要素が測定に入り込むために，不偏性という意味での測定誤差が問題になる。測定に不確実性が伴うために測定の信頼性に限界がある場合がある。IASBは，測定の不確実性をもたらす原因として次の2つをあげている（IASB, 2005d, p.11）。

① 見積りの不確実性（estimation uncertainty）
② 経済的不確定性（economic indeterminancy）

見積りの不確実性は，不確実な現在の条件または将来の結果に関する見積りを含む。経済的不確定性は，測定すべき経済現象が妥当性ある計量化を可能にするほどに十分な具体的用語で定義されない場合に生じる（IASB, 2005d, p.11）。会計測定にはある程度の見積りの不確実性は避けることはできないことは一般に理解されていることである。見積りの信頼性は測定日における事実と仮定の妥当性に基づいて判断しなければならない。また，それを，測定日後の将来の結果でもって信頼性を判断してはならない（IASB, 2005d, p.12）。

IASB（2005d）は，測定属性の測定の不確実性に関する有用な情報を開示することは信頼性を評価する際の重要なファクターであると指摘している（IASB, 2005d, p.12）。つまり，測定に際して真正な値が未知であるため，ある数値を選択した根拠，測定の不確実性の性質や程度を理解することに役立つ情報を開示することで，利用者にその判断を委ねるということである。また，測定属性自体をそれのみで信頼性がないという判断を下すべきではないと述べている（IASB, 2005d, p.12）。

3. 結びに代えて

　公正価値測定を基礎とした会計理論モデルは，その時々の会計環境に動機づけられて形成されたものであり，その動機に基づいて会計目的が設定され測定が行われる。したがって，会計情報の信頼性の内包は会計理論モデルによって相対的に変化するものと考えられる。例えば，伝統的な期間損益計算における貸借対照表と損益計算書の信頼性は，それらの財務諸表が関連する期末時点ないし過去の会計期間を対象とした概念であるといえる。

　これに対して，金融商品，退職給付，固定資産の減損等に係る会計処理は，公正価値による測定や割引現在価値の計算など，将来期間に及ぶ事象を対象としている。したがって，それらの会計基準に基づいて作成された貸借対照表や損益計算書の信頼性は，将来期間の事象に関わる評価が反映されているという意味で，将来期間への広がりをもっているといえる。

　さらに，意思決定有用性に資する会計情報の作成と伝達を積極的に展開しようとするFASBとIASBでは信頼性に代わって表現の忠実性を採用し，今後の理論展開を図ろうとしている。情報の信頼性は利用者の期待を反映した会計目的に照らして評価することが肝要である。したがって，公正価値測定の前提となっている会計環境，利用者の期待，会計目的などを考慮せずに取得原価主義会計の枠組みで情報の信頼性を批判することになれば，会計学の基礎理論の発展と会計実務の改善は望めないであろう。

【参考文献】
上野清貴（2005）『公正価値会計と評価・測定』（中央経済社）。
浦崎直浩（2002）『公正価値会計』（森山書店）。
古賀智敏（2004）「公正価値測定の概念的構図と課題」『企業会計』第56巻第12号（2004－12）。
古賀智敏（2005）『知的資産の会計』（東洋経済新報社）。
武田隆二（1982）『制度会計論』（中央経済社）。
武田隆二（2002）『会計学一般教程〈第5版〉』（中央経済社）。
吉田康英（2003）『金融商品会計論』（税務経理協会）。
FASB (1998) SFAS No.133 *Accounting for Derivative Instruments and Hedging*

Activities.

FASB (2005) SFAS No.15X *Fair Value Measurement,* October21, 2005 working draft.

FASB (2006) SFAS No.157 *Fair Value Measurements.*

IASB (1997) *Accounting for Financial Assets and Financial Liabilities,* Discussion Paper.

IASB (2005 a) Conceptual Framework-Objectives of Financial Reporting: Stewardship and Accountability, Information for observers, IASB Meeting:20 July, 2005, London (Agenda Paper 7).

IASB (2005 b) Qualitative Characteristics 3: Relationship between Qualitative Characteristics, Information for observers, IASB Meeting: 20July, 2005, London.

IASB (2005 c) Qualitative Characteristics 5: The Process for Assessing Qualitative Characteristic, Information for observers, IASB/FASB Meeting:25 October, 2005, Norwalk (Agenda Paper 6).

IASB (2005 d) *Measurement Bases for Financial Accounting-Measurement on Initial Recognition,* Discussion Paper, November 2005.

JWG (2000) *Recommendations on Accounting for Financial Instruments and Similar Items,* Norwalk, Connecticut:FASB. (日本公認会計士協会訳(2001)『金融商品及び類似項目』金融商品ジョイント・ワーキング・グループ)

第2章
為替換算調整勘定と包括利益情報の信頼性

1. はじめに

　財務情報に含まれる開示内容の1つに,企業が被る為替レート変動の影響が挙げられる。在外子会社等の外貨表示財務諸表を決算日レート法により換算し,その結果発生する換算差額は為替換算調整勘定として開示される処理が広く普及してきた。しかし,連結財務諸表における開示については,連結財務諸表の構成内容により異なっている。例えば,為替換算調整勘定を純資産に直入する場合と,その他包括利益として包括利益計算書に計上した後に純資産の部に算入する場合がある。

　その場合,これまでの当期純利益との関連も問題になる。単に,開示の問題だけに限ることはできないが,現在進められているアメリカ財務会計基準審議会(Financial Accounting Standards Board:FASB)と国際会計基準審議会(International Accounting Standards Board:IASB)の業績の報告プロジェクトにおいては開示される財務諸表の種類に限って議論が進められ,第1段階として国際会計基準書第1号が公表され,現在は第2段階として具体的な包括利益計算書の形式についての議論が進められている。

　そこで,本章では連結財務諸表において開示される為替換算調整勘定を取り上げて,為替換算調整勘定の会計的性格を検討した上で,連結財務諸表上の開示をめぐる議論の観点から,為替レート変動の影響の開示と信頼性との関連について検討する。

2. 為替換算調整勘定の性格と包括利益

　信頼性の概念はこれまでにも指摘されているように多義的な概念である。したがって，会計情報の有用性を保持するための要素である信頼性については曖昧であるとの指摘を受け，信頼性を支えてきた表現の忠実性が信頼性に置き換えられようとしている（IASB, 2006a, pars. BC2.14-2.16）。本節では，信頼性を支える重要な要素でもある表現の忠実性との関連で，どのように為替換算調整勘定を開示することが表現の忠実性を満たすことになるのかに注意して検討する。

　第1章の「信頼性の3つの概念」でも取り上げているように，信頼性は，「情報を処理する人間の信頼性（trustworthy）」と「情報を処理するシステムの信頼性（credibility）」および「アウトプットされる情報の信頼性（reliability, creditability）」に分解される。

　為替レート変動の影響の問題は，「情報を処理する人間の信頼性（trustworthy）」の観点からも論じることも考えられるが，ここでは「アウトプットされる情報の信頼性（reliability）」の観点から為替換算調整勘定を認識することの意義とその性格について検討する。

　外貨建金銭債権債務に係る為替レート変動の影響を認識することになった背景として会計観の変化が考えられるが，外貨表示財務諸表の換算差額についても収益費用観から資産負債観へ会計観が変更されてきたことに着目することによって論拠が明確になる。

　包括利益（Comprehensive Income）という用語は，FASB概念基準書第3号（1980年）で初めて使用され，FASB概念基準書第5号では，包括利益およびその構成要素を財務諸表に開示することも示されている（FASB, 1984, pars.30-32）。

　「包括利益の報告目的」は，認識した取引および株主との取引以外の他の経済的な事象の結果生じる，企業のすべての持分変動額を報告することにある（FASB, 1997, par.11）。

　また，FASB概念基準書第5号は認識を以下のように定義する。

「ある項目を資産，負債，収益，費用またはこれらに類似するものを事業体の財務諸表に正式に記録するかまたは組み入れるプロセスである（FASB, 1984, par.6）。」と定義して，さらに，「資産または負債は，その取得あるいは発生の記録だけではなく，最終的には財務諸表から除かれることになるその後の変動も認識に含められる（FASB, 1984, par.6）。」として会計職能である認識行為の中に記録後の変動も含めている。

それでは，持分の変動に影響する項目とは何か。国際的な会計基準1におけるその他包括利益に含まれる項目をみると為替換算調整勘定，年金債務，売却可能有価証券の未実現損益および有形固定資産の評価差額が取り上げられているが，それらの性質を一義的に説明することはできない。

しかし，ここで指摘される項目の変動を反映させていくことにより企業活動を忠実に写し出すことが可能であるならば，財務諸表に開示することも要請されるべきである。

このような変動を取り込んだ財務諸表と他の情報を利用すれば，企業活動を評価する際，企業の将来のキャッシュ・フローの時期およびその金額，その変動幅等について，投資家，債権者および他の利用者の意思決定にとって役立つといわれている（FASB, 1997, par.12）。

国際会計基準の概念フレームワークの中では包括利益として特に規定していないが，収益には未実現の利得も含めており，意思決定において有用な情報になるとしている（IASB, 2001, pars.74−76）。

日本においては，会社計算規則において「損益計算書等には，包括利益に関する事項を表示することができる（会社計算規則，平成18年，第126条）。」と容認されているが，日本の概念フレームワークではその他包括利益として開示する意義について積極的な支持を明らかにしていない（財務会計基準委員会，平成18年）。

その他包括利益の開示の意義について以下の論拠も考えられる。

第1として，資本直入よりも，当該期間に発生した金額を評価でき，確認できるので原因を分析することができること。

第2として，情報利用者の立場から，現実に達成した結果としての数値と，現在の市場価格に基づいて算定された将来の経済的便益の可能性とを区別できること。

第3として，利用者が判断する材料が拡大されること。

第4として，財務諸表の体系からみた場合のクリーン・サープラスの観点からも明確になる。

そのような変動を認識，測定して作成した財務諸表の有用性については今後の研究により追跡調査していく必要はあるが，為替換算調整勘定の性格付けをどのように考えたらよいのか。

日本基準において為替換算調整勘定はどのように捉えられてきたのかについてみてみよう。平成7年に公表された外貨換算会計基準において為替換算調整勘定の理論的説明は，収益費用観で論じられてきたものと理解できる。

これまでの評価原則では，認識され，一旦測定された項目について，その後の変動については原則として財務諸表に反映してこなかった。すなわち，未実現利益を当期の損益計算に算入することは前提とされていないことから，その差額の開示箇所については特に議論されてこなかった。為替レート変動の影響を示す項目は，市場で決定される測定尺度を使用して再測定して発生した結果であるということができる。換算プロセスを評価として理解するのかという議論は残されているが，市場における時価に基づくことにより発生した差額であることには異論がない。

為替換算調整勘定を資産・負債の部に開示することを規定した平成7年の「外貨建取引等会計処理基準の改訂について」の解説では次のように説明している（企業会計審議会，平成7年）。

1．現地通貨による子会社等の資本の増減が認識された場合のみ，換算後の子会社等の資本の増減を認識する。
2．資本の部に記載すると，留保利益の増減が損益計算書を経由しないで認識され，従来の制度上の基本的な考え方とも相容れないことから資産の部または負債の部に記載することにした。

このときは，為替換算調整勘定の本質は損益ではなく資産・負債として捉えられている。

その後の改訂「外貨建取引等会計処理基準」（企業会計審議会，平成11年）では，為替換算調整勘定を貸借対照表の資本の部に記載することになり，平成17年の企業会計基準第5号「貸借対照表の純資産の部の表示に関する会計基準」によ

り純資産の部に，株主資本とは区別され評価・換算差額として開示される。

日本の外貨換算会計基準では，このように為替換算調整勘定は資産の部又は負債の部に開示する処理から純資産の部に直接開示する処理に改訂されてきた。この背景には，平成11年に公表された「金融商品に係る会計基準」において，その他有価証券の処理として資本直入を容認したことが改訂の論拠になっている。その他の理由として，国際的な調和化，財務諸表の比較可能性を重視した点が挙げられている（企業会計審議会，平成11年）。わが国外貨換算会計基準では損益としての性格付けが強調されずに改訂されており，国際的な会計基準と比較して異なる経緯を経ている。

しかし，金融商品に係る会計基準において認められたことを理由に為替換算調整勘定を資本の部に直入するという説明では為替換算調整勘定を損益として認める見解としては不十分である。日本では，その当時，概念フレームワークが設定されていなかったので，外貨換算会計基準の背景となる会計観の変化を具体的に捉えられることはなかった。しかし，財務会計の概念フレームワークが公表されている現在，わが国基準が立つ会計観の変化を根拠に為替レート変動部分を純資産の部の項目として，さらには当期損益として説明することができる。

FASB基準書第52号「外貨換算」（以下，ＦＡＳ52）では為替換算調整勘定の性格について2つの解釈を示している（FASB, 1981, pars. 113 and 114）。すなわち，

1．包括利益の構成要素である未実現損益
2．一般物価変動会計に類似した資本修正

である。ＦＡＳ52では，いずれの見解に立つにしても差額は資本の一項目となることから，いずれの見解をとるかは明確にされなかった（FASB, 1981, par. 112）。その後，1997年のFASB基準書第130号「包括利益の報告」（以下，ＦＡＳ130）の公表において，為替換算調整勘定の属性を未実現損益として捉えている（FASB, 1997, par. 19）。

物的資本維持を重視する立場では，資産の再調達原価の増減は，資本修正として位置づけられる。物的資本維持概念の観点に立つ場合は，事業活動を営むために企業が継続して保有しなければならない財の単なる価格上昇に伴う富の増加は，維持されるべき資本であると捉える（企業財務制度研究会，平成13年，

208頁)。他方,名目貨幣資本維持の立場では,価格変動の影響による差額は,保有利得あるいは損失であるとして利益に含められる(企業財務制度研究会,平成13年,208頁)。すなわち,名目貨幣資本維持の立場からは為替レート変動の影響を損益として捉えることができる。このように為替換算調整勘定が当期の損益計算に含められる場合,次に問題になることは,損益性を有する為替換算調整勘定をその他包括利益として区別した上で包括利益を開示する必要があるのか,それとも新たな包括利益概念を導入して,それに基づき,その中に為替換算調整勘定を含めるのかが問題になる。

　ＦＡＳ130では,包括利益を純利益とその他包括利益に区分して,為替換算調整勘定はその他包括利益の一部の項目として分類している[1](FASB, 1997, par.17)。為替換算調整勘定は未実現損益であると同時に,現時点では実現不明であるという特徴を有している。その実現時点がいつなのかは特定されず,近い将来か,長期間継続するのかによりいつの時点の期間損益に反映すべきか不明で,当期純利益の算定に含めることは適当ではない(FASB, 1984, pars.50 and 51)。したがって,当期純利益とは区別し,実現したときにリサイクル調整を行う方法を示している。その開示方法としては,経営成果を示す財務諸表の中に開示するか,あるいは純利益から包括利益までを含む別の財務諸表を作成するのか,または株主資本等変動計算書に含むなどの選択が検討されてきた(FASB, 1997, par.22)。IASBがFASBとの共同プロジェクトの成果として2006年3月に公表した国際会計基準第1号公開草案「財務諸表の開示　改訂される開示」では,利得あるいは損失,総認識損益を財務諸表に開示すること,利得および損失は,株主持分の変動とは区別して,単一計算書あるいは2計算書で開示することを要請し,株主持分変動計算書によることを禁止している[2](IASB, 2006 c , par.8)。

　また,リサイクルを求めており,その額を認識収益費用計算書(statement of recognized income and expense)の本体あるいは注記で開示しなければならない[3]。

　いずれにしても,今後の日本における議論において,これまで議論されてきたような,単一の計算書として包括利益計算書を損益計算書と区別するのか否かという議論ではなく,その他包括利益を含めた包括利益を当期純利益に代替

させて開示するのかという問題について検討しなければならない。

3. 為替換算調整勘定と包括利益計算書

　日本の財務会計基準機構から公表されている討議資料（財務会計基準委員会，平成18年，6-12項）では，純資産を「資産と負債の差額」と定義し，包括利益を特定期間における純資産の変動額のうち，報告主体の所有者である株主，子会社の少数株主，および，将来それらになりうるオプションの所有者との直接的な取引によらない部分としている。

　純利益は，純資産の変動額のうち，その期間中にリスクから解放された投資の成果であって，報告主体の所有者に帰属する部分であるとしている。

　包括利益のうち，投資のリスクから解放されていない部分を除いて純利益が算定されるとしていることから，いわゆるその他包括利益を区別していると解される（財務会計基準委員会，平成18年，第12項）。

　討議資料において，純利益と並んで包括利益も独立した地位を与えている理由として，包括利益にも純利益を超える有用性が見出される可能性があることが示される（財務会計基準委員会，平成18年，第22項）一方で，包括利益を当期純利益に代える国際的な動向については，包括利益が純利益に代替しうるものとは考えていないことが明言されている（財務会計基準委員会，平成18年，第21項）。

　このように，日本の概念フレームワークでは，包括利益情報としての有用性について全面的に認めているわけではないが，特に為替レート変動の影響を受ける日本企業にとって為替換算調整勘定の開示は重要であることから株主資本等変動計算書も含めた財務諸表の構成要素全体との関連で検討されなければならない。現在のところ，現行の日本の外貨基準における為替換算調整勘定の処理に関してはＩＡＳ１と異なる。長期的には，当期純利益の開示は後退して，包括利益で一本化された業績開示に方向付けされているようではあるが，短期的な対応として，現在までに5つの代替案が挙げられている（IASB, 2007b, pars. 4 and 8）。

　そこでは，ビジネス損益は営業損益と投資損益のカテゴリーから成り，その他の区分として財務損益のカテゴリー，法人税のカテゴリーに区分される。そ

して，次の5つの様式が当分の間の様式として考えられている。
  1．当期利益とその他包括利益とは区別せずに包括利益のみを開示し，また，リサイクル結果を同一のカテゴリーに含む。
  2．各カテゴリーごとにその他包括利益を区別して開示し，また，リサイクル結果をカテゴリーごとのその他包括利益から当期の損益計算に調整する。
  3．その他包括利益をカテゴリーとは区別して開示し，各カテゴリーにはリサイクル結果のみ含む。その他包括利益は税を含む。
  4．3と同様であるが，その他包括利益については税効果調整後の純額を示す。
  5．営業損益および投資損益，財務損益，法人税について各カテゴリーごとに長期，短期の区別をする。

　様式1および2は長期的な統一化に向けた包括利益概念に近い内容である。最終的にはリサイクルしない様式1の様式が考えられている。様式1は，その他包括利益を区別する情報を重視する意思決定者にとって適当ではなく，その他包括利益を含めた数値を業績として捉えている人にとって有用な情報であると考えられる。

　様式3および4はアメリカ基準である現行のFAS130に規定する1計算書の中でその他包括利益部分を追加する様式で示されている様式に類似するものである。

　そこで，様式1および2を最終的な様式として考えている現在，様式1および2のビジネス損益部分を取り上げて比較して示してみる。

　様式1の本質的な問題として，異なるセクションあるいはカテゴリーの項目間に関連するような項目であっても，いずれかのセクションあるいはカテゴリーに割り当てられなければならないことがある。為替換算調整勘定のような唯一のセクションあるいはカテゴリーに振り分けられない項目について問題になることが指摘されている（IASB, 2007c, par.3）。

　共同プロジェクトの議論の中で，その解決策として，連結する前にどのように投資を区分してきたのかによって分類するか，あるいは，為替換算調整勘定をすべてのケースにおいて同一のカテゴリーに分類するように規定する等の意見があることが記されている（IASB, 2006b, par.24）。

様式によっては，為替換算調整勘定の変動部分の未実現部分と実現部分の区分が明確になるが，それらの合計額だけを開示するならばその内容は明確ではない。

為替レート変動の影響を含んだ結果のみが開示されることについて，実態調査結果に基づきさらに検討してみよう。

日本の3月期決算企業でSEC基準を採用している同業種企業のうち平成16年の2社（A社，B社とする）の連結決算数値に基づいて，ビジネス損益のみを取り出した様式1および2による開示は以下のようになる。

図表Ⅱ-2-1

A 社

様式1
業績計算書
ビジネス損益
営業損益
……………
……………
……………
為替換算調整勘定　　　-127,881
包括営業損益計　　　　　6,516

様式2
業績計算書
ビジネス損益
営業損益
……………
純営業損益計　　　　　134,397
その他の包括利益
為替換算調整勘定　　　-127,881
包括営業損益計　　　　　6,516

B 社

様式1
業績計算書
ビジネス損益
営業損益
……………
……………
……………
為替換算調整勘定　　　-19,701
包括営業損益計　　　　105,940

様式2
業績計算書
ビジネス損益
営業損益
……………
純営業損益計　　　　　125,641
その他の包括利益
為替換算調整勘定　　　-19,701
包括営業損益計　　　　105,940

A社とB社の純営業損益はほぼ同程度の企業であることが様式2でみると判断できる。これに為替換算調整勘定を追加した結果で見ると，B社の方が営業損益の結果がよいと判断される。様式1で比較しても同様の理解はできるが，営業損益に影響する個々のその他包括利益項目を取り上げて検討する必要があ

る。近い将来に在外事業投資を撤退することが明らかで，現在の為替レートに基づいた意思決定を行うならば，様式1によっても判断できるが，今後の在外投資を継続させるか否かの判断においては様式2の方が有用である。

4. 結びに代えて

　本章は，為替レート変動の影響を損益として捉えることについて異なる資本維持の視点から考察した後に，名目資本維持の立場から為替換算調整勘定の損益性を確認した。その上で，為替レート変動の影響を含めた包括利益のみを会計情報として開示するのか，あるいはこれまでの当期純利益の追加的な利益情報として為替レート変動の影響を開示するのかという問題について検討してきた。

　当期純利益をその他包括利益と区別して開示するのか否かという問題は，業績報告書が開示する測定値が実現損益であるのか，あるいは期間に発生した変動をすべて含む内容のみを成果として捉えるのかという業績概念とも係わる問題でもある。いずれの結果を業績報告書の内容として捉えるのかという問題は改めて検討しなければならない本質的な問であることから単に開示様式の議論だけでは結論は出ない。本章においては，国際的な会計基準の統一化の動向に注目して，最終的には包括利益という新たな利益概念のみを優先させて開示していくIASBの考え方に対する問題点を具体的な為替換算調整勘定の数値例で考察してきた。

　為替レート変動の影響を利益情報の中で開示することの意義については認められるが，実現部分と混同させて情報開示することについては表現の忠実性の観点からも純損益の開示は必要である。今後の共同プロジェクトの動向に注意し，わが国の対応についても検討していきたい。

（注）
1） FASB(1997), Statement of Financial accounting Standards No. 130, par. 17, The Institute of Chartered Accountants Accounting Standards (1999), Financial Reporting Standard (FRS) 3, *Reporting Financial Performance,* par. 36.
2） これは，その後IASB, International Accounting Standard 1, *Presentation of Fi-*

nancial Statements, 2007 として公表された。
3) (IASB, 2007a, par. 81) では，包括利益計算書 (statement of comprehensive in- come) に変更されている。

【参考文献】

International Accounting Standards Board (IASB) (2001), *Framework for the preparation and presentation of Financial Statements.*
IASB (2006), Discussion Paper, Preliminary Views on an improved Conceptual Framework for Financial Reporting: *The Objective of Financial Reporting and Qualitative Characteristics of Decision- Useful Financial Reporting Information.*
IASB (14 December 2006), Information for Observers.
IASB (2006), Exposure Draft of Proposed Amendments to IAS1, *Presentation of Financial Statements A Revised Presentation.*
IASB (2007), International Accounting Standard1, *Presentation of Financial Statements.*
IASB (22 March 2007), Information for Observers.
IASB (19 June 2007), Information for Observers.
Financial Accounting Standards Board (FASB) (1981), Statement of Financial accounting Standards No. 52, *Foreign currency Translation.*
FASB (1984), Statement of Financial Accounting Concepts No. 5, *Recognition and Measurement in Financial Statements of Business Enteprises.*
FASB (1997), Statement of Financial accounting Standards No. 130, *Reporting Comprehensive Income.*
The Institute of Chartered Accountants, Accounting Standards (1999), Financial Reporting Standard (FRS) 3, *Reporting Financial Performance.*
会社計算規則，平成18年。
企業会計審議会,「外貨建取引等会計処理基準」，平成7年。
企業会計審議会,「外貨建取引等会計処理基準」，平成11年。
企業会計審議会,「金融商品に係る会計基準」，平成11年。
企業財務制度研究会,『財務会計の概念および基準のフレームワーク』中央経済社，平成13年。
財務会計基準委員会,「財務会計概念フレームワーク」，平成18年。
森田哲彌，白鳥庄之助編著『外貨建取引等会計処理基準詳解』，中央経済社，平成9年。

第3章
有価証券評価差額金と包括利益情報の信頼性

1. はじめに

　金融商品は時価評価とする動向は，アメリカ，国際および日本会計基準とも同じであり，現行ではデリバティブおよび有価証券（一部を除く）について，貸借対照表価額は時価によることが原則になっている。ただし，時価評価に伴う評価損益は，経営者の保有目的に応じて発生した期の損益に計上または純資産直入（アメリカ会計基準では「その他包括利益」として計上，以下同じ）とする会計処理が適用される。なお，時価評価の対象外となる有価証券は，取得（償却）原価にて評価される。したがって，同一銘柄の有価証券であっても，時価評価にて評価損益が発生した期の損益になるものと純資産直入（またはその他包括利益計上）になるもの，取得（償却）原価によるものが並存し得る。

　本章では有価証券の評価損益について，保有目的に応じた会計処理の概要およびアメリカ，国際および日本会計基準間の会計処理の比較検討等を通じて，財務情報の信頼性に影響を及ぼす要因を考察する。

2. 保有目的区分の概要

　アメリカ，国際および日本会計基準では，経営者の保有目的に応じて有価証券を「売買目的（trading）」，「満期保有目的（held-to-maturity）」および「売却可能（available-for-sale）」（日本会計基準では「その他有価証券」として表示，以下同じ）の3つに分類する。

なお，期末評価等の会計処理は保有目的区分毎に異なるため，利益操作防止の観点から取得時に保有目的区分を決定し，その後の保有目的区分の変更は，正当な理由がある場合を除き，原則として認めない取扱いになっている。

(1) 売買目的有価証券

売買目的有価証券には，主に短期的な価格変動による利鞘からの利益獲得を目的として取得する有価証券が該当する。通常はトレーディング業務のように，短期間に反復的な購入と売却が行われる有価証券が対象となる。なお，日本会計基準では売買目的に分類する目安として，有価証券の売買を業とすることが定款上で明らかであり，かつ，トレーディング業務を日常的に遂行し得る人材から構成された独立の専門部署の存在等を示している（JICPA, 2007, 65項）。ただし，定款の記載や独立した専門部署の存在は目安にすぎず，最終的には有価証券に係る売買頻度等に基づく実質判断になる。

(2) 満期保有目的有価証券

満期保有目的有価証券には，償還日および償還金額が予め約され，かつ，保有企業側にて投資金額の実質的な回収が困難となる条項等がない有価証券であることに加えて，償還日まで保有する強い意思およびそれを裏付ける財務能力がある場合が該当する。償還日および償還金額が予め約されていることから，普通株式に代表される大半の持分証券（equity security）は該当しないほか，投資金額の実質的な回収が困難となる条項等として，例えば，保有者側の取得（償却）原価の回収に大きな影響を与えるコール条項の存在は，満期保有目的の阻害要因となる。

(3) 売却可能有価証券

売却可能有価証券には，前述の売買目的または満期保有目的のいずれにも該当しない，残りの有価証券が該当する。経営者の保有目的として，満期日まで保有するとは限らないが，短期売買も想定していない有価証券は，この区分に該当することになる。

(4) 満期保有目的に反した場合の取扱い

後述するように3つの保有目的の区分のうち，満期保有目的は中途売却等をしないことから例外的に取得（償却）原価で評価される。したがって，当初は満期保有目的に分類した有価証券を中途売却した場合（他の保有目的区分への振替を含む），当該金額に重要性がないか，または正当な理由がある場合を除いて懲罰的な規定が置かれている。国際会計基準では，中途売却があった会計年度において，途中売却した銘柄だけでなく，残りすべての有価証券についても満期保有目的区分からの退出が求められ，かつ，その先2会計年度は満期保有目的区分の使用が認められない（IASB, 2005, par.9）。日本会計基準も国際会計基準と同様な取扱いであるが，満期保有目的区分の使用禁止期間は中途売却をした年度を含む2会計期間につき，期間が短縮されている（JICPA, 2007, 83項）。

これに対してアメリカ会計基準は，満期保有目的区分の使用を再開できる時期を明示せず，より信頼性の高い満期保有の意思およびそれを裏付ける財務能力の存在を再び示せる時期からとして実務判断に委ねている（FASB, 1995, Q&A14）。なお，懲罰的な規定が適用されない中途売却の正当な理由としては，発行者側の信用状況の著しい悪化，免税措置の廃止等の税制改正，企業結合・分割によるポジション調整，保有に関する法律または監督規制の変更等の取得時点での合理的な予想を超える外部環境の変化があった場合のほか，償還日間近での中途売却や投資元本をほとんど回収した後の中途売却等，実質的に満期保有とみなせる場合が該当する。

3. 保有目的区分毎の会計処理

有価証券の会計処理は，前述した保有目的区分毎に異なる取扱いとなる。

(1) 売買目的有価証券の会計処理

売買目的有価証券の貸借対照表価額は決算日の時価にて評価し，評価損益は発生した期の損益に計上する。この会計処理は，デリバティブに対する原則的な取扱い（ヘッジ会計のヘッジ手段である場合を除く）と同じである。

(2) 満期保有目的有価証券の会計処理

満期保有目的有価証券の貸借対照表価額は，原則として取得（償却）原価にて評価する。したがって，時価評価の対象外につき，評価損益は発生しない。なお，取得原価と償還金額が異なる場合の差額（取得差額）は，原則として満期日までの期間を通じて配分される。この配分途中の帳簿価額が償却原価（＝取得原価±期間配分済利息の累計額－元本償還・減損等の控除額）であり，最終的には償還金額となる。取得差額の配分方法は，保有期間に生じるすべての将来キャッシュ・フローの現在価値が取得原価と同額になる割引金利（実効金利）を求め，当該金利で利息計算を行う利息法が原則であるが，重要性の観点から定額法も認められる。

(3) 売却可能有価証券の会計処理

前述した売買目的および満期保有目的有価証券の会計処理は，アメリカ，国際および日本会計基準とも実質的に同じであるが，売却可能有価証券の会計処理については相違がみられる[1]。アメリカおよび国際会計基準では，売却可能有価証券の貸借対照表価額は決算日の時価にて評価するとともに，評価損益は発生した期の損益に計上することなく，純資産に直入（またはその他包括利益計上）し，売却等の処分時点で当期損益に振替処理を行う。

日本会計基準では，売却可能有価証券の貸借対照表価額は決算日の時価にて評価することを原則としつつ，継続適用を条件に期末前1か月の平均時価による評価も認めている[2]。直ちに売却を予定していない有価証券の評価について，短期的な価格変動を反映させることは必ずしも合理的ではないことが理由であるが，アメリカおよび国際会計基準では平均時価を認めないことから，日本会計基準特有の取扱いとなる[3]。また，評価損益についても，評価益および評価損の両方を純資産直入とする方法（全部純資産直入法）のほか，評価益は純資産直入とする一方，評価損は当期損益に計上する方法（部分純資産直入法）も認めている[4]。評価損のみ当期損益に計上する理由は，保守主義の観点に基づいて従前から低価法が採用されてきた経緯を重視したものと考えられる。企業は会計方針としていずれかの方法を継続適用するが，部分純資産直入法を選択した場合には日本会計基準特有の取扱いとなる。

(4) 公正価値オプション

アメリカおよび国際会計基準には，有価証券を含む原則として全ての金融資産および金融負債を対象として時価評価の上，評価損益を発生した期の損益に計上する旨を取得時に指定した場合（後日の取り消しは禁止），保有目的に関係なく当該会計処理を適用できる，いわゆる公正価値オプションの規定がある（IASB, 2005, par.9）(FASB, 2007)。したがって，この公正価値オプションを採用した場合には，全ての保有目的を通じて売買目的有価証券と同じ会計処理になる。一方，日本会計基準では，売買目的有価証券を限定的に捉えており，公正価値オプションの考え方は取り入れられていない。

4. 財務情報の信頼性に影響を及ぼす要因

(1) 会計処理の多様性

売却可能有価証券の評価損益に対する会計処理は，アメリカ，国際および日本会計基準とも様々につき，当期損益および純資産直入額（またはその他包括利益）は選択した会計基準によって異なることになる。

なお，アメリカおよび国際会計基準では，売却可能有価証券の評価を決算日の時価に限ることから，少なくとも売却可能有価証券に係る貸借対照表価額，当期損益と純資産直入額の合計額（包括利益）は同じとなる。これに対して，日本会計基準では平均時価も認めるため，売却可能有価証券に係る貸借対照表価額，当期損益と純資産直入額の合計額も異なり得る。売却可能有価証券に係る多様な会計処理について，簡単な事例で示すと次の通りである（評価損益に係る税効果影響は省略）。

（事　例）

売却可能有価証券として，株式Ａ（取得原価600，決算日の時価780，平均時価690）および債券Ｂ（償却原価800，決算日の時価720，平均時価730）を保有している。
　ケース１：アメリカ会計基準，国際，日本会計基準の原則的な方法を採用した場合
　ケース２：アメリカ，国際会計基準の公正価値オプションによって，評価差額は当期損益に計上する方法を採用した場合

ケース3：日本会計基準のうち，評価は決算日の時価として，評価損は当期損益に計上する部分純資産直入法を採用した場合

ケース4：日本会計基準のうち，評価は平均時価として，評価益および評価損とも純資産直入とする全部純資産直入法を採用した場合

図表Ⅱ－3－1　売却可能有価証券の会計処理の比較

	ケース1	ケース2	ケース3	ケース4
貸借対照表価額	1,500	1,500	1,500	1,420
当期損益　①	－	100	▲80	－
純資産直入　②　注	100	－	180	20
合　計　額（①＋②）	100	100	100	20

注：アメリカ会計基準の場合は，その他包括利益として計上

図表Ⅱ－3－1が示すように，同じ売却可能有価証券を保有しながら，会計基準によって有価証券の貸借対照表価額や当期損益等は異なることになる。このように複数の会計数値を生み出す会計処理の多様性は，財務情報の信頼性に対する低下要因になり得る。

(2)　取引形態の曖昧化

アメリカ，国際および日本会計基準とも，売買目的，満期保有目的および売却可能に分類する取引形態は，有価証券を想定している。有価証券に類似する金融商品としては貸付金等の金銭債権があるが，証券化にて譲渡性を付与された有価証券は，貸付金等の金銭債権よりも流動性は一般的に高いとされる。

しかしながら，有価証券でも譲渡制限がある場合や，市場流動性が乏しい私募債等の取引実態は貸付金に近いものとなる。また，最近の貸付契約には将来の証券化を想定し，債務者から予め譲渡承諾を取り付けた条項を含む場合もある。キャッシュ・フローの視点から比較しても，有価証券と金銭債権の主な相違点は，流動性リスクの多寡にすぎない。

例えば，A社が発行する期間3年，約定金利5％（年1回の後払）の無担保社債100の購入と，同じくA社に対する期間3年，貸付金利5％（年1回の後払）の

無担保貸付100の実行は，取引形態に基づく勘定科目は異なるものの，当初に現金100が流出し，1年後に5，2年後に5，3年後に105（100＋5）の現金が流入する事実に変わりがなく，両者とも同一法人に対する無担保与信につき，信用リスクも実質的に同水準となるためである。この場合の両者の価格形成に影響を与える主な要因は中途換金等に係る流動性リスクであるが，それも近年の流動（証券）化等を含むファイナンス手法の高度化を勘案すると，決定的な差異要因ではなくなりつつある。また，貸付金や有価証券と同様のキャッシュ・フローをデリバティブで組成することも可能なこと等を勘案すると，金融商品の取引形態に着目した分類基準は，必ずしも合理的とはいえない。

　金融商品の取引形態の境目が曖昧な状況下において，会計処理が取引形態に応じて異なる場合，例えば有価証券から貸付金等に取引形態を切り替えるだけで，実態は同じキャッシュ・フローおよびリスクを有する取引でも異なる会計処理の適用が可能となるため，利益操作の余地が大きいほか，比較可能性を損ねることになる。このように，取引形態に内在する曖昧性を考慮することなく，取引形態毎に会計処理を規定する現行の会計基準は，財務情報の信頼性に対する低下要因になり得る。

⑶　経営者の意図による分類

　アメリカ，国際および日本会計基準とも，売買目的，満期保有目的または売却可能の分類は，経営者の保有目的（意図）に基づくことになる。したがって，経営者の分類によって会計数値は異なるが，同一銘柄の有価証券が売買目的と売却可能の両方に存在する場合，売却可能分類対象の方が，売買目的分類対象よりも売買頻度や売買高が多いこともあり得る。また，3つの保有目的区分に同一銘柄の有価証券が並存する場合には，保有目的毎の区分経理であっても，有価証券は実質的に保有企業内部で循環しており，満期保有部分は単なる底溜りにすぎないと見ることもできる。異なる事実には異なる会計処理，同様な事実には同じ会計処理が要請される場合，同じ経済環境下にて同じ有価証券を保有することを同様な事実とみるならば，経営者の保有目的に関係なく，同じ会計処理を適用することになる。一方，経営者の意図の相違に異なる事実があるとみるならば，保有目的に応じて異なる会計処理を適用することになる。この

問題は財務報告の目的や会計情報の質的特性とも密接な関係にあるが、いずれにしても経営者の意図に委ねる部分が多い現行の有価証券の会計処理は[5]、財務情報の信頼性に対する低下要因になり得る。

5. 財務情報の信頼性に対する評価

(1) 測定の信頼性からの視点

前述のようにアメリカ、国際および日本会計基準とも、売買目的および売却可能有価証券の貸借対照表価額は時価につき、その評価損益は当期損益または純資産直入額（またはその他包括利益）として計上される。評価損益は時価と取得（償却）原価の差額につき、当期損益や純資産直入額（またはその他包括利益）に係る金額の妥当性は、有価証券の時価評価が適正かどうかに依存する。ここでの時価は市場の交換価格に基づく公正価値であり、対象物が実際に市場で取引され、そこで成立している価格があれば市場価格に基づく価額となり、市場価格がない場合には経営者による合理的に算定された価額も含まれる。市場価格が存在する有価証券の時価総額は「時価単価×保有数量」とし、大量保有等によるディスカウントまたはプレミアムの価格影響要因（blockage factor）を考慮しなければ、保有者である経営者の主観や偏向が測定値に内在することはない。次に市場価格がない有価証券の時価は、合理的に算定された価額となるが、対象となる有価証券は単純なキャッシュ・フローである固定または変動利付債券のほか、デリバティブを内在する複雑なキャッシュ・フローの仕組債や株式等の持分証券も含まれる。ここでの合理的に算定された価額の多くは、対象有価証券に係るリスクを反映した将来キャッシュ・フローの現在価値に依拠することになろうが、合理的とされる算定方法やデータが複数存在し、かつ経営者にその選択を委ねる限り、現在価値の合理性の判断は一定の幅がある許容範囲が前提となる。したがって、有価証券評価損益に係る測定の信頼性は、一義的に経営者が想定する許容範囲の幅の広狭に影響を受ける性質にある。

(2) 表示の信頼性からの視点

売却可能有価証券の評価損益の表示について、利益概念であるその他包括利

益と捉えるアメリカ会計基準では，損益計算書および包括利益の結合計算書，包括利益計算書または持分変動計算書の一項目として計上する。これに対して，利益概念として捉えることなく，純資産直入とする国際会計基準および日本会計基準では，株主資本等変動計算書の一項目として計上する[6]。ここでは日本会計基準における株主資本等変動計算書上の取扱いを例に挙げると，売却可能有価証券の評価損益（その他有価証券評価差額金）は株主資本以外の項目に該当するため，原則として期中変動額の純額表示によるが，期中変動額の主な変動事由ごとにその金額を表示（注記による開示を含む）することもできる。主な変動事由としては，売却可能有価証券に係る評価益（損）の期中増減，期中処分等（減損処理を含む）による純利益振替額などが想定される。株主資本等変動計算書の導入がなければ，純資産直入となる売却可能有価証券の評価損益の期中変動は，財務諸表上で示されなかったことを勘案すると，株主資本等変動計算書による期中変動の表示は，財務諸表上の計数の連続性を確保できるほか，主な変動事由ごとの表示を行う場合には財務諸表利用者に対する開示拡充になる等の利点がある。

6. 結びに代えて

本章では有価証券の評価損益について，保有目的に応じた会計処理の概要およびアメリカ，国際および日本会計基準間の会計処理の比較検討を通じて，財務情報の信頼性に影響を及ぼす要因を考察した。アメリカ，国際および日本会計基準間における有価証券の会計処理の多様性，とりわけ売却可能有価証券は複数の会計処理方法が認められるため，様々な会計数値が算出される。また，金融技術革新等によって有価証券とそれ以外の金融商品の区分の境目が曖昧な状況において，有価証券と同じキャッシュ・フローおよびリスクを有する金融商品があっても，同じ会計処理が要求されないことがあり得る。有価証券の会計処理は保有目的区分によって異なるが，分類は経営者の保有目的（意図）に依存するため，恣意的に会計基準が想定する保有目的区分と異なる分類とすれば，本来の会計処理を回避することができる。これらの有価証券の評価損益を取り巻く問題は，財務情報の信頼性に影響を及ぼす要因といえる。

(注)
1) 評価損益を純資産直入（またはその他包括利益計上）とする場合でも，減損損失は当期損益に計上する点は，アメリカ，国際および日本会計基準とも同じである。
2) 「金融商品に関する会計基準」注解7。なお，決算日の時価または平均時価の選択は，継続適用を条件に債券，株式等の有価証券の種類毎に行うことが認められる（JICPA, 2007, 75項）。
3) IASC（1997, chap.5, par. 4.60）では，平均時価に内在する過去の時価と将来キャッシュ・フロー間に相関性が乏しいことを理由に，平均時価について否定的な見解を示している。
4) 「金融商品に関する会計基準」第三・二・4。なお，株式，債券等の有価証券の種類毎に両方法を区分して適用することも認められる（JICPA, 2007, 73項）。
5) 佐藤（2003, 40-41頁）は，現行の有価証券に係る会計基準の最大の問題点として，経営者の意図に基づいて分類および会計処理が決められている部分が大きい点を指摘している。
6) 国際会計基準の名称は statement of changes in equity であるが，日本会計基準では持分概念が未整理であること等から，「株主資本等」の名称を採用している。

【参考文献】

FASB（1993）SFAS No.115 *Accounting for Certain Investments in Debt and Equity Securities.*
FASB（1995）*Guide to Implementation of Statement 115 on Accounting for Certain Investments in Debt and Equity Securities,* Special Report.
FASB（2007）SFAS No.159 *The Fair Value Option for Financial Assets and Financial Liabilities including an amendment of FASB Statement No.115.*
International Accounting Standards Board（IASB）（2005）IAS 39 *Financial Instruments: Recognition and Measurement,* revised 2005.
International Accounting Standards Committee（IASC）（1997）*Accounting for Financial Assets and Financial Liabilities,* Discussion Paper.
佐藤信彦（2003）「金融資産会計」（佐藤編著（2003）第1部第3章所収）。
佐藤信彦編著（2003）『国際会計基準制度化論』白桃書房。
日本公認会計士協会（JICPA, 2007）会計制度委員会報告第14号「金融商品会計に関する実務指針」（最終改正2007年7月4日）。

第4章
デリバティブ評価損益と包括利益情報の信頼性

1. はじめに

　デリバティブは時価評価の上，評価損益は発生した期に損益計上を原則としつつ，所定のヘッジ要件を満たす場合にはヘッジ会計を認める取扱いは，アメリカ，国際および日本会計基準とも同じである。

　アメリカおよび国際会計基準において，公正価値ヘッジに係るデリバティブ評価損益は発生した期の損益とし，キャッシュ・フロー・ヘッジに係るデリバティブ評価損益（税効果反映後，かつヘッジ有効部分に限る。以下同じ）は純資産直入（アメリカ会計基準では「その他包括利益」として計上。以下同じ）にする等の基本的な考え方は同じであるが，ヘッジ対象が予定取引の場合には会計処理が異なることがある。

　一方，日本会計基準では，公正価値ヘッジまたはキャッシュ・フロー・ヘッジのいずれであっても，原則としてヘッジ手段であるデリバティブの評価損益（税効果反映後。以下同じ）は純資産に直入する等，会計基準間におけるキャッシュ・フロー・ヘッジの会計処理は必ずしも統一されていない。

　本章ではキャッシュ・フロー・ヘッジによるデリバティブの評価損益について，ヘッジの概要およびアメリカ，国際および日本会計基準間の会計処理の比較検討を通じて，財務情報の信頼性に影響を及ぼす要因を考察する。

2. キャッシュ・フロー・ヘッジの概要

(1) 対象となるリスク概念

キャッシュ・フロー・ヘッジにおけるヘッジ対象リスクは、ヘッジ対象から生じる将来キャッシュ・フローの増減である。ヘッジ対象を変動利付債券とした場合の変動指標金利の上昇（下落）は、将来キャッシュ・フローである利息額の増加（減少）を招き、ヘッジ対象を材料仕入の予定取引とした場合の材料価格の値上がり（値下がり）は、将来キャッシュ・フローである購入価額の増加（減少）となる。対象リスクの要因別分解・把握可能性を勘案すると、金融資産および金融負債の対象リスクは、①ヘッジ対象からのキャッシュ・フロー全体の増減、②ヘッジ対象の金利変動に起因するキャッシュ・フローの増減（金利リスク）、③ヘッジ対象の発行者側の信用度合の変動に起因するキャッシュ・フローの増減（信用リスク）、④ヘッジ対象の為替レート変動に起因するキャッシュ・フローの増減（為替リスク）に区分される。ヘッジ対象が商品や燃料等の非金融商品である場合の対象リスクは、キャッシュ・フローの増減に係る構成要因別の分類・把握が困難なことから、当該ヘッジ対象からのキャッシュ・フロー全体の増減のみとなる。

(2) ヘッジ対象および基本的なヘッジ手法

① ヘッジ対象になる資産または負債等

キャッシュ・フロー・ヘッジとは前述のキャッシュ・フローリスク、すなわちヘッジ対象から生じる将来キャッシュ・フローの増減をリスクとし、ヘッジ手段のデリバティブにて当該キャッシュ・フローを固定化するヘッジである。キャッシュ・フロー・ヘッジのヘッジ対象は、認識済みの資産・負債および未認識の予定取引のうち、ヘッジ対象リスクに起因して将来キャッシュ・フローが増減するものが該当する。具体的には、認識済みの金融資産および金融負債のうちで変動金利にて将来キャッシュ・フローが変動するもの、未認識であるが発生可能性が高い（probable）予定取引等がある。ヘッジ対象となる予定取引の発生可能性は、過去における類似取引の発生頻度、当該取引の履行に関する

財務および業務上の能力，当該取引を履行しなかった場合の不利益，異なる取引による目的の達成可能性，当該企業の事業計画および予定取引の履行までの期間の長短等を勘案して判断することになる。なお，キャッシュ・フローの増減が相場変動等に基づく場合でも，売買目的有価証券等のように評価損益を当期損益に計上する会計方針を採用する金融資産および金融負債，満期保有目的の債券に係るキャッシュ・フロー増減のうち金利リスクに起因する部分は，キャッシュ・フロー・ヘッジのヘッジ対象に該当しない。

② ヘッジ手段からみた基本的なヘッジ手法

　未確定な将来キャッシュ・フローの増減から生じる損益影響をリスクとするキャッシュ・フローリスクのヘッジ手法は，ヘッジ手段であるデリバティブを用いて当該キャッシュ・フロー額を固定化することが基本となる。この考え方に基づくキャッシュ・フロー・ヘッジについて，ヘッジ手段に先物・先渡取引およびスワップ取引を用いた場合の基本的なヘッジ手法の適用例は次の通りである。

1) ヘッジ手段が先物・先渡取引の場合

　　ヘッジ対象が予定購入による代金支払い予想額の場合には，ヘッジ手段の先物・先渡取引の買建によって代金支払額，すなわち支払キャッシュ・フローは固定化される。また，ヘッジ対象が予定販売による代金受取り予想額の場合には，ヘッジ手段の先物・先渡取引の売建によって代金受取額，すなわち受取キャッシュ・フローは固定化される。

2) ヘッジ手段がスワップ取引の場合

　　ヘッジ対象が変動利付の金融資産の場合には，ヘッジ手段を受取固定・支払変動の金利スワップとすれば，受取キャッシュ・フローは固定化される。変動利付の金融資産からの受取利息（変動金利）を金利スワップの支払利息（変動金利）に充当すれば，金利スワップの受取利息（固定金利）が残るためである。また，ヘッジ対象が変動利付の金融負債の場合には，ヘッジ手段を受取変動・支払固定の金利スワップとすれば，変動金利分は相殺されて固定金利の支払キャッシュ・フローが残ることで固定化される。

3. キャッシュ・フロー・ヘッジの会計処理

(1) ヘッジ期間中のデリバティブ評価損益の会計処理

ヘッジ有効性テストを充足したキャッシュ・フロー・ヘッジに係るヘッジ期間中のデリバティブ評価損益の会計処理は，次の通りである。

＜アメリカおよび国際会計基準の場合＞

・ ヘッジ手段の評価損益のうち，ヘッジ有効部分は当期損益に計上することなく，純資産直入（またはその他包括利益計上）とする（FASB, 1998, par.30）(IASB, 2005, par.95）。

・ ヘッジ手段の評価損益のうち，ヘッジ非有効部分は①ヘッジ手段がデリバティブの場合は当期損益に計上，②ヘッジ手段がデリバティブ以外の場合は当該ヘッジ手段に関する原則的な会計処理に従うものとする[1]。

＜日本会計基準の場合＞

ヘッジ有効性テストを充足する限り，原則としてヘッジ有効部分またはヘッジ非有効部分に関係なく，ヘッジ手段の評価損益を純資産に直入できる。

(2) ヘッジ対象に対応したデリバティブ損益の会計処理

キャッシュ・フロー・ヘッジのヘッジ手段であるデリバティブ損益の会計処理は，ヘッジ対象の内容に応じて異なることになる[2]。

＜アメリカ会計基準の場合＞

1) ヘッジ対象が予定取引による資産の取得（または負債の発生）以外の場合

　　キャッシュ・フロー・ヘッジでのヘッジ対象が予定取引による資産の取得（または負債の発生）以外の場合，その他包括利益としたヘッジ手段のデリバティブ損益は，ヘッジ対象の損益計上時期に対応させて当期損益に振替処理する（FASB, 1998, par.31）。

2) ヘッジ対象が予定取引による資産の取得（または負債の発生）の場合

　　予定取引に係る資産の取得または負債の発生時点において，ヘッジ手段のデリバティブ損益は対象資産の取得原価または負債の発生原価に加減（ベーシスアジャストメント）することなく，その他包括利益として存置する（FASB,

1998, par. 31)。その後は認識済みの対象資産または負債から生じる損益に対応させて，その他包括利益から当期損益に振替処理する（FASB, 1998, par. 31)。

なお，この取扱いは，予定取引にて取得（発生）する対象資産または負債が金融商品かどうかに関係なく適用される。

① 国際会計基準の場合

1) ヘッジ対象が予定取引による資産の取得（または負債の発生）以外の場合

純資産直入としたヘッジ手段のデリバティブ損益は，アメリカ会計基準と同様，ヘッジ対象から生じる損益計上時期に対応させて当期損益に振替処理する（IASB, 2005, par. 100)。

2) ヘッジ対象が予定取引による資産の取得（または負債の発生）の場合

ヘッジ手段であるデリバティブ損益の取扱いは，予定取引にて取得（発生）する対象資産または負債の内容に応じて異なる。対象資産または負債が金融商品の場合には，アメリカ会計基準と同様，認識した対象金融資産または金融負債から生じる損益に対応させて当期損益に振替処理する（IASB, 2005, par. 97)。これに対して，対象資産または負債が非金融商品の場合には，金融商品と同様の取扱いか，またはベーシスアジャストメントの両方の会計処理が認められる（IASB, 2005, par. 98)。ベーシスアジャストメントを適用した場合，それまで純資産に計上されていたヘッジ手段であるデリバティブ損益は，対象資産または負債の取得（発生）原価に振替処理されるため，予定取引の履行時点で純資産の増減が生じることになる。

② 日本会計基準の場合

1) ヘッジ対象が予定取引による資産の取得（または負債の発生）以外の場合

基本的にはアメリカおよび国際会計基準と同様，ヘッジ手段であるデリバティブ損益は，ヘッジ対象から生じる損益計上時期に対応させて当期損益に振替処理する。

2) ヘッジ対象が予定取引による資産の取得（または負債の発生）の場合

ヘッジ手段であるデリバティブ損益の取扱いは，予定取引の対象資産または負債の内容に応じて異なる（JICPA, 2007, 170項)。ヘッジ対象の予定取

引が利付金融資産の取得の場合，ベーシスアジャストメントとするか，または引き続き純資産に存置し，対象金融資産から生じる利息調整として期間按分による振替処理のいずれかを選択できる。一方，ヘッジ対象が利付金融資産以外の資産の場合には，ベーシスアジャストメントが求められる。また，ヘッジ対象の予定取引が利付金融負債の発生の場合，引き続き純資産に存置し，対象金融負債から生じる利息調整として期間按分による振替処理となる。

4. 財務情報の信頼性に影響を及ぼす要因

(1) ヘッジ会計における経営者の主観

キャッシュ・フロー・ヘッジおよび公正価値ヘッジとも，ヘッジ手段であるデリバティブ損益の会計処理は異なるものの，貸借対照表価額は時価とする点は同じである。また，ヘッジ会計はヘッジが有効な場合に限って認められる例外的な会計処理であるが，要となるヘッジ有効性テストは，ヘッジ対象とヘッジ手段間のキャッシュ・フローまたは時価増減の相関関係に基づくことになる。

したがって，ヘッジ会計の運用局面では時価評価が重要になるが，全てのヘッジ対象およびヘッジ手段が取引所等にて売買され，常に客観的な市場価格が存在するわけではない。ヘッジ手段であるデリバティブだけをみても，その多くは時価の見積りを要する相対（店頭）取引につき，許容範囲の幅に関する測定上の問題を抱えることになる。また，ヘッジ対象としての予定取引は，発生可能性が高い場合に限られるものの，確定約定取引からみれば履行に係る権利・義務自体が存在しない[3]。さらに会計上は未認識である予定取引について，ヘッジ会計では存在（認識済み）を前提とする理論上の問題に加えて，予定取引の発生可能性の判断という実務上の問題を抱えている[4]。

(2) 異なるリスク観の並存

ヘッジ会計における対象リスクは，ヘッジ対象の時価増減に起因する損益の不確実性に係る公正価値リスクと，ヘッジ対象の将来キャッシュ・フロー増減に起因する損益の不確実性に係るキャッシュ・フローリスクに区分される。公

正価値リスクは，将来キャッシュ・フロー金額を固定化することで発生する。将来キャッシュ・フローの固定化は，当該キャッシュ・フローの内在金利の固定化を意味するため，その後の割引金利（市場金利）の変化は現在価値である時価の増減につながるためである。公正価値リスクをヘッジする場合には，将来キャッシュ・フローの変動化を行うことになる。これに対して，将来キャッシュ・フローの増減に対するキャッシュ・フローリスクのヘッジでは，対象キャッシュ・フローの固定化を行うことになる。このように公正価値リスクのヘッジは新たなキャッシュ・フローリスクを生み出す一方，キャッシュ・フローリスクのヘッジは新たな公正価値リスクを生み出す相反関係にある。

両者の関係を会計観からみた場合，公正価値リスクは資産および負債の増減（資本的性質の変動を除く）から損益を測定する資産・負債観と密接な関係にある。資産および負債の増減が損益であれば，当該損益に影響を与える公正価値リスクこそが会計上のリスク観となるためである。一方，キャッシュ・フローリスクは，収益および費用の適正な対応から損益を測定する収益・費用観と密接な関係にある。資産および負債の一時的な増減影響を除外したキャッシュ・フローの合理的な配分手続に基づく結果が損益であれば，当該損益を不規則に増減させるキャッシュ・フローリスクこそが会計上のリスク観となるためである。現行のアメリカ，国際および日本会計基準では公正価値ヘッジおよびキャッシュ・フロー・ヘッジの両方を認めているが，ヘッジ会計をさらに複雑にする異なるリスク観の並存は[5]，財務情報に対する信頼性の低下要因になり得る。

(3) デリバティブ損益に係る会計処理の多様性

前述したように，キャッシュ・フロー・ヘッジのヘッジ手段であるデリバティブ損益の会計処理は，アメリカ，国際および日本会計基準とも異なっている。アメリカおよび国際会計基準において，ヘッジ手段であるデリバティブの評価損益を発生した期の損益に計上しない点は同じだが，ヘッジ対象の予定取引が資産の取得または負債の発生の場合，アメリカ会計基準では一貫してベーシスアジャストメントを禁止し，その他包括利益に存置する一方，国際会計基準では非金融商品に対してベーシスアジャストメントを求める点が異なる。アメリカ会計基準では，その他包括利益に存置する第一の理由として包括利益の

連続性を重視し，ベーシスアジャストメントを行うならば，包括利益に変化がないにも関わらず，当該項目が増減することは不合理である点を指摘する(FASB, 1998, par.376)。第二の理由は，資産または負債の取得（発生）原価は，取得時点の時価によるべきとの考え方である。ベーシスアジャストメントによる取得（発生）原価にはヘッジコスト，すなわちヘッジ手段であるデリバティブ損益が含まれるため，当該時点での時価とは異なることになる。しかしながら，取得（発生）した資産または負債自体の価値は，ヘッジの有無に関係なく同じなら，異なる価額を付すことは不合理とするものである (FASB, 1998, par.376)。

これに対して，国際会計基準では金融商品は時価評価との原則を重視し，ベーシスアジャストメントを禁止する一方，非金融商品は事務負担等も勘案の上，金融商品と会計処理が同じである必要はないとする (IASB, 2005, BC161-163)。日本会計基準については，ベーシスアジャストメントの適用対象が予定取引の内容に応じて異なる点は国際会計基準と同じであるが，金融商品であっても金融資産と金融負債では会計処理が統一されていない等，必ずしも明確な取扱いとはいえない。このようにキャッシュ・フロー・ヘッジという行為は同じでも，ヘッジ手段であるデリバティブ損益の会計処理が異なることは，財務情報に対する信頼性の低下要因になり得る。

5. 財務情報の信頼性に対する評価

(1) 測定の信頼性からの視点

前述のようにアメリカ，国際および日本会計基準とも，原則としてデリバティブの貸借対照表価額は時価につき，ヘッジ目的かどうか等に関わらず，その評価損益は当期損益または純資産直入額（またはその他包括利益）として計上される。取引当初にプレミアムの受払いがあるオプション等を除くと，デリバティブの評価損益は時価と同額になるため，当期損益，純資産直入額，その他包括利益に係る金額の妥当性は，デリバティブの時価評価が適正かどうかに依存する。デリバティブには取引所で売買される先物取引等もあるが，その大半は取引当事者間の合意に沿ってキャッシュ・フローおよびリスクを組み合わせるオーダーメイド的な取引につき，時価は合理的に算定された価額が主体とな

る。

　したがって，その時価は評価モデルを通じた将来キャッシュ・フローの現在価値に依拠することになるが，一般的にデリバティブは高度な評価モデルが必要となる。派生商品と訳されるように，デリバティブの価格は対象とする原資産（underlying assets）価格から派生的に決定される。そのため，時価の見積りに際しては，デリバティブに係る金利，為替，有価証券，商品等の原資産自体の性質，具体的には将来キャッシュ・フローおよびリスクの態様の理解に加えて，取引当事者間で締結した決済条項等を合理的に反映した評価モデルが求められるためである。特にオプション性を有する場合には複雑な評価モデルとなり，その計算結果である現在価値は，一般的に確率を織り込んだ期待値となる。現在価値の合理性の判断は，一定の幅がある許容範囲を前提に行われるが，同じ金融商品であっても価格感応度やレバレッジ性が高いデリバティブの場合には，許容幅に対する判断が困難といえる。また，原資産が商品系のデリバティブの場合には，現物引渡し時の商品等級・品質や引渡場所等といった金融商品系デリバティブとは異なる価格影響要素がある。

(2) 表示の信頼性からの視点

　キャッシュ・フロー・ヘッジに係るデリバティブ損益の表示について，利益概念であるその他包括利益と捉えるアメリカ会計基準では，損益計算書および包括利益の結合計算書，包括利益計算書または持分変動計算書の一項目として計上する。一方，利益概念として捉えることなく，純資産直入とする国際会計基準および日本会計基準では，株主資本等変動計算書の一項目として計上する[6]。

　なお，日本会計基準では，キャッシュ・フロー・ヘッジだけではなく，公正価値ヘッジに係るデリバティブ損益も含まれることになる。ここでは日本会計基準における株主資本等変動計算書上の取扱いを例に挙げると，ヘッジ目的によるデリバティブ損益は株主資本以外の項目（「繰延ヘッジ損益」）に該当するため，原則として期中変動額の純額表示によるが，期中変動額の主な変動事由ごとにその金額を表示（注記による開示を含む）することもできる。主な変動事由としては，ヘッジ手段であるデリバティブ評価損益（損）の期中増減，会計期間中

の純利益振替額, ベーシスアジャストメントによるヘッジ対象の取得（発生）原価への振替額等が想定される。

株主資本等変動計算書の導入がなければ, 純資産直入となるデリバティブ損益の期中変動は, 財務諸表上で示されなかったことを勘案すると, 株主資本等変動計算書による期中変動の表示は, 財務諸表上の計数の連続性を確保できるほか, 主な変動事由ごとの表示を行う場合には財務諸表利用者に対する開示拡充になる等の利点がある。

6. 結びに代えて

本章ではキャッシュ・フロー・ヘッジの概要およびアメリカ, 国際および日本会計基準間の比較検討を通じて, 財務情報の信頼性に影響を及ぼす要因を考察した。ヘッジ会計については, 時価測定やヘッジ有効性テストに経営者の主観が介入する等の運用上の問題に加えて, ヘッジにおけるリスク観, ひいては会計観につながる問題を含んでいる。また, キャッシュ・フロー・ヘッジに特有な問題として, 未認識の予定取引をヘッジ会計に限っては認識済みとみなす不整合や, 当初測定額が当該時点の時価と異なるベーシスアジャストメントの是非がある。

なお, ヘッジ手段であるデリバティブ損益に対する財務諸表上の表示は, 業績評価のあり方等と密接な関係にあるが, アメリカ, 国際および日本会計基準とも異なっている。これらのデリバティブ損益を取り巻く問題は, 財務情報の信頼性に影響を及ぼす要因といえる。

（注）
1) キャッシュ・フロー・ヘッジのヘッジ非有効部分とは, オーバーヘッジ等を理由としてヘッジ手段による効果がヘッジ対象のリスク影響額を上回る当該超過額を指す。
2) ここでのデリバティブ損益は, 未決済の場合の評価損益だけではなく, 決済（手仕舞い）した場合の決済差額も含まれ, 期間按分やベーシスアジャストメントの対象になる。
3) 大塚・川村（2002, 277頁）は, 契約のない将来の予定取引のヘッジについて, 予定取引の実行を担保する手当の必要性を指摘している。
4) ヘッジ対象としての予定取引の適格性は従来から問題とされており, SFAS133が

公表される以前のSFAS52では認めない一方，SFAS80では認めることから実務上の混乱があった。なお，予定取引に対するヘッジ会計上の問題点については，Bierman, H., L. T. Johnson and D. S. Peterson (1991, pp. 91-113) を参照されたい。
5) 受取変動・支払固定の金利スワップをヘッジ手段とした場合，固定利付の貸付金をヘッジ対象に指定すると公正価値ヘッジ，変動利付の借入金をヘッジ対象に指定するとキャッシュ・フロー・ヘッジとなる。
6) 国際会計基準の名称は statement of changes in equity であるが，日本会計基準では持分の概念が未整理であること等から，「株主資本等」の名称を採用している。

【参考文献】

Bierman, H., L. T. Johnson and D. S. Peterson (1991) *Hedge Accounting: An Exploratory Study of the Underlying Issues,* Research Report, FASB.

Financial Accounting Standards Board (FASB) (1998) SFAS No. 133 *Accounting for Derivative Instruments and Hedging Activities.*

FASB (2006) SFAS No. 157 *Fair Value Measurements.*

International Accounting Standards Board (IASB) (2005) IAS 39 *Financial Instruments: Recognition and Measurement,* revised 2005.

大塚宗春・川村義則「金融商品の評価」（斎藤編著（2002）Ⅶ章所収）。

古賀智敏（2001）「金融商品と包括的公正価値会計」『企業会計』第53巻第6号。

斎藤静樹編著（2002）『会計基準の基礎概念』中央経済社。

日本公認会計士協会（JICPA, 2007）会計制度委員会報告第14号「金融商品会計に関する実務指針」（最終改正2007年7月4日）。

第5章

利得または損失，過去勤務費用または収益と包括利益情報の信頼性

1. はじめに

　近年，IASB，FASBの両基準設定機関は退職後給付会計の見直しに取り組んでいる。IASBは2008年3月に討議資料「ＩＡＳ19号，従業員給付改訂に関する予備的見解」を公表した。それは主に認識，表示，給付約定の定義，オプション制度の測定問題の4つを中心論点として掲げ[1]，会計基準のコンバージェンスを視野に入れ，2011年の最終報告を目標にしている。

　他方，FASBはすでに第1フェーズの成果として，2006年3月に公開草案を公表し，それに対する245通を超えるコメントレターを受理し審議を重ねた結果，同年9月にＦＡＳ158号「確定給付年金制度とその他退職後給付制度の事業主の会計」を公表した[2]。

　ＦＡＳ158号ではＦＡＳ130号「包括利益の報告」で指示されていた最小年金負債調整額という名称は廃棄され，従来その他の包括利益項目として実質的内容であった具体的な名称，すなわち利得または損失 (gains or losses)，過去勤務費用または収益 (prior service costs or credits) を付すよう修正された（ＦＡＳ158, AppendixF, F4.a.）。

　FASBはＦＡＳ158号を公表した主な根拠として1つには，旧基準（改正前ＦＡＳ87号）が経営者に対し，確定給付年金制度の積立超過または積立不足の状況を貸借対照表に報告するよう要求していなかったこと，もう1つには，旧基準が積立状況に影響を及ぼす事象が発生した時に利益またはその他の包括利益において，当該財務上の影響を完全に認識することを要求していなかったこと

第5章　利得または損失，過去勤務費用または収益と包括利益情報の信頼性　　85

を挙げている（ＦＡＳ158, Summary）。このことにより，情報利用者は経営者が従業員に対し，一定額の年金を支給するだけの財政力，言い換えれば，年金債務弁済能力があるか否かの判断に窮することになりかねないのが現状であった[3]）。

ＦＡＳ158号はアメリカの確定給付年金制度をはじめとする退職後給付制度に対しての，認識・測定・開示に係る会計基準の整合性を一層明確にすることにより，退職後給付制度の経済的実態把握を行い得ることを意図したものといえる。そのためＦＡＳ158号の中で展開されている改正箇所は多岐にわたり，大幅な修正も少なくない。近年アメリカで蔓延した会計不信と年金会計の不透明性の芽をあたかも摘み取るかのように，そして会計基準のコンバージェンスも視野に入れての公表となった。

その他の包括利益に計上される純利得または損失，純過去勤務費用または収益の発生額は特に前者の場合，経営者にとって制御不能な将来事象に依存しているものの，退職給付会計に関する財務情報の信頼性は制度の運営責任者である経営者の会計判断と意思決定に密接な関係があるといえる。

そこで本章では，財務情報の信頼性を考察するにあたり，第Ⅰ部第1章「財務情報の信頼性」の中で展開されている，①企業行動の信頼性，②会計システムの信頼性，③財務情報の利用者が抱く信頼性の観点から，退職給付会計に関するその他の包括利益項目に対しての経営者の会計判断に焦点をあてて，検討することにしたい。

2.　ＦＡＳ158号

ＦＡＳ158号の中で，その他の包括利益に関連する主な改正事項としては次の内容が挙げられる。第1に，純期間年金費用の構成要素として，即時に認識されなかった保険数理上の利得および損失は，その他の包括利益の増減として認識するよう指示している。つまり，これまで一旦「未認識」として会計処理された利得および損失は，それが発生した時にその他の包括利益の1項目として計上することになった（Appendix C, C 2. f., Appendix F, F 4. a .）。

第2に，ＦＡＳ130号の公表後も追加最小負債の計上額が未認識過去勤務費用を超過していない場合には，同額を無形資産として認識する会計処理が従来

どおり適用され，また未認識過去勤務費用を超過している場合においても未認識過去勤務費用の額を限度として，無形資産を認識する会計処理[4]に関しては，ＦＡＳ87号の規定が踏襲されていた（ＦＡＳ87, par.37）[5]。しかしＦＡＳ158号では追加最小負債，無形資産についての規定が削除されるなど，ＦＡＳ87号の規定に修正が施されている[6]。

第3に，年金制度の改訂などにより生じる未償却過去勤務費用・収益の認識に際しては，その他の包括利益を通じて認識する方法と無形資産として認識する方法が考えられるが，前者の方法を採用した。その理由として，利得および損失の会計処理と同一にすることにより，結果的に単純で透明性，対照性があるとし，またすでに提供された役務に帰属する給付額を増加する制度改訂により，(無形)資産が生まれるとは信じ難いからと結論づけた（Appendix B, B37-41）。ただし，過去勤務費用の認識問題については第2フェーズで再検討が行われるであろう。

ＦＡＳ158号では退職給付制度の経済的状況が積立超過状況にあるのか，または積立不足状況にあるのかが情報利用者の理解可能性の視点からみても充足したといえる[7]。また最小年金負債調整額という理解可能性からも難解な項目を廃棄し，具体的な項目として保険数理上の純利得または損失，純過去勤務費用または収益をその他の包括利益に含まれることを明示した点において財務情報の利用者が抱く信頼性は高まったといえるであろう。

3. 経営者の会計判断の重要性

たしかに従来の会計基準に準拠した際に計上される最小年金負債調整額は，その算出過程を厳密に検証することが困難な場合もあったといえる。しかしながら，純利得または損失がその他の包括利益項目として認識されることは経営者の裁量が全く働く余地がないことを意味しているものではない[8]。すでにアメリカでは年金資産の期待運用収益率を大幅に高めに設定することにより，年金利益を計上した不透明な会計処理も散見されていた。こうした背景から，ＦＡＳ132(R)号では過去と現在に設定した期待運用収益率の異同についての記述が指示されている（par.5d(3)）。つまり将来のリターン予想を反映するため

第5章 利得または損失，過去勤務費用または収益と包括利益情報の信頼性　87

に過去のリターンに対し調整が施された程度およびそれらの調整がどのように決定されたかを明示しなければならない。

　この記述により経営者が見積判断の意思決定を行った妥当性を情報利用者が把握することができる。経営者が決定した会計判断に対して情報利用者がその妥当性を判定しうる記述情報が記載されることにより，企業行動の信頼性を担保する会計システムが構築されているといえる。

　アメリカ企業の中で年金制度の積立状況が良好な例としては，General Electric Company（以下，GE社と略記する）が挙げられる。GE社は2007年12月末において，現役・退職従業員54万人を対象として確定給付年金制度を運営している。図表Ⅱ－5－1に示すようにGE社の過去5年間の期待運用収益率は8.50％に設定され，その結果年金資産の期待運用収益は毎期40億ドル前後を推移している。GE社の年金資産の実際運用収益は2003年度（82億300万ドル）から減少傾向にあったが，2006年度には再び上昇に転じここ数年実際運用収益が期待運用収益を大幅に上回っている。経営者はいわば保守的に期待運用収益率を設定していたといえる。また，注意すべきはGE社が割引率の設定変更を上下に行っており，その結果利得および損失の金額が大幅に変動している。

　このように経営者が基礎率を保守的にあるいは楽観的（意図的）に設定し，期待運用収益と実際運用収益の差額である保険数理上の純損失または純利得を

図表Ⅱ－5－1　GE社の割引率，期待運用収益率，
期待・実際運用収益額，純利得・損失

（主要な年金制度）
金額単位：百万ドル

	2007	2006	2005	2004	2003
割　引　率	6.34%	5.75%	5.50%	5.75%	6.00%
期待運用収益率	8.50%	8.50%	8.50%	8.50%	8.50%
期待運用収益	$3,950	$3,811	$3,885	$3,958	$4,072
実際運用収益	$7,188	$7,851	$4,558	$4,888	$8,203
保険数理上の純損失（純利得）	$(3,205)	$(1,514)	$1,988	$969	$2,754

（出所）　2003年度～2007年度 General Electric 社の Annual Report をもとに作成。

その他の包括利益として計上する可能性は残されている。退職給付会計は過去・現在・未来にわたる時間概念に依拠した仮定と見積りの予測計算に負うところが大きい。したがって、企業行動の信頼性を確保するためには経営者・監査人・専門家の連繋が必要となってくる。

4. 予測要素の判断とアクチュアリー

20世紀半ばアメリカでは、年金情報は不正確な見積情報であり投資家の誤解を招く恐れがあることが指摘されていた[9]。それでは計算ソフトの開発により計算技術が飛躍的に向上している今日、年金会計情報の信頼性は確保されているのであろうか[10]。

アクチュアリー (actuary) は人口統計学上およびその他の情報に対して、統計的技術等を適用することにより、将来を予見し相互要因に関連する適切な諸仮定を設定する。将来事象には必然的に不確実性の特徴を伴うことから、それは多次元性にわたるものの、現在の財務報告では決定論的性質の中に将来事象の確率的性質が内在していることになる。こうしてアクチュアリーが算出した数理計算上の結果である検出事項は、財務諸表上の開示事項に組み込まれ、結果的にかかる開示事項の信頼性はアクチュアリーが遂行した業務の質に依存するといわれていた。

もともとアクチュアリーの技術は統計的推定を調整する判断のもとに成り立っており、確率の法則が事象の領域の一部分を対象にする場合には、将来事象の不確実性に対して測定可能であるとみなしているが、十分に信頼性のある確固たる明確な歴史的データが予見を作り出そうとする時ですら、アクチュアリーは過去が将来と連続的であることを1つの仮定の中に取り入れなければならない (Fogarty and Grant, 1995)。こうした将来事象の不確実性の測定と判断に対しては、経営者・監査人・専門家の連繋が重要である[11]。

以下では経営者・アクチュアリー・監査人の関係について3つの状況を想定して、3者間のあるべき役割分担関係について検討することにする。

① 経営者が専門家と委任契約するかあるいは雇用し、監査人が重要な財務諸表の言明を評価するために実証性テストを実施する際、証拠となる事項

第5章　利得または損失，過去勤務費用または収益と包括利益情報の信頼性　　89

として専門家の業務を利用する状況。
② アドバイザリーサービスを提供することを目的として，監査人の事務所が雇用している専門家と経営者が委任契約し，監査人が重要な財務諸表の言明を評価するために実証性テストを実施する際，証拠となる事項として専門家の業務を監査人が利用する状況。
③ 監査人が専門家と委任契約し，重要な財務諸表の言明を評価するために実証性テストを実施する際，証拠となる事項として専門家の業務を利用する状況。

①の状況では，専門家は経営者に対して，数理計算上の種々の助言を行うことから，監査人は専門家と経営者との利害関係に関してのリスク評価を前提として，そのリスク評価の程度を把握することが監査人の重要な職責となる。確かに専門家が企業に委任契約あるいは雇用されている場合には，専門家の業務の客観性は損なわれていると判断できるが，企業において専門家の業務が独立性を保持し得る環境にあるか否かによっては，客観性の判断も異なってくるであろう。

②の状況では，監査人に雇用されている専門家は監査補助者として監査に加わることが可能であり，監査の品質管理，監査人の独立性の問題のみならず，専門家としての守秘義務の問題にも注意が必要であろう。

③の状況では，②と同様，委任関係にある専門家は，業務上知り得た内容に関して守秘義務が課せられる。

経営者，アクチュアリー，監査人3者間の望ましい経営環境を創出するためにも基礎率等の設定に関しての率直なコミュニケーション，緊張関係を保ちながら相互に業務を公正に行い得る環境が必要であり，そして何よりも3者間の積極的な協力，協調関係が望まれるところである。

5. 結びに代えて

アメリカではＦＡＳ130号の適用により，追加最小負債とくに最小年金負債調整額の計上は従来のオンバランスの問題にとどまらず，会計利益の質的変化に関しての問題に展開していた[12]。さらにＦＡＳ158号の適用により，包括利

益計算書の利益数値の変質につながることが予想される。従来にも増して経営者が割引率，期待運用収益率などの基礎率を選択する能力が問われることになろう。

冒頭で述べたＩＡＳ19号の改訂に向けてのIASB「討議資料」では，保険数理上の利得および損失に関して遅延認識との選択ではなく，その他の包括利益での即時認識のみを指示する会計処理が取り上げられている。ただし，IASBのこれまでの見解ではリサイクルをしないことになるであろうが，どの項目がその他の包括利益に含められるかについては今後の動向を待つことになる。

他方，日本においては確定給付年金制度を運営している上場企業の中には，一定の業績報告を行っているものの，保有する年金資産の額が少なく将来の退職給付が果たして実現するか疑わしい企業もみられる。退職給付債務の変動要因，年金資産への拠出額，従業員への実際支払額，年金資産のポートフォリオ，基礎率設定の根拠などを将来的に開示することを検討しなければならない時期を迎えていると考える。

アメリカでの事象を「すでに起こった未来」と捉えるならば[13]，日本の企業の中で最大級の年金制度を運営している日本電信電話の会計処理（アメリカ基準採用）も興味深い。2006年度期首における年金資産（厚生年金基金）の公正価値は1兆3,693億円であり，期待運用収益率は2.5％に設定されているが，年金資産の実際運用収益は421億円となったため，実際運用収益率は3.07％と算出される。同社の年金資産の規模になると期待運用収益率を0.5％変更することは68億円の期待運用収益の差となり年金費用の金額に大きな影響を及ぼすことになる[14]。

このような実例が存在するのであれば，日本においてもセンシティビティ・ディスクロージャーの導入が会計システムの信頼性の向上につながるか否かについて検討する必要があるのではないであろうか。

日本会計研究学会・特別委員会「財務情報の信頼性に関する研究」によるアンケート調査（問12）「財務情報の信頼性とは，企業の経済的実態を反映していること（表現の忠実性）である。」に対して，肯定的な回答（全くその通りだ。そう思う。）が93.2％にも達している。

日本では今後のIASB，FASBの動向を視野に入れながら，上述の開示の課

題とともに退職給付制度の経済的実態把握が可能な枠組みを再検討しなければならない。

(注)
1) International Accounting Standards Board (2008), par. IN4. なお，今福 (2008) は「討議資料」では公正価値評価と退職給付会計基準が関連づけて展開されていることに意義があると指摘する。
2) FASBは第2フェーズにおいて，退職給付費用に影響を及ぼす項目の認識と開示，退職給付債務の測定に関する問題を検討している。
3) 今福 (2006) はこれからの開示の方向性について，退職給付制度を1つのエンティティとして捉え，かかる制度のリスクとリウォードの実態を明らかにし得る，制度の戦略，方針ならびに現在と将来のキャッシュ・フローにあることを指摘する。
4) 歴史的にFASBは様々な局面において，無形資産の会計処理に関しての基準設定を行っている。この点については，大塚 (2006, 51-58頁) 参照。
5) FASBは産業界からの反発を意識して，追加最小負債の計上には退職給付債務として，予測給付債務ではなく累積給付債務を妥協案として採用する決断を下した。結果的にストック計算である追加最小負債の測定では累積給付債務が採り入れられ，フロー計算である年金費用の計上では予測給付債務が採り入れられたため整合性に欠けることになった。

　なお，A.R.Wyatt は最後まで予測給付債務こそが年金債務の測定尺度であること，つまり累積給付債務では昇給の見積り等を排除していることになり，負債に対して忠実な表現に欠けていることを主張して，ＦＡＳ87号の採択に反対票を投じた（ＦＡＳ87, pp.27-28）。またFASB(1981)(1982), Liebtag(1984) も参照。
6) 従来ＦＡＳ87号では，追加最小負債の計上額が未認識過去勤務費用を超過している場合には，当該超過額は株主持分から直接控除するよう指示されていた（par.37）。また，ＦＡＳ87号では，未認識純債務，すなわちＦＡＳ87号への移行に伴う差額のうち未認識額は未認識過去勤務費用として扱われていた（ＦＡＳ87, par.7, n7）が，ＦＡＳ158号の公表により，かかる追加最小負債の会計処理および未認識純債務に関するＦＡＳ87号の規定は改正後，削除されている。
7) アメリカの年金改革法案によれば，企業に積立不足を7年以内に，経営再建中の航空会社は例外として17年以内に解消することを義務付けることになる（『日本経済新聞』2006年8月12日）。
8) その他にも「退職給付に係る会計基準」では会計基準変更時差異の償却期間を客観的基準（例えば，従業員の平均残存勤務期間）ではなく，経営者の裁量に委ねることを容認した。この点についての実証研究については，乙政 (2006) 参照。また経営者の期待運用収益率の選択行動の実態調査については，挽 (2008) 参照。
9) ＦＡＳ87号が公表されるまでの年金会計の史的展開については，中野 (1998) 参照。
10) 見積計算が可能であるからこそ，経営者がそれを乱用する場合には，会計情報の信頼性は著しく低下する。したがって，経営者のモラルが問われることになる。この点

については，伊藤（2003）参照。
11) ただし，ＦＡＳ87号の公表後，諸仮定の決定が会計問題に組み入れられたため，アクチュアリーの役割は変化したといえる。この詳細については今福（1999）参照。
12) 徳賀（2001）は日本の年金財政計算上の評価益が年金基金の運用益という形で会計利益に算入する可能性に着目し，それは「退職給付に係る会計基準」が利益の質の視点からも資産負債中心観と収益費用中心観とのハイブリッドな構造を有していると指摘する。
13) 伊藤（1996，3 頁）参照。
14) 2005年度においては，2.5％の期待運用収益率の設定に対し，年金資産の実際運用収益は1,562億円，実際運用収益率は12.9％であった。

【参考文献】

伊藤邦雄（1996）『会計制度のダイナミズム』岩波書店。
伊藤邦雄（2003）「財務報告・監査の課題と展望」『會計』第163巻第 2 号， 1 －16頁。
今福愛志（1999）「企業年金をめぐる制度と会計（第 2 回）」『税経通信』Vol.54, No.5, 47 －52頁。
今福愛志（2006）「退職給付会計基準のフレームワークの転換－国際的動向の意味－」『Mizuho Pension Report』No.68，15－21頁。
今福愛志（2008）「国際会計基準「従業員給付」の討議資料の問題提起」『Mizuho Pension Report』No.79，34－46頁。
大塚成男（2006）「無形資産会計の国際的動向」伊藤邦雄編著『無形資産の会計』中央経済社。
乙政正太（2006）「退職給付会計における損益計算書の区分表示」須田一幸委員長『会計制度の設計に関する実証研究』日本会計研究学会課題研究委員会・最終報告書。
徳賀芳弘（2001）「退職給付会計と利益概念」『會計』第159巻第 3 号，14－26頁。
中野　誠（1998）「アメリカ企業年金会計の史的考察－ＦＡＳ87号の成立以前まで－」『横浜市立大学紀要』社会科学系列第 1 号，21－45頁。
挽　直治（2008）「退職給付会計情報の特性とディスクロージャー」『會計』第173巻第 3 号，77－87頁。
Financial Accounting Standards Board (1981) Discussion Memorandum, *Employers' Accounting for Pensions and Other Postemployment Benefits.*
ＦＡＳＢ（1982）Preliminary Views, *Employers' Accounting for Pensions and Other Postemployment Benefits.*
ＦＡＳＢ（1985）*Statement of Financial Accounting Standards No. 87, Employers' Accounting for Pensions.*
ＦＡＳＢ（1997）*Statement of Financial Accounting Standards No. 130, Reporting Comprehensive Income.*
ＦＡＳＢ（2003）*Statement of Financial Accounting Standards No. 132 (revised 2003), Employers' Disclosures about Pensions and Other Postretirement Benefits, an amendment of FASB Statements No. 87, 88, and 106.*

FASB (2006) *Statement of Financial Accounting Standards No. 158, Employers' Accounting for Defined Benefit Pension and Other Postretirement Plans, an amendment of FASB Statements No. 87, 88, 106, and 132 (R)*（三菱ＵＦＪ信託銀行ＦＡＳ研究会訳『米国の企業年金会計基準』白桃書房，2008年）.

Fogarty, T. J. and J. Grant (1995) "Impact of the Actuarial Profession on Financial Reporting," *Accounting Horizons,* Vol. 9, No. 3, pp. 23−33.

International Accounting Standards Committee (1998) *International Accounting Standard No. 19 (revised), Employee Benefits.*

International Accounting Standards Board (2008) Discussion Paper, *Preliminary Views on Amendments to IAS19 Employee Benefits.*

Liebtag, B. (1984) "Controversy livens FASB Hearings on pension accounting," *Journal of Accountancy,* Vol. 157, No. 3, pp. 55−60.

第III部

財務情報の信頼性における監査保証

第1章
監査環境の変化と信頼性の確保

1. はじめに

　財務情報の信頼性を確保するには，独立した第三者評価機能を果たす監査の役割が重要である。公認会計士法第1条では，公認会計士の使命として，パブリック・インタレストである公共の利益のために，職業的専門家として財務書類等の情報の信頼性を確保し，国民経済の健全な発展に寄与する社会的使命を果たすべきことを掲げている。

　その財務情報が信頼性を保持するために，経営者は信義誠実の原則のもとに一般に公正妥当と認められる企業会計の基準に準拠して財務諸表を作成することが必要であり，また，その信頼性の保証のために，監査人は一般に公正妥当と認められる監査基準に準拠して監査を実施し，財務諸表の適正表示に関する監査意見を表明することが必要である。

　それゆえ，激変する監査環境の潮流の中で，監査の不信・崩信を払拭し，監査の信頼性を確保する方策として，監査基準の信頼性，監査行為の信頼性，監査意見の信頼性，監査人の信頼性など，多面的な検討が必要である。

2. 監査の品質管理の強化

　昨今，企業社会の根幹に関わるような企業不祥事が多く発生しているため，監査の品質管理の強化を図り，監査業務・監査事務所・監査人の信頼性を確保する観点から，実に多くの施策が採られている。

第1に，金融庁は平成16年秋に判明した有価証券報告書の虚偽記載，情報関連企業の会計不祥事等に対応し，証券市場の信頼性確保のため，「ディスクロージャー制度の信頼性確保に向けた対応」（平成16年11月16日，同第2弾12月24日）を公表し，その中で課徴金制度の導入，コーポレート・ガバナンスの開示，親会社情報の開示，内部統制報告書の作成とその監査の導入などを取り上げた。

また，財務情報の信頼性の確保のために，平成15年4月から任意であるが，内閣府令による確認書（有価証券報告書の記載内容が適正であることの経営者による確認）の提出，平成17年1月から東京証券取引所による確認書（有価証券報告書に不実の記載がないことの認識）と宣誓書（迅速，正確かつ公平な会社情報の開示の社内体制の充実に努め，投資家への会社情報の適時適切な提供について真摯な姿勢で臨むことの宣誓）の強制提出が図られた。

第2に，公認会計士・監査審査会は「監査の信頼性確保のために－審査基本方針等」（平成16年6月29日，改正平成17年6月14日）を公表し，公益的立場から，監査の質と実効性の向上を積極的に図る必要性を指摘し，日本公認会計士協会による品質管理レビューの一層の機能向上を促し，効果的な自治統制機能を通じて，監査事務所における監査業務の充実・強化を図る必要があると指摘した。そこでは，①監査の質の確保と実効性の向上に対する期待への積極的対応，②監査業務への継続監視と協会による品質管理レビューの一層の機能向上，の2点が基本方針であるとしている。

第3に，金融庁は中央青山監査法人・公認会計士に対して「監査法人及び公認会計士の懲戒処分について」（平成18年5月10日）により一部業務停止命令を行った。公認会計士・監査審査会は「4大監査法人の監査の品質管理について」（平成18年6月30日）を公表し，あずさ・トーマツ・新日本・中央青山の各監査法人に対し，公認会計士法第34条の21第1項に規定する業務の運営が著しく不当と認められるとして，金融庁長官に対して，各監査法人への業務改善指示を行うよう勧告し，金融庁は「監査法人に対する業務改善指示について」（平成18年7月7日）を公表した。その後，監査の品質強化についてまとめた「監査の品質管理に関する検査指摘事例集」（平成20年2月27日）を公表している。このような一連の対応は，監査の品質管理の強化と信頼性の確保のため，監査水準を上げることが強く意図され，行政機関の不退転の決意が読み取れる[1]。

第4に，日本公認会計士協会はビジョン・ペーパー「日本公認会計士協会の進むべき方向性」を発表し，「上場会社監査事務所登録制度」を平成19年4月1日から導入した。また，金融審議会公認会計士制度部会は「公認会計士・監査法人制度の充実・強化について」(平成18年12月22日)を公表し，平成19年6月20日に公認会計士法が一部改正され，監査法人の社員資格の非公認会計士(特定社員)への拡大，監査法人の業務および財産の情報開示の義務付け，ローテーション・ルール(継続監査期間5年・インターバル5年)の法定化，不正・違法行為発見時の当局への申出，課徴金納付命令の創設，有限責任組織形態の監査法人の創設などが実現した。

　このように，監査の期待ギャップを解消し，監査不信・崩信を払拭し，監査の厳格化を図るため，金融庁，公認会計士・監査審査会，証券取引等監視委員会，東京証券取引所，日本公認会計士協会から，声明，指示，改善，勧告などが出され，財務情報の信頼性の確保のため，監査業務・監査事務所の品質管理を高め，企業社会の番人としての重要な役割を果たすことが指摘されている。

3. 不正発見型監査の重視と独立性の強化

　企業不祥事は企業不正，会計不正，不正と関連するが，違法行為も含まれるため，広い概念である。不正は法的には，故意に基づく法令定款違反行為であるが，監査基準委員会報告書第10号「不正及び誤謬」では，不正は財務諸表の虚偽の表示の原因となる経営者，従業員又は第三者による意図的な行為であり，不正な財務報告(粉飾)と資産の流用にみられ，組織的には経営者不正と従業員不正に分類している[2]。日本公認会計士協会・監査基準委員会報告書第35号「財務諸表の監査における不正への対応」(平成18年3月)では，不正のトライアングルとして，「①動機・プレッシャー，②機会，③姿勢・正当化」を指摘し，その連鎖を断ち切る不正発見型監査が重視されている。

　その際，監査人の独立性の保持が極めて重要であり，独立性の欠如によって会計不正は発生するといっても過言ではない。特に，実質性独立性としての公正不偏性を欠き，精神的独立性に違反する場合，それは倫理観に関係する。

　企業倫理を規制する具体的行動規範は，コンプライアンスとしての法令定款

の遵守，社是・社訓の明文化，健全な社風の存在，企業社会責任（ＣＳＲ）の遂行などにおいて重要である。企業が倫理的に好ましくない経営行動をとった場合，その結果は粉飾等の形で財務諸表に現れるため，会計・監査に携わる者には高い職責と倫理が求められている。職業倫理は，個人のモラル問題に帰着するが，職業的専門家としては，より高度な倫理観が求められる。それは専門職である限り，ノーブレス・オブリージ（noblesse oblige）としての高い志を持ち，人間の尊厳を意識したレベルの教養・思考・行動とともに，知性・情感・意思のバランスが保てる人材であることが必要である。

　そのため，ＣＰＥ（継続的専門研修制度）を通して独立性・倫理観の保持を繰り返し指摘し，もし違反する場合には，厳しい社会的制裁が課せられることを感得させる必要がある[3]。財務情報の信頼性は，不正発見型監査を指向しつつ，職業的専門家の人間行動規範を意識した専門職としての倫理観を内包する独立性が厳然と遂行されることによって確保されるからである。

4. リスク・アプローチの徹底化

　リスク・アプローチの監査手法は，重要な虚偽表示が生じる可能性が高い事項には，リスクが大きく存在しそうなため，多くの人員や時間といったコストを割り当て，監査を効果的，効率的に行うものである。監査リスクは財務諸表に重要な虚偽表示があるものの，監査人がそれに気付かずに適正意見を表明するリスクであり，固有リスク，統制リスク，発見リスクから構成される。つまり，理念的には「監査リスク＝固有リスク×統制リスク×発見リスク」であり，「１－監査リスク＝信頼性」であるため，監査リスクを小さくすればするほど，信頼性が高まることになる。

　企業会計審議会は平成17年10月28日に「監査基準の改訂に関する意見書」を公表している。主要な点は「事業上のリスク等を重視したリスク・アプローチ」の導入，「重要な虚偽表示のリスク」の評価，「財務諸表全体」および「財務諸表項目」の２つのレベルでの評価，「特別な検討を必要とするリスク」への対応などにみられる。注意すべきことは，事業上のリスクを重視し，「固有リスク×統制リスク」の代わりに「重要な虚偽表示のリスク」の表現を使って

おり，リスクの個別的把握より，総合的把握がとられている。

　監査人は監査意見の表明に当たり，監査リスクを合理的に低い水準に抑えた上で，自己の意見を形成し，無限定適正意見を表明するとき，財務諸表に重要な虚偽表示のリスクが存在する可能性を合理的に低い水準に抑える合理的な保証が得られているはずである。それゆえ，リスク・アプローチの徹底化により，ビジネス・リスクを意識しつつ，発見リスクを小さくし，財務情報の信頼性の保証がなされなければならない。

5. 内部統制監査と四半期レビューの実現

　金融商品取引法（第193条の2第2項）では，すべての上場会社は平成20年4月1日以後に開始する事業年度から，経営者の有効な内部統制報告書の提出，それに対する公認会計士による監査を義務づけている。そこではダイレクト・レポーティング（直接報告業務）方式を採用せず，財務諸表監査と内部統制監査が同一の監査法人によって実施され，監査報告書も一体的に作成されるとしている。なお，会社法による大会社，監査役会設置会社では「業務の適正を確保する体制」としてのいわゆる「内部統制システム」について，取締役会決議が必要であり，それに対して監査役は相当性判断が要求されているため，内部統制監査の基盤整備がなされている。

　また，四半期レビュー制度も，上場会社には，内部統制監査と同時期の平成20（2008）年4月1日以後開始の事業年度から実施されることになった（同法第24条の4の7，第193条の2）。「四半期レビュー基準」（平成19年3月27日）により，四半期財務諸表には，原則として分析と質問の手続が実施され，合理的保証（reasonable assurance）を行う監査ではなく，限定的保証（limited assurance）を行うレビュー（review）が実施され，財務情報の信頼性の保証が行われる。

　四半期に監査ではなく，レビューが採用されるのは，同一の監査人により，年度監査および内部統制監査との連携のもとで実施され，財務情報の信頼性が保証されるからである。レビューは監査と同様の「財務諸表の適正性」を対象とするが，「異なる水準の保証」を提供するため，監査は「適正に表示している」とする積極的肯定意見方式をとるのに対し，四半期レビューは「適正に表

示していないと信じさせる事項は認められない」(否定の否定＝肯定)とする, 消極的肯定意見方式による結論の報告を行う。

このように, 有用な財務情報の適時開示の観点から, 金融機関等の上半期6か月間の中間財務諸表の監査制度は, 有用性監査として存続するものの, 四半期報告書の作成とそのレビュー制度の導入は, 財務情報の信頼性を高めることになり, 国際的に遜色のない制度が実現した。

ここに,「年度監査・中間監査・四半期レビュー」の要点を比較すれば, 目的は「積極的適正性・有用性(消極的適正性よりはレベルが高く, 限りなく積極的適正性に近いレベルのもの)・消極的適正性」, 保証内容は「合理的保証・近似的合理的保証・限定的保証」, 保証水準は「高・中・低」の差異がみられる。

なお, 法制度化はなされていないが, 証券取引所は投資者へのタイムリー・ディスクロージャーの観点から, 意思決定有用性を促進する「決算短信」の発表を会社に求めており, そこで開示される「決算短信」の財務情報は, 監査もレビューも実施されていないため, 信頼性は下がることは否めない。

6. 監査における実質的判断の導入

監査における実質的判断が必要であるとして, 平成14年1月25日に改訂された監査基準では, 監査人は形式的判断を超え, 実質的判断を行う明確な基準化がなされた。経営者が採用した会計方針が会計事象や取引の実態を適切に反映しているか, その具体的実態に迫り, 表示も適切になされているかという実質的判断が必要であるとされた。取引等の経済的実態の把握までの関与を重視する実質優先の立場が重要とされている。

平成14年改訂の監査基準の前文「監査基準の改訂について」の三「主な改訂点とその考え方」にある「監査意見及び監査報告書」(1)「適正性の判断」の箇所では, 監査人の実質的判断について, 次のように述べている。

適正意見の表明は,「三つの記載要件が, ともすれば形式的な監査判断に陥らせるものとなりがちであった」と記述されているように, 会計基準への準拠性, 会計方針の継続性, 表示方法の基準への準拠性の前提条件(個別意見)のもとで, 結論として適正意見(総合意見)が表明されてきたが, その場合,「前提

―結論」の要件を充たせばよいとする形式的解釈に流されがちであったといわれてきたこと，また会計基準への準拠性の中には，会計方針の継続性，表示方法の基準への準拠性も当然に含まれているため，利用者に注意を喚起するために特別に抜き出して改めて検証することの重複問題もあること，さらに正当な理由による会計方針の変更時における正当な理由の妥当性判断が形式的になりがちであることなどが指摘されてきた。

そのため，会計方針が会計基準に準拠し，選択された会計方針が継続的に適用されているかどうかについて，たんに形式的判断に捉われず，会計方針として表現される元になる会計事象や取引の実態を確認し，適切に反映するものであるかどうか，さらに利用者の理解可能性を高めるために財務諸表の表示が適切であるかどうかの実質的判断が，財務諸表の適正性の確保には必要であり，財務情報の信頼性を確保する上に不可欠とされている。

7. 一元機構と二元機構の選択制

一元機構は，経営指揮と監視監査が同一の組織内の取締役会で対応を図るアングロサクソン形式であり，取締役会内に設置するに監査委員会は，社外取締役による社内取締役に対するチェック・システムとして，取締役同士の水平的監視監査を行う。これに対して，二元機構は，ドイツなどの大陸法の国に見られ，経営指揮と監視監査を分離した別々の組織において機能させ，上位組織の監査役会が下位組織の取締役をチェックする垂直的監視監査システムである。

日本では，明治32年に二元機構のドイツ法を継受したものの，監査役の権限を支配命令権ではなく，助言勧告権にとどめ，監査役権限を弱体化した形態にした。その意味では中間機構ともいえる。昭和25年にアメリカ法を継受したとき，監査役を存置し，取締役会制度を取り入れた。昭和49年には，大会社に会計監査人，監査役会の制度を導入し，監査役には権限強化として業務監査権を復活させ，商法と証券取引法の形式は二元であるが，実質一元化が意図された。平成14年改正では，監査役(会)監査と委員会等設置会社の監査委員会監査（社外取締役は過半数）との，いわば一元機構と二元機構との選択制を採用した。

平成18年5月には会社法が施行され，会社形態と監査制度の選択を大幅に認

め、「公開会社（取締役会設置強制）か、非公開会社（取締役会設置任意）か」、「大会社（会計監査人設置強制）か、大会社以外の会社（会計監査人設置任意）か」に分け、さらに「会計参与を取り入れるか否か」により、組み合わせとしては39通りの選択が可能となり、企業監視機構に多様性が認められることになった。

それゆえ、会社形態によっては、経営行動力と経営監視力の調和を指向する会社自治としてのコーポレート・ガバナンスに差異が認められ、中には監査が必要とされない形態もあり、財務情報の信頼性確保に影響が生じる恐れが否定できないが、公開・大会社における財務情報の信頼性は、監査によって高度に保証されることになっている。

8. 実質優先主義と離脱規定の適用可能性

財務情報の作成・表示において、経済活動・経済事象の形式より実質を重視する実質優先（substance over form）主義の考えがある。本来、形式と実質は一致するのが望ましいが、形式を充たしているが、実質を充たしていない場合、合理性に欠けるとして批判の的になる。

経済的実態把握と関係する実質優先に関して、イギリスの会社法で規定されている離脱規定は、会社の会計帳簿および財務諸表が真実かつ公正な概観を示すことが要求されており、監査報告書でも真実かつ公正な概観を与えているか否かの監査意見を表明しなければならない。そこでは、「真実かつ公正な概観」を示すことが十分ではないときには、注記において追加の情報を開示し、さらに会社法の規定に準拠することがかえって真実かつ公正な概観を表示しないときには、離脱しなければならない。

この発想は慣習法のもとにおける論理であり、成文法の世界では、適法性を超えた適正性を取り入れるのは、法改正しかありえないことになり、離脱規定は存在しない。しかし、離脱規定と同じ効果をもつ超法規的措置という方法がないわけではないが、通常は適用されない。

国際財務報告基準や米国の監査基準において離脱規定が認められているが、日本では実質的判断思考は取り入れられているものの、離脱規定は認められていないため、経済的実態把握の観点から、財務情報の信頼性には本質的差異が

生じることは避けられない。

9. 結びに代えて

　わが国の財務情報の信頼性[4]の確保への制度改革は，諸外国と比較しても遜色がなく，コーポレート・ガバナンスとしての企業監視機構の整備のもと，経営者の積極的な自律性と高度な誠実性の履行により，会計基準に準拠した財務情報の特性が表出されるとともに，監査の品質管理が保持され，監査基準に準拠した適正性が保証されることにより，会計の質と監査の質を高めることが可能となっている。

　そこでは，財務情報の信頼性の確保には，私的自治から公的規制への流れの中で，会計基準，監査基準のコンバージェンスに向けて，会計システム・監査システムの整備・充実の「制度面」と，経営者，従業員，監査人の心の問題の「人的面」が極めて重要な要素となることに留意する必要がある。

（注）
1) 平成18年8月9日の東京地方裁判所はカネボウ事件の判決において，会計監査制度や公認会計士の社会的信用を大きく失墜させたことは厳しく非難されなければならないことを指摘しているが，公認会計士監査制度の独立性について，「独立して社外から会計監査を行う建前になっていながら，会社から監査を委嘱され，監査報酬も支払われる制度は，会社と監査法人との間に不正常な関係が生じる土壌があったと言えなくもない」との指摘があり，監査報酬のあり方について，独立性の維持との観点から，制度設計をもう一度検討する必要があることを示唆している。
2) 企業不祥事について，日本監査役協会の「企業不祥事と監査役監査」（平成15年）では，「①経営トップの関与，②特定分野・聖域，③企業風土・文化，④事故・トラブル」に4分類し，ワンマン経営，モラルの欠如，取締役会の形骸化，会計監査人との癒着，業界常識の横行，不正慣行の放置，業界規制の軽視，危機管理の欠如，情報伝達ルートの遮断，内部統制機能の無機能化などを指摘している。
3) 国際会計教育基準審議会（International Accounting Education Standards Board）は「倫理教育フレームワーク」において，ステージ4「倫理的行動への継続的なコミットメントを維持すること」を取り上げ，職業会計士はIFAC倫理コードに準拠し，高度な会計倫理観を育成するため，重要な継続的職業研修を通じた専門職の倫理的行動の職業上の開発と強化を指摘し，監査人としての本来あるべき職業倫理問題を強調している。浦崎直浩「会計倫理教育と信頼性の向上」132～139頁，『財務情報の信頼性の保証に関する研究』（2008年3月，基盤研究（A）研究成果報告書）所収を参照の

こと。
4)　信頼性を担保する要件は，①財務報告が一般に認められた会計慣行や会計基準に基づいて作成されていること，②数値は適切な市場取引における取引額に基づいていること，③会計基準と監査基準はともに強制力をもっていなければならないことであるとの指摘がある。ジョージ・J・ベンストン他著，田代樹彦・石井康彦・中山重穂訳（2005）『会計制度改革への挑戦』税務経理協会，27〜35頁。

【参考文献】
友杉芳正（2004）「監査における実質的判断」『企業会計』第56巻第7号，4－16頁。
友杉芳正（2004）「岐路に立つ会計制度とその改革をめぐる諸問題」『會計』第165巻第2号，1－12頁。

第2章
財務情報の信頼性と監査による保証

1. 監査による保証の意味

　財務諸表監査の役割は一般に，財務諸表の信頼性を保証することであると理解されている。ここで，「信頼性を保証する」とは，監査意見の表明を通じて財務諸表の信頼性の程度を明らかにすることを意味する。この保証の水準は監査人の心証の程度（確信度）であり，監査意見の種類（無限定適正意見，限定付適正意見および不適正意見）にかかわらず同じである。

　財務諸表監査の結論として表明される監査意見は，財務諸表の適正性（適正表示）に対する意見である。財務諸表の信頼性の程度は，一般に公正妥当と認められる企業会計の基準（以下では「GAAP」とする）の枠内で判断される。ただし，形式的なGAAP準拠性判断ではなく，実質判断が求められている。そして，財務諸表は適正に表示されているとの意見を表明することには，財務諸表には全体として重要な虚偽の表示がないことの合理的な保証を得たという判断が含まれている（企業会計審議会，2002，「監査基準の改訂について」三・一）。

　財務諸表の信頼性は会計情報が本来備えているべき情報の質的特徴の1つであり[1]，監査はこの信頼性の程度を確かめ，それについて監査意見を表明することによって信頼性を保証する。財務諸表監査において監査人が確かめる情報の質は，信頼性にとどまらず目的適合性をも含んだ有用性であるという見解もある（内藤，2003，福川，2003）。しかし，監査人が目的適合性を確かめる場合，会計基準そのものの適切性の判断や会計基準からの離脱の必要性が生じることになる。わが国の財務報告制度（法制度）を念頭に置いた場合，財務諸表監査

の役割は信頼性の保証にとどまり、目的適合性は概念フレームワークおよびそこから導き出された会計基準の問題であると考えられる。

このような財務諸表の信頼性を保証する財務諸表監査は、近年、公認会計士が何らかの保証を提供する他の業務とともに、保証業務(assurance engagement)という枠組みにおいて説明される。保証業務という概念は、公認会計士が財務諸表監査を中心としてこれまで長年にわたって培ってきた、独立性と専門性を兼ね備えた会計・監査の専門家という社会的な認知を生かし、保証の対象を財務諸表以外に拡張した概念である。保証業務という枠組みの中心には財務諸表監査がある。そこで、企業会計審議会「財務情報等に係る保証業務の概念的枠組みに関する意見書」(企業会計審議会、2004、以下では「保証業務意見書」とする)と、「保証業務意見書」の作成過程で参照された国際会計士連盟「保証業務の国際的枠組み」(IFAC, 2003)に基づいて、保証業務および保証水準の概念を整理し、財務情報の信頼性の保証水準を巡る課題を明らかにしたい。

2. 保証業務の定義および分類

(1) 保証業務の定義

「保証業務意見書」は、保証業務を次のように定義している (二・1)。

「保証業務とは、主題に責任を負う者が一定の規準によって当該主題を評価又は測定した結果を表明する情報について、又は、当該主題それ自体について、それらに対する想定利用者の信頼の程度を高めるために、業務実施者が自ら入手した証拠に基づき規準に照らして判断した結果を結論として報告する業務をいう。」

この定義には、保証業務を構成する次の諸要素が含まれている。ある業務が保証業務とみなされるためには、それぞれの要素に関する要件に適格でなければならない (「保証業務意見書」三)。

① 三当事者の存在 (業務実施者、主題に責任を負う者および想定利用者の関係)
② 主題 (識別可能性、評価または測定可能性、十分かつ適切な証拠の収集可能性)
③ 適合する規準 (目的適合性、完全性、信頼性、中立性および理解可能性)
④ 十分かつ適切な証拠 (証拠の収集と評価、重要性、保証業務リスク、証拠の利

用可能性)

⑤ 保証報告書（結論を報告する書式と保証の形式）

財務諸表監査を例にとれば，主題は企業の財政状態，経営成績およびキャッシュ・フローの状況であり，主題に責任を負う者は財務諸表の作成に責任を負う経営者である。評価または測定の規準はGAAPであり，経営者は，GAAPに従って財政状態，経営成績およびキャッシュ・フローの状況を評価，測定し，その結果を財務諸表として想定利用者である投資家に提示する。業務実施者である監査人は，想定利用者である投資家の財務諸表に対する信頼の程度を高めるために，監査手続を実施して入手した監査証拠に基づき，提示された財務諸表がGAAPに準拠して企業の財政状態，経営成績およびキャッシュ・フローの状況を適正に表示しているかどうかについて結論を報告する。したがって，GAAPは主題を評価，測定する基準であるとともに，保証業務を実施する公認会計士にとっての判断の基準でもある。

(2) 保証業務の分類

保証業務は，一定の規準によって主題を評価または測定した結果を表明する情報（以下では「主題情報」とする）が，主題に責任を負う者によって想定利用者に提示されるか否かによって区分される（「保証業務意見書」二・2(1)）。

「保証業務意見書」では用いられていないが，「保証業務の国際的枠組み」では，主題に責任を負う者によって主題情報が想定利用者に提示される場合の保証業務は「主題に基づく業務（assertion-based engagements）」と呼ばれ，主題情報が主題に責任を負う者によって想定利用者に提示されず，業務実施者が主題それ自体を一定の規準によって評価または測定した結果を結論として表明する場合の保証業務は「直接報告業務（direct reporting engagements）」と呼ばれる[2]。

また，保証業務は，保証業務リスクの程度により，合理的保証業務（reasonable assurance engagement）と限定的保証業務（limited assurance engagement）に分類される。合理的保証業務では，業務実施者が，当該業務が成立する状況のもとで，積極的形式（すべての重要な点において，一定の規準に照らして適正性や有効性等が認められるかどうか）による結論の報告を行う基礎として合理的な低い水準に保証業務リスクを抑える。限定的保証業務では，合理的保証業務の場合より

は高い水準ではあるが，消極的形式（すべての重要な点において，一定の規準に照らして適正性や有効性等がないと考えられるような事項が発見されなかったかどうか）による結論の報告を行う基礎としては受け入れることができる程度に保証業務リスクの水準を抑える（「保証業務意見書」二・2⑵および八・2）。

保証業務の定義および分類によれば，財務諸表監査と財務情報のレビュー業務はともに主題に基づく保証業務であるが，前者は合理的保証業務であり，後者は限定的保証業務である。直接報告業務には，監査人による財務報告に係る内部統制の有効性の評価（PCAOB, 2007）やTrustサービス（日本公認会計士協会, 2003b）が該当する。

3. 保証水準とその決定要因

(1) 保証水準

保証業務が提供する保証水準について，従来は，高水準の保証（high level of assurance）と中位水準の保証（moderate level of assurance）という区別が用いられていたが，現在では，合理的保証（reasonable assurance）と限定的保証（limited assurance）という表現が用いられている。この保証水準を理解するには，IFACによる保証水準の決定要因と伝達方法の研究報告書（IFAC, 2002）が有益である。この研究報告書は「保証業務の国際的枠組み」の基礎となっている。

保証業務の枠組みの基本的な問題の1つに，保証業務によって提供できる保証の水準をどのように想定するかということがある。これには次の3つの考え方がある（IFAC, 2002, pars.1.2 and 1.3）。

㋐ 保証の連続体（continuum of assurance）

低水準から高水準（絶対的水準未満）までの連続的な保証水準が想定される。保証水準は，⑴主題の性質と形式，⑵主題に適用される規準の性質と形式，⑶証拠を収集，評価する過程の性質と範囲，⑷利用可能な証拠の十分性と適切性という4つの要因の相互関係により決定される。

㋑ 特定の保証水準

① 高水準と中位水準

監査とレビュー，および高水準の保証と中位水準の保証という従来からの区

分を採用する考え方である。

② 単一水準

保証業務の標準形式およびすべての業務の目安として，保証水準を単一の水準（高水準）に限定するという考え方である。それよりも低い水準の保証については，それを保証業務の一般的な特徴とするのではなく，特定の業務に関する基準を設定する場合にのみ用いることになる。

IFAC (2002) は，高水準と中位水準という2区分（(イ)①）の立場をとっている。そしてこの立場から，保証水準の決定要因として次の2つの考え方が議論されている（IFAC, 2002, par.1.4）。

(2) 保証水準の決定要因

① 変数相互作用説 (interaction of variables view)

保証水準の決定には，(1)主題，(2)規準，(3)プロセス，および(4)証拠の量と質という4つの要因間の相互関係を考慮することが必要であるとする考え方である。変数相互作用説に従えば，会計士はこれら4つの変数の相互関係を考慮して，適切な保証水準を決定するために専門的判断を用いることになる。

② 作業量説 (work effort view)

保証水準は，まず利用者のニーズ（コストの考慮を含む）に応じて決定され，次に，十分かつ適切な証拠を入手するために実施される作業量（手続の性質，実施時期および実施範囲）によって決定されるとする考え方である。主題と規準は業務の必要条件とみなされる。どちらも会計士がその業務を引き受けることができるかどうかを決定する際に考慮される。会計士が主題と規準は保証業務を可能にすると決定すれば，当該保証業務の保証水準を決定するのは作業量である。したがって，もし会計士が高水準の保証業務を実施できないと結論すれば，中位水準の保証業務も実施できない。

この保証水準の決定要因について，IFAC (2002) は変数相互作用説を支持している。主たる3つの変数は主題，規準および作業量である。これらの要因は保証の水準に直接影響しているとともに，相互に関係していると考えられている。証拠の量と質については，他の3つの要因（主題，規準および作業量）に影

響される要因であり，独立の決定要因とは考えられていない。主題および規準を所与とすれば，証拠の質と量は作業労力によって左右される。作業量説は変数相互作用説と必ずしも矛盾しないと考えられている。

このような議論に基づいて，「保証業務の国際的枠組み」では，2つの保証水準という考え方は維持しつつ，「高水準の保証」と「中位水準の保証」に代えて，「合理的保証」と「限定的保証」という表現が採用された。先述のとおり，限定的保証業務では合理的保証業務よりも高い保証業務リスクが許容されており，したがって，限定的保証業務の保証水準は合理的保証業務のそれよりも低くなる。しかし「保証業務の国際的枠組み」では，この保証業務リスクの許容水準の差だけでなく，結論の表明形式（積極的形式と消極的形式）をあわせて，「合理的保証」と「限定的保証」という保証水準を規定している。つまり，現在の保証水準は，たんに高低という観点から区分されているわけではない。これは，保証の水準は主題，規準および作業量の相互作用により決定されるという考え方に基づくものである。

4. 保証業務リスクと合理的な保証

財務情報の保証業務である監査およびレビューは，それぞれ合理的保証業務と限定的保証業務の典型例である。監査は年度財務諸表に対する合理的保証業務，レビューは四半期財務諸表に対する限定的保証業務として一般に理解されている。ここでは監査およびレビューによる保証の水準について，保証業務リスクと合理的な保証の観点から整理する。

監査およびレビューの主題情報はそれぞれ年度財務諸表と四半期財務諸表であり，監査およびレビューの結論の表明方式はそれぞれ積極的形式と消極的形式であることを所与とすれば，保証水準を決定する要因は保証業務リスク（作業量）となる。保証業務リスクの水準は，保証業務手続の性質，実施時期および実施範囲に，ひいては保証業務手続を実施して得た保証命題の確からしさについての確信度に影響する。

(1) 保証業務リスクの概念

　保証業務リスクは，主題情報に重要な虚偽の表示がある場合に業務実施者が不適切な結論を報告する可能性をいい，固有リスク（関連する内部統制が存在していないとの仮定の上で，重要な虚偽の表示がなされる可能性），統制リスク（重要な虚偽の表示が，関連する内部統制によって適時に防止または適時に発見されない可能性），および発見リスク（業務実施者により重要な虚偽の表示が発見されない可能性）から構成される（「保証業務意見書」七・5(1)）。これは「監査基準」における監査リスクとその構成要素の定義と実質的に同じである。

　業務実施者は，保証業務リスクを合理的保証業務または限定的保証業務に求められる水準に抑えるため，固有リスクおよび統制リスクを個別にまたは結合して評価することにより，発見リスクの水準を決定し，それに基づいて，証拠を収集する手続の性質，実施時期および実施範囲を決定することが求められている（「保証業務意見書」七・5(2)）。

　合理的保証業務においては，積極的形式で結論を報告する基礎として，合理的保証が得られる業務環境にある限り，合理的な低い水準となるまで保証業務リスクを抑えなければならない。また，限定的保証業務においては，保証業務リスクの水準を合理的保証業務における水準よりも高く設定することができるが，消極的形式で報告を行う際の基礎としては十分に有意な水準を得ることにより，想定利用者にとっての信頼性を確保しなければならない（以上，「保証業務意見書」七・5(3)）。

　では，「合理的な低い水準」，あるいはそれよりも高いが「十分に有意な水準」とは何を意味するのであろうか。保証業務リスクと保証水準の関係は，「1－保証業務リスク＝保証水準」で示される。合理的保証業務である監査に焦点をあわせて，合理的な保証と監査リスクの意味を確認する。

(2) 合理的な保証

　合理的な保証とは，財務諸表の適正性に対する監査意見を表明する際に，監査人が監査手続の実施と入手した証拠の評価により得ることを求められている保証の水準である。「監査基準」は「財務諸表の表示が適正である旨の監査人の意見は，財務諸表には，全体として重要な虚偽の表示がないということにつ

いて，合理的な保証を得たとの監査人の判断を含んでいる。」(第一) としている。

しかし，この合理的な保証の水準は明確には定義されていない。「監査基準」および日本公認会計士協会の実務指針では，合理的な保証が何であるかを定義するのではなく，絶対的な保証との対比によって説明している。すなわち，「合理的な保証を得たとは，(中略) 絶対的ではないが相当程度の心証を得たことを意味する」(企業会計審議会，2002，「監査基準の改訂について」三・一) および「監査人が合理的な保証を得るとは，(中略) 絶対的ではないが相当に高い程度の心証を得ることを意味する」(日本公認会計士協会，2003a，第8項) と述べられている。

また，「1－監査リスク＝合理的な保証」という関係にある監査リスクについては，監査基準委員会報告書第28号（日本公認会計士協会，2006）は，「監査人は，不正及び誤謬による財務諸表の重要な虚偽の表示を看過しないように監査リスクを合理的に低い水準に抑えるよう監査計画を策定し，監査を実施しなければならない。(中略) 監査リスクが合理的に低い水準に抑えられたときに，合理的な保証が得られる。」と説明している。

このように，合理的な保証の水準は，絶対的ではないが相当に高い程度の心証を得ることと定義され，合理的な保証を得るためには監査リスクを合理的に低い水準に抑えることが必要であると説明されている。しかし，合理的な保証の具体的な水準は明らかではない。

5. 保証水準を巡る諸問題

これまでの保証業務および保証水準に関する整理と，監査における合理的な保証を巡るアメリカ監査基準上の論点を整理しているPCAOB (2005) に基づいて，監査の保証水準を巡る諸問題を提示したい。

(1) 保証および保証水準に関連する諸概念の明確化

保証および保証水準に関連する諸概念について，より体系的に明確化する必要がある。例えば，監査による保証と監査が保証する信頼性の意味，情報の信頼性の水準と保証水準の関係，合理的な保証の水準の明確化などがある。

監査が保証する信頼性の意味については，財務諸表に虚偽記載 (misstatement)

がないことと，財務諸表が利用者を誤導するもの（misleading）ではないことがどのような関係にあるかについて文献・資料を調査したが，明らかにできなかった。

また，合理的な保証の水準の明確化については，PCAOB (2005) がFASB財務会計基準書第5号（FASB, 1975）で用いられている用語を用いて，監査人の責任は「財務諸表に重要な虚偽の表示はないことを確実（certainty）ではないが可能性が高い（probable）ものとするように監査を計画，実施する」ことという表現を提示している。この考え方をリスク・アプローチ（監査リスク・モデル）と結びつけることも可能である。

(2) 財務情報の質的変化の影響

会計測定値に内在する不確実性（公正価値評価を含む会計上の見積り）の増大と，リスク情報開示の拡大（この背景には企業活動を取り巻くリスク・不確実性の増大とリスク情報に対する情報利用者の関心の高まりがある）は，監査による保証水準に影響すると考えられる。

財務諸表監査について考えれば（すなわち主題と規準を所与とすれば），保証水準は作業量（監査証拠の質と量）に左右される。会計測定値に内在する不確実性が高い場合と低い場合とでは，監査人が確証的ではなく説得的な証拠に依拠しなければならない程度が異なり，前者の方が合理的保証水準を達成することは困難なのは明らかである。したがって，このような不確実性の増大が保証水準に与える影響を考察することが必要であろう。PCAOB (2005) は，会計上の見積りに固有の不正確さと主観性を考慮した場合，「合理的な保証」という保証水準が会計上の見積りの監査に対する監査人の責任として適切な水準といえるか，という論点を提示している。

リスク情報についても監査証拠の収集と評価に同様の問題が存在すると考えられる。また，リスク情報は，不確実性の程度に応じて，非開示→財務諸表以外の媒体での開示→財務諸表注記での開示→財務諸表本体への計上という取扱いが想定されるため，財務諸表以外の媒体に開示されるリスク情報の保証も重要な問題となる。

(注)
1) 信頼性(reliability)という用語は，IFACおよびFASBの概念フレームワークにおいて情報特性の1つとして示されているが，現在進行中のIASB・FASB合同概念フレームワーク・プロジェクトでは，信頼性に代わる質的特徴として「忠実な表現」(faithful representation)が示されている(FASB, 2008)。
2) 日本公認会計士協会(2005)では，前者は「主題情報に対する保証業務」，後者は「直接報告による保証業務」と呼ばれている。なお，直接報告業務は「ダイレクト・レポーティング」と呼ばれることも多い。

【参考文献】

Financial Accounting Standards Board (FASB) (1975) Statement of Financial Accounting Standards No. 5, *Accounting for Contingencies*.

FASB (2008) *Exposure Draft, Conceptual Framework for Financial Reporting: The Objective of Financial Reporting and Qualitative Characteristics and Constraints of Decision-Useful Financial Reporting Information*, Financial Accounting Series, No. 1570-100.

International Federation of Accountants (IFAC) (2002) Study1, *The Determination and Communication of Levels of Assurance Other than High*.

IFAC (2003) *International Framework for Assurance Engagements*.

Public Company Accounting Oversight Board (PCAOB) (2007) Auditing Standard No. 5, *An Audit of Internal Control over Financial Reporting that is integrated with an Audit of Financial Statements*.

PCAOB (2005) Standing Advisory Group, *Reasonable Assurance, October 5-6*, 2005, http://www.pcaobus.org/Standards/Standing_Advisory_Group/Meetings/2005/10-05-06/Reasonable_Assurance.pdf.

企業会計審議会(2002)「監査基準の改訂に関する意見書」。

企業会計審議会(2004)「財務情報等に係る保証業務の概念的枠組みに関する意見書」。

内藤文雄(2003)『財務諸表監査の変革』税務経理協会。

日本公認会計士協会(2003a)監査基準委員会報告書第24号「監査報告」。

日本公認会計士協会(2003b)IT委員会報告第2号「Trustサービスに係る実務指針(中間報告)」。

日本公認会計士協会(2005)監査・保証実務委員会報告(公開草案)「財務諸表監査以外の保証業務等に関する実務指針」。

日本公認会計士協会(2006)監査基準委員会報告書第28号「監査リスク」。

福川裕徳(2003)「監査が保証する財務諸表の質―目的適合性の保証と情報提供の論理―」『会計プログレス』第4号，46-58頁。

第3章

財務諸表監査と内部統制監査

1. リスク・アプローチ監査における内部統制

　財務諸表監査は，リスク・アプローチと呼ばれる手法によって行われている。このアプローチでは，「監査リスク」を許容され得る低い水準に抑えられるように監査が計画され，実施されなければならない。監査リスクとは，財務諸表に重要な虚偽の表示が含まれているにもかかわらず，監査人がこれを見逃して不適切な監査意見を表明してしまう可能性であり，「固有リスク」「統制リスク」ならびに「発見リスク」というリスク要素からなる。

　監査人は，内部統制を含む企業および企業環境を十分に理解し，財務諸表に重要な虚偽の表示をもたらす可能性のある事業上のリスク等を考慮し，固有リスクと統制リスクを結合した「重要な虚偽表示のリスク」，ならびに「財務諸表全体」および「財務諸表項目」という2つのレベルにおけるリスクを評価しなければならない。こうした考え方に基づいて実施されるリスク・アプローチは，「事業上のリスク等を重視したリスク・アプローチ」（以下，「事業リスク・アプローチ」という）と呼ばれる。

　事業リスク・アプローチでは，企業の経営環境や経営活動に関わる様々な要因によって行われる可能性のある，財務諸表における重要な虚偽の表示を防止または発見できるような内部統制の存在を前提とする。しかし，内部統制の整備・運用の状況によっては，重要な虚偽の表示を防止または適時に発見できないこともある。したがって，意図的であるか過失によるものであるかにかかわらず，財務諸表に重要な虚偽の表示が行われる確率を合理的に見積もることに

よって，監査リスクを許容される水準に抑えられるように，監査人自身が実施すべき監査手続を決定しなければならないのである。

事業リスク・アプローチでは，監査リスクをリスク要素の単純な組み合わせとしては捉えていない。被監査企業に関わる様々な要素が複合的に作用して，財務諸表に重要な虚偽の表示がもたらされる危険があると考えられているのである。内部統制の有効性は，重要な虚偽表示のリスクの大きさを左右する最大の要素である。監査人は，自らが実施すべき監査手続を決定するに当たって，内部統制の有効性を慎重に評価しなければ，監査リスクを許容され得る水準に抑えることに失敗するであろう。

実施すべき監査手続の内容，範囲および時期を決定するに当たって，監査人は，被監査企業の状況を十分に理解した上で，そこに存在する重要な虚偽表示のリスクを評価する必要がある。その大きさを前提として，目標とされる監査リスクの水準を達成するのに必要な監査手続を決定する。このときの監査手続の内容，範囲および時期は，評価された重要な虚偽表示のリスクを前提として設定される発見リスクの大きさによって規定されるのである。

財務諸表監査は，経営者の責任と監査人の責任を峻別することを意味する「二重責任の原則」の上に成立している。経営者の責任は，監査人の責任において監査意見が表明される対象である，信頼し得る財務諸表を作成することにある。今日，財務諸表監査が実施される大規模企業においては，財務諸表の信頼性を確保するに当たって，有効に機能する内部統制の存在が不可欠となっている。

財務諸表監査は，監査人自身による有効性の評価を前提としながらも，被監査企業の経営者の責任において整備・運用される内部統制に大きく依拠する形で実施されているのである。

2. アメリカにおける内部統制監査

財務諸表監査が事業リスク・アプローチによって実施されているという事実は，監査意見の形成が被監査企業における内部統制の有効性に大きな影響を受けていることを示している。財務諸表の信頼性に対する監査人による保証は，

信頼し得る内部統制を前提とし，かつ，その有効性の評価に基づいて提供される，「合理的な程度」の保証であることが認識されなければならない。

エンロン事件に象徴されるような重大な不正会計事件の発生を受けて，アメリカでは2002年に「サーベンス・オックスリー法」（Sarbanes-Oxley Act；以下「ＳＯＸ法」という）が制定された。その第404条によって，証券取引委員会（ＳＥＣ）登録企業は，年次報告書の一部として「内部統制報告書」の提出を求められることになった。これは，経営者に対して，財務報告の信頼性を確保するための方針や手続としての内部統制の構築・運用と，その有効性評価の結果報告を要求するものである。

内部統制報告書の制度化は，企業不正に起因する会計不正の防止・発見機能の直接的な強化を図るものである。そして，内部統制の有効性評価は，内部統制の構築・運用に責任を負う経営者自身によって行われるものであることから，リスク・アプローチの枠内で監査人によって行われる内部統制の有効性の評価とは趣旨が異なるものである。

財務報告に係る内部統制に対しては，経営者自身による評価に加えて独立監査人による監査が行われる。このいわゆる内部統制監査においては，財務報告に係る内部統制の有効性について，独立監査人の監査意見が表明される。重要な欠陥が存在する場合，内部統制は有効であるとは考えられない。したがって，監査人は，監査意見表明のための基礎を形成するために，経営者による評価日において，内部統制に重要な欠陥が存在しないかどうかについて合理的な保証を得るのに十分かつ適切な証拠を入手すべく，監査を計画し実施しなければならないのである（PCAOB（2007）par.3）。

財務報告に係る内部統制は，財務報告の信頼性に合理的な保証を与え，一般に公正妥当と認められる会計基準に準拠した外部報告目的の財務諸表を作成するために，経営者等の監督下で設計され，管理者等によって運用されるプロセスと定義される。そこには，①取引に係る適正な会計帳簿の維持，②財務諸表作成に必要な記帳管理および経営者等の承認に基づく取扱い，③未承認の資産取得や処分等を防止または適時に発見することを合理的に保証する方針および手続が含まれる（PCAOB（2007）A 5）。

内部統制の各機能が適切に設計されていないか，あるいは設計通りに運用さ

れていないことから虚偽表示を防止または適時に発見できない場合には，内部統制に不備（deficiency）が存在することになる。内部統制の不備は，財務報告に与える重要性に応じて，「重要な欠陥」（material weakness）と「重大な不備」（significant deficiency）に区分される。

重要な欠陥は，単独または複合的な不備のうち，重要な虚偽表示を防止または適時に発見できない可能性がある程度認められるものである（PCAOB（2007）A 7）。これに対して，重大な不備は，単独または複合的な不備のうち，重要な欠陥までには至らないが，財務報告責任者に対して注意喚起することに十分値するものをいう（PCAOB（2007）A 11）。

このように，アメリカでは不備は3段階に区分されている。

一方，監査人の報告書には，監査人の責任は自らの監査に基づいて財務報告に係る会社の内部統制に対して意見を表明することにある旨が記載されなければならない。そして，監査人の意見は，会社が内部統制の基準に基づいて，特定の日に財務報告に係る内部統制をすべての重要な点において有効に維持しているかどうかについて表明されなければならない（PCAOB（2007）par.85）。

アメリカの内部統制監査は，監査人が自らの監査に基づいて内部統制の有効性に関する監査意見を表明する，いわゆる「ダイレクト・レポーティング」という方式が採用されている[1]。ダイレクト・レポーティングは，経営者側の主張や開示がないなかで監査人が直接，監査上の要点を選定し，内部統制の整備・運用状況を検証するものである（八田（2006）p.110）。監査人は，自ら内部統制の問題点の有無を直接検証し，その結果を報告するのである（蟹江（2006）p.89）。

内部統制が企業に属するすべての者によって遂行される業務プロセスである以上，内部統制の監査は，理論的には業務の監査として構想されるべきであり，監査の手法としてはダイレクト・レポーティングが採用されることになろう。エンロン事件という市場経済の根幹を揺るがすような企業不正事件の発生を受けて，厳格に理論的な手法が導入されたと見ることができる。

こうした監査手法は，監査理論にも財務諸表監査との関係にも整合するものと思われる。監査実務上は，事業上のリスク・アプローチにおける内部統制の評価においても，また，内部統制監査においても実質的にダイレクト・レポーティングと同じ手続がとられているからである（手塚他（2007））。

3. わが国における内部統制監査

(1) 内部統制報告制度の意義

2006（平成18）年6月の証券取引法の改正によって制定された「金融商品取引法」が、2007（平成19）年9月30日より全面施行された。これによって、2008（平成20）年4月1日以降に始まる事業年度から、上場会社等に対して、「内部統制報告書」の提出と公認会計士による「内部統制監査」が求められることとなった。

わが国の内部統制監査は、「ダイレクト・レポーティング」という手法を採用していない。財務諸表監査の監査人と同一であることが要請されている内部統制監査の監査人の意見は、経営者が行った内部統制の有効性評価の結果報告書である内部統制報告書の適正表示に関して表明されるのであり、監査人は内部統制自体の有効性についての判断を直接伝達するわけではない。

財務報告に係る内部統制の有効性の評価は、金融庁・企業会計審議会によって設定された「財務報告に係る内部統制の評価および監査の基準」（以下、「内部統制基準」という）ならびに「財務報告に係る内部統制の評価および監査に関する実施基準」（以下「内部統制実施基準」という）に従って行われる。

有効性の評価は、経営者が自らの責任で決定した評価対象範囲について実施される。決定された評価範囲については、内部統制報告書の監査においてその妥当性が検討されることになる。そして、監査人が、経営者が決定した評価範囲が不適切であると判断したときには、監査意見の表明に際して除外事項となることがある。

内部統制基準によれば、「財務報告に係る内部統制が有効である」とは、当該内部統制が適切な内部統制の枠組みに準拠して整備および運用されており、当該内部統制に重要な欠陥がないことであるとされている。「重要な欠陥」とは、財務報告に重要な影響を及ぼす可能性が高い内部統制の不備をいうとされている（Ⅱ.1.）。

内部統制実施基準は、内部統制の不備および重要な欠陥について重要性の判断指針を示している（Ⅱ.1.②）。それによれば、内部統制の不備は、内部統制

が存在しない,または規定されている内部統制では内部統制の目的を十分に果たすことができない等の整備上の不備と,整備段階で意図したように内部統制が運用されていない,または運用上の誤りが多い,あるいは内部統制を実施する者が統制内容や目的を正しく理解していない等の運用の不備からなる。他方,内部統制の重要な欠陥とは,内部統制の不備のうち,一定の金額を上回る虚偽記載,または質的に重要な虚偽記載をもたらす可能性が高いものをいう。

内部統制基準に基づく財務報告に係る内部統制の有効性の評価では,不備を2段階に区分した上で,これに起因する財務報告全般に関する虚偽表示の発生可能性とその影響度に基づく判断が求められる。

わが国の内部統制基準には,発生可能性を評価するための具体的な指針は設けられていない。アメリカでは,内部統制の不備による虚偽表示の発生可能性は「ある程度の発生可能性 (reasonable possibility)」の存在を前提とする。ある程度の発生可能性には「可能性が高い」場合が含まれ (PCAOB (2007) A 7),これに該当する場合には,発生時の影響度を検討して重要な欠陥または重大な不備が特定される[2]。経営者および監査人は,財務諸表項目の性質,取引の複雑性や見積り等による主観の介入度合,不備の原因,統制手続と不備との関連性,不備による将来の結果等のリスク要因を考慮した上で (PCAOB(2007)par. 65),虚偽表示を招く内部統制の不備の発生可能性を評価する。わが国における発生可能性の評価に際しては,こうした考え方が参考になるものと思われる。

一方,影響度については,重要性の基準が適用される。財務報告に係る内部統制監査と財務諸表監査における重要性が同じならば,内部統制の不備に起因する虚偽表示の影響度が乏しい場合とは,合理的な人間であれば未発見の虚偽表示の可能性を考慮しても,全体として重要性が認められないことが明らかなほど軽微な状況を指す。これに対して重要性があると認められる場合とは,虚偽表示によって,それを含む情報を利用する合理的な人間の判断に影響を及ぼすほどの状況をいう (FASB (1980))。

わが国の内部統制基準では,内部統制の不備は,虚偽表示の重要性の有無の観点から重要な欠陥かそれ以外の軽微な不備の2つに区分されていると考えることができる。

(2) 内部統制監査の意義

　内部統制基準によれば，内部統制監査の目的は，「経営者の作成した内部統制報告書が，一般に公正妥当と認められる内部統制の評価の基準に準拠して，内部統制の有効性の評価結果をすべての重要な点において適正に表示しているかどうかについて，監査人自らが入手した監査証拠に基づいて判断した結果を意見として表明することにある」とされている（Ⅲ.1.）。

　また，「内部統制報告書が適正である旨の監査人の意見は，内部統制報告書には，重要な虚偽の表示がないということについて，合理的な保証を得たとの監査人の判断を含んでいる」とされ，内部統制報告書に対する意見は，「内部統制監査報告書」（内部統制の評価に関する監査報告書）によって表明されることになっている（同上）。

　わが国の内部統制監査は，アメリカのそれとは異なり，経営者によって実施された評価の結果を意見表明の対象としており，いわゆる「ダイレクト・レポーティング」は採用されていない。内部統制基準の制定に向けた審議の過程で，コスト負担や監査人の負担等の理由で「ダイレクト・レポーティング」が実態的にわが国には向かないという意見が多かったことに配慮して早々と導入が見送られたのである（八田（2005）p.110）。

　とはいえ，内部統制基準によれば，監査人は，内部統制監査の実施過程において内部統制の重要な欠陥を発見した場合には，経営者に報告して是正を求めるとともに，当該重要な欠陥の是正状況を適時に評価しなければならないとされている。また，当該重要な欠陥の内容およびその是正結果は，取締役会および監査役会または監査委員会に報告されることになっている。

　監査人は，内部統制監査の意見を形成する際して，十分かつ適切な証拠を入手する必要がある。そのためには，監査人は，経営者自身の評価に基づきながら，評価対象となっている内部統制を自ら検証しなければならないであろう。また，同じ監査人によって実施される財務諸表監査においても，重要な虚偽表示のリスクを評価するに当たって，内部統制の有効性が評価されなければならない。したがって，ダイレクト・レポーティングが採用されていないことが，内部統制報告書の形式的な監査を意味するわけではない。それは，監査人自身が内部統制の評価を行うことと，経営者による評価結果に基づく報告書の監査

を峻別した結果であろう（内部統制監査に関する問題点や課題等については、蟹江 (2006) を参照のこと）。

4. 内部統制監査と財務情報の信頼性

わが国の内部統制監査は，監査人自身の監査に基づく内部統制の有効性の検証ではなく，内部統制の整備・運用に責任を負う経営者によって作成される内部統制報告書への意見表明を目的とする間接的な検証にとどまる。内部統制が企業のすべての構成員によって行われる業務プロセスである以上，その有効性を検証する監査は，業務プロセスの監査として構築する方が理論的にも整合する。その意味では，アメリカ式のダイレクト・レポーティングこそが相応しい検証方法ではないかと考えられる。

アメリカの内部統制監査は，2007年に行った内部統制監査基準の改訂に際して，制定当初ダイレクト・レポーティングとともに採用していた内部統制報告書に対する意見表明を廃止した。こうした措置に対して，監査人は経営者の評価の妥当性にかなりの時間を費やしており，また，経営者が内部統制の有効性について誤った評価をしていることを知らしめても意味がないということを考え合わせれば，望ましい方向性を示すものであるとの評価もある（手塚他(2007)）。

わが国の内部統制監査制度は，アメリカにおける企業側の負担増に対する批判を意識して，企業側の負担軽減を第一に考慮したものであるように思われる。その上で，内部統制監査の一義的な目的を，有効な内部統制の整備・運用そのものではなく，財務報告の信頼性の維持・向上こそを達成すべき目的として措定し，この目的達成に一義的に寄与すべき財務諸表監査を補完するものとして内部統制監査を位置づけているのである（八田・町田 (2007) p.155)。

こうしたコンセプトの是非については議論が分かれるところであろうが，少なくとも，経営者による内部統制報告書の提出と独立監査人による内部統制報告書の監査は，二重の意味で財務情報に対する利用者の信頼を向上させるのに貢献するものと考えられる。

1つは，財務情報の信頼性の確保という点に関して，経営者の認識が変わるのではないかという期待を抱かせることである。内部統制監査の制度化は，経

営者が財務報告の信頼性を確保するために必要な内部統制の整備および運用に責任を負っていることを，経営者自身に自覚を促すものとなる。そして，経営者が当該内部統制を識別した上でその有効性を評価することは，財務諸表の利用者をして，経営者の財務諸表の作成責任が誠実に果たされる，すなわち信頼できる財務諸表が作成されるとの期待を抱かせることになろう。

　もう1つは，財務諸表監査の精度が向上するという期待である。内部統制監査と財務諸表監査は，同一の監査人によって実施されることになっている。したがって，財務諸表監査における内部統制の有効性の評価がより厳格に行われるようになり，重要な虚偽表示のリスクの評価，あるいはその結果としての発見リスクの設定がより適切に行われるようになるとの期待を抱かせるのである。適切な発見リスクの設定が行われることによってより効果的な監査手続の計画および実施が図られ，監査リスクが適切な水準に抑制されるとの期待が生じるのである。精度の高い監査によって財務諸表の適正表示に対する保証が与えられることになれば，利用者の財務諸表に対する信頼は向上するはずである。

（注）
1)　アメリカにおける内部統制監査は，2007年6月に「公開会社会計監視委員会」（PCAOB）より公表された監査基準第5号「財務諸表監査と一体となって実施される財務報告に係る内部統制の監査」に基づいて実施されている。この基準は，2004年3月に同じくPCAOBから公表された監査基準第2号「財務諸表監査とともに実施される財務報告に係る内部統制の監査」に取って代わるものである。第2号では，ダイレクト・レポーティングだけではなく，経営者自身が内部統制の有効性の評価結果を報告する「内部統制報告書」に対する監査意見の表明も行われていたが，第5号ではこれが廃止されたことになる。
2)　SFAS5では，損失に関する偶発事象が将来の資産の減損または負債の発生の事実につながる発生可能性は次の3段階に区分されている（FASB (1975) par.3)。
　　・「可能性が高い（probable）」－将来，事実が発生する見込みが高い。
　　・「ある程度の可能性あり（reasonably possible）」－将来，事実が発生する可能性がほとんどない水準を超えるが，高いほどではない。
　　・「可能性がほとんどない（remote）」－将来，事実が発生する機会がわずかである。

【参考文献】
蟹江章（2005）「内部統制議論の変遷と課題」『企業会計』Vol.57, No.3。
蟹江章（2006）「内部統制監査期待ギャップ」『JICPAジャーナル』No.616。
手塚仙夫他（2007）「座談会：公開草案『財務報告に係る内部統制の監査に関するする実

務上の取り扱い』をめぐって」『会計・監査ジャーナル』No.627。
八田進二（2005）「『財務報告に係る内部統制の評価及び監査の基準（公開草案）』をめぐって」『企業会計』Vol.57, No. 9。
八田進二（2006）『これだけは知っておきたい内部統制の考え方と実務』日本経済新聞社。
八田進二，町田祥弘『逐条解説　内部統制基準を考える』同文舘出版。
Financial Accounting Standards Board; FASB (1975) *Accounting for Contingencies* (SFAS No.5).
―――; FASB (1980) *Qualitative Characteristics of Accounting Information* (SFAC No.2).
The Committee of Sponsoring Organizations of Treadway Commission; COSO (1992) *Internal Control-Integrated Framework,* AICPA.（鳥羽至英，八田進二，高田敏文共訳（2001）『内部統制の統合的枠組み（理論篇）』白桃書房）
The Public Company Accounting Oversight Board; PCAOB (2004) *An Audit of Internal Control over Financial Reporting Performed in Conjunction with an Audit of Financial Statements*（Auditing Standard No.2）.
―――; PCAOB (2007) *An Audit of Internal Control over Financial Reporting that is integrated with an Audit of Financial Statements*（Auditing Standard No.5）.
The Securities and Exchange Commission; SEC (2003) *Management's Reports on Internal Control Over Financial Reporting and Certification of Disclosure in Exchange Act Periodic Reports*（Final Rule）.

第4章
会計上の見積りの監査と信頼性

1. はじめに

　財務諸表の構成要素の測定には通常，会計上の見積りが含まれるため，正確な数値というよりもむしろ規則および慣習に基づく概算値とされる（FASB, 1978, par.20）。会計上の見積りに関する将来事象の結果は決算時点で未知につき，見積値は必ずしも正確なものではなく，不確実性を有するためである。

　また，見積りに際しては仮定やデータが必要となるが，その選択および解釈には経営者の主観が介入するため，利益操作の手段になり得る。経営者が会計上の見積りに乗じて利益操作を行うならば，測定値に偏向が伴うことで中立性を欠く等の信頼性の問題が生じる。

　本章では財務情報の信頼性に影響を与える会計上の見積りについて，経営者による見積りの構造および監査人による監査手続の構造の観点から考察する。

2. 経営者による会計上の見積りの構造

(1) 見積りの不確実性

　会計上の見積りとは，測定に関する正確な方法が存在しない中で金額を概算する行為であり，決算日等の見積りを要する時点では未知である将来事象の結果について，経営者は自らの判断に基づく仮定を展開することで概算値を求める。ここで問題となる見積りの不確実性（estimation uncertainty）とは，測定に係る正確性の不足に起因する財務諸表項目への影響度合であり（IAASB, 2006,

par. 7(c)），要因としては次のようなものが挙げられる。
- 会計上の見積りが経営者の判断に依存する度合
- 見積りに用いる仮定等を変更した場合の算定値の感応度合
- 見積りの不確実性の減少につながる一般に認知された見積手法の有無
- 精度が高いデータの入手可能性
- 見積りに関する予測期間の長短
- 将来事象を予測する際の過去の実績データの有効性

見積りの不確実性が高い項目としては，長期の訴訟案件等の未確定な事象のように経営者の判断に多く依存する見積り，一般に認知された見積手法がない場合の見積り，仮定等を変更した場合には算定値が大きく異なるような見積りが挙げられる。

(2) 会計上の見積プロセス

会計上の見積りは，本質的に不確実性を有するものであり，会計基準にて具体的な見積手法等が示されていない場合には，経営者の判断に基づく見積りの合理性が問題となる。二重責任の原則からも明らかなように，会計上の見積りを含む財務諸表の作成責任は経営者にある。

したがって，経営者は会計上の見積りを適正に行う必要があるが，その見積プロセスは次のような手順を経ることが一般的である（AICPA, 1988, par. 5）。

① 会計上の見積りを必要とする状況の把握
② 会計上の見積りに影響を与える関連要因の把握
③ 見積りの基礎となる関連性があり，十分かつ信頼できるデータの収集
④ 関連要因に基づき，経営者が最も発生可能性が高いと判断した仮定の展開
⑤ 仮定および関連要因に基づく見積値の決定
⑥ 見積値に対する会計基準の準拠性，開示の十分性の確認

実際の見積作業に当てはめると，ここでの仮定とは見積値を計算するモデルであり，関連要因およびデータとは当該モデルに投入する取引データやモデルパラメーター等が該当する。会計上の見積りを要する項目である貸倒引当金，製品保証引当金，市場性のない債券の公正価値（現在価値による）および固定資

産の使用価値（減損測定時における回収可能価額の1つ）を例として，想定されるモデル（仮定）および関連要因・データを示すと次の通りである。

会計上の見積り	モデル（仮定）および関連要因・データの例	
貸倒引当金	債権残高×貸倒発生率×（1－回収見込率）	
	［関連データ等］　債権残高，貸倒発生率，回収見込率等	
製品保証引当金	対象製品数×要修理率×修理費用／個	
	［関連データ等］　対象製品数，要修理率，修理費用／個等	
市場性のない債券の公正価値（現在価値）	$\dfrac{\Sigma 利息・元本CF}{(1+r+\alpha)^n}$	リスクは割引率に加味するほか，CFに加味する場合もある
	［関連データ等］　CF：利息および元本回収による将来キャッシュ・フロー，r：期間対応した金利，n：CFの発生時期，α：リスクスプレッド	
固定資産の減損測定に係る使用価値	$\dfrac{\Sigma 継続使用・処分CF}{(1+r+\alpha)^n}$	リスクは割引率に加味するほか，CFに加味する場合もある
	［関連データ等］　CF：継続使用および処分による将来キャッシュ・フロー，r：期間対応した金利，n：CFの発生時期，α：リスクスプレッド	

なお，市場性のない債券等の金融商品の公正価値と固定資産の減損測定に係る使用価値は，いずれもモデルとして現在価値法を採用するが，投入データについて金融商品に関する会計基準では市場情報，固定資産等の減損の会計基準では経営者固有の情報に依拠することを想定している。

したがって，モデル自体の合理性や計算の正確性のみならず，会計上の見積りを求める会計基準との準拠性が重要となる。

3. 監査人による会計上の見積りの監査の構造

(1) リスク評価手続と関連する諸活動

仮定やデータの選択等を通じて経営者の主観が介入する会計上の見積りは，監査がない場合の財務諸表に重要な虚偽表示が存在するリスク，すなわち重要な虚偽表示リスク（risk of material misstatement）が高いことが想定される。

したがって，監査人は会計上の見積りについて慎重なリスク評価手続を通じ

た発見リスク（detection risk）の水準の決定，およびそれに応じたリスク対応手続の実施が求められる[1]。ここでは会計上の見積りの監査の構造について，2006年に国際監査・保証業務審査会（International Auditing and Assurance Standards Board；以下「IAASB」）が公表したＩＳＡ540改訂公開草案（IAASB, 2006）を中心に概括する。会計上の見積りの監査に際して，ＩＳＡ540改訂公開草案によると，監査人は最初に内部統制を含む企業および企業環境を理解するためのリスク評価手続を実施する（IAASB, 2006, pars.8－9）。具体的には会計上の見積りに関する会計基準の理解，会計上の見積りを要する取引等に対する経営者の認識方法の理解のほか，関連する統制手続，見積りに用いる仮定，見積りの不確実性の影響に対する経営者の評価等を理解するための手続，前年度に行った会計上の見積りの顛末（再評価を含む）の分析等が必要となる。

なお，経営者による見積プロセスの展開に際しては，一般的に企業内外でのＩＴの利用が不可欠である。見積りに必要なデータの取り込みとデータベース化，データの選別とモデルへの投入，モデルによる計算，算定値の正誤チェック等はＩＴ対応を要するためである。金融機関等に見られるように，会計システムとは別のシステム，例えば，リスク管理システム内の評価モデルを通じて時価の見積りを行う場合，会計システム内の取引データは一旦，リスク管理システムに引き渡され，そこでの算定値が再び会計システムに戻されることになる。このように見積プロセスが企業内の複数の業務システムに跨る場合には，取引データの脱落や二重計算，計算相違等による虚偽表示の誘因となる。

したがって，会計上の見積りに係るリスク評価手続では，ＩＴの利用等を含む内部統制の十分な理解が必要となる。この場合のリスク評価手続としては，ＩＴを利用したプロセスであることを勘案すると，観察や閲覧等のほかに取引当初から財務諸表数値に至るまでの処理過程を跡付けるウォークスルー（walk-through test）が有効となる[2]。

⑵ 重要な虚偽表示リスクの識別およびリスク対応手続

ＩＳＡ540改訂公開草案によると，監査人はリスク評価手続を通じて見積りの不確実性の度合等を評価することで，特別な検討を要するリスクになり得る高度な見積りの不確実性を有する会計上の見積項目を重要な虚偽表示リスクとし

て識別する。監査人は重要な虚偽表示リスクの識別・評価結果に対応して，監査手続の内容，実施時期および範囲等を立案して実施することになる。ISA540改訂公開草案では，会計上の見積りに関連する会計基準の準拠性や見積手法の継続性の検討のほか，次のような監査手続を示している（IAASB, 2006, pars. 11－13）。

① 決算日後の事象等の検討

会計上の見積りについて，監査人は決算日後から監査報告書の日付までに生じた事象等との整合性や矛盾の有無を検討する。例えば，決算日に正味実現可能価額にて評価した棚卸資産について，監査報告書の日付までに販売という事象等が生じた場合，予測事象の確定結果である販売価格は見積値の検証データになる等，決算日後の事象等の検討は会計上の見積りに関するその他の監査手続の縮小または省略につながる。なお，予測事象の確定結果である実績値と決算時点での見積値に矛盾がある場合，監査人は経営者による見積プロセスの不備または経営者の偏向の有無等を検討する必要がある。

② 見積プロセスのテスト

監査人は，実際に使用された見積手法と状況との適合性や仮定の合理性に対する評価も含めて，経営者による会計上の見積プロセスのテストを実施する。監査人による監査手続としては，次のようなものがある。

- 会計上の見積りに用いたデータの正確性，完全性，関連性に関するテスト
- 外部データの目的適合性および信頼性の検証
- 監査人による再計算および会計上の見積りに係る情報の内部的一貫性の査閲
- 経営者による再チェックおよび承認手続の検討
- 会計上の見積りにおける潜在的な経営者の偏向指標の検討

見積手法等の選択は経営者の判断事項であるが，使用する見積手法によっては見積値が大きく異なる場合がある。したがって，経営者が異なる見積手法も比較検討している場合には，監査人は当該検討結果の理解を通じて，経営者が実際に使用した見積手法の選択根拠を評価することができる。次に監査人は，経営者が採用した仮定の合理性の評価に際して，個々の仮定の合理性のほかに仮定相互間の関連性と一貫性，他の仮定または会計上の見積りを含めた全体的

な合理性も検討を要する。会計上の見積りに際して，経営者は多くの仮定を設けるため，個々にみれば合理的でも，他の仮定と関連付けると全体的な合理性に欠ける場合があるためである。なお，監査人は仮定の合理性の評価を通じて，高度な見積りの不確実性を示唆する重要な仮定を識別する場合がある。

③ 内部統制の運用テスト

監査人は実証手続と併せて，会計上の見積りに係る内部統制の運用テストを実施する。これは監査人が内部統制の運用状況の有効性を確認するために行うものであり，質問，観察および査閲等を組み合わせて実施される。監査人は内部統制の運用テストを通じて，統制がだれによって，どのように適用されたか等に関する監査証拠を入手することになる。

なお，内部統制の運用テストは，監査人による重要な虚偽表示リスクの評価が内部統制の有効性を前提としている場合，または実証手続だけでは十分な監査証拠が入手できない場合にも適用される[3]。

④ 監査人自らによる特定値または範囲値の算定

監査人自らによる特定値または範囲値の算定とは，経営者による会計上の見積りと比較検討するため，監査人自らが独自の見積方法や仮定等に基づいて見積りを行うことである。特定値または一定の幅がある範囲値のいずれかによるかは状況や会計基準等に応じて異なり，最初に暫定的な特定値を算定し，これを起点に複数の異なる仮定を適用して範囲値を算定することもある。この監査手続によって，監査人は経営者が採用した見積方法や仮定を理解し，また経営者による会計上の見積りの結果である特定値との重要な差異を評価する。経営者の見積手法等に対する監査人の理解は，財務諸表項目として経営者が算定した特定値の合理性を評価する際に用いる監査人自らによる特定値または範囲値の有効性を高めることになる。また，差異要因である仮定等の分析を通じて，対象となる会計上の見積りには特定の仮定に大きく依存する等の高度な見積りの不確実性の存在が判明することで，特別な検討を必要とするリスクを識別できる場合がある。

⑤ 各監査手続間の関係

前述したように会計上の見積りに係る重要な虚偽表示リスクに対応する監査手続としては，決算日後の事象等の検討，見積プロセスのテスト，内部統制の

運用テストおよび監査人自らによる特定値または範囲値の算定の4つがあるが，これらの手続は実施局面において並列的な関係にあるわけではない。ISA540改訂公開草案では，会計上の見積りの内容や内部統制の状況等に応じた監査手続の選択と適用を示している。

なお，決算日後の事象等の検討は，見積りに係る予測事象等が監査終了時までに発生・確定していなければ適用が困難につき，そのような場合には他の監査手続を適用することになる[4]。

見積プロセスのテストが有効な場合
- 会計上の見積りが企業の会計システムによるデータの定型的な運用から導出される場合
- 過年度における類似の会計上の見積りの再見積や結果から，経営者による本年度の見積プロセスは有効とされた場合
- 個々には重要性が乏しく，性質が類似する多数の項目からの母集団に対して会計上の見積りが行われる場合等

内部統制の運用テストが有効な場合
- 適切な経営者階層によって，会計上の見積りを査閲または承認する統制手続がある場合
- 会計上の見積りが企業の会計システムによるデータの定型的な運用から導出される場合等

監査人自らによる特定値または範囲値の算定が有効な場合
- 会計上の見積りが企業の会計システムによるデータの定型的な運用から導出されない場合
- 過年度における類似の会計上の見積りの再見積や結果から，経営者による本年度の見積プロセスは有効でない場合
- 経営者による見積プロセスに対する統制手続の整備または運用が十分でない場合
- 決算日後に発生した事象等の結果と経営者による会計上の見積りに矛盾がある場合等

4. 特別な検討を必要とするリスクと潜在的な経営者の偏向指標の検討

(1) 特別な検討を必要とするリスクに対応する監査手続

　重要な虚偽表示リスクを有する会計上の見積りのうち，高度な見積りの不確実性を有する項目は特別な検討を必要とするリスクとされ，より深度のある監査手続が求められる。ＩＳＡ540改訂公開草案では，次のような追加的手続を示している（IAASB, 2006, par.14）。

- 経営者による代替的な仮定や見積結果の検討結果と最終的に採用しなかった理由の評価。経営者が代替的な仮定等による検討を未実施の場合，監査人は経営者が見積りの不確実性の影響をどのように把握しているかの質問を行う。
- 経営者が採用した重要な仮定の合理性の評価。なお，経営者の見識等から派生する重要仮定の根拠は，企業の戦略分析やリスク管理プロセスから得られることがある。
- 経営者が採用した重要な仮定と会計上の見積りに関連する会計基準との準拠性からみた経営者の意図および遂行能力の整合性の評価

　会計上の見積りに際して，経営者は当初から単一の仮定等に拠ることなく，他の代替的な仮定等も検討した上で財務諸表に反映する特定値を決定することがある。例えば，経営者が感応度分析を採用している場合，監査人は感応度分析で用いられた代替的な仮定（シナリオ）による検討過程および複数の結果から最終的に１つを特定値として選択し，他は棄却した理由の評価を通じて，経営者による見積値の合理性に関する監査証拠を入手する。

　監査人は，特別な検討を必要とするリスクを有する会計上の見積りの不確実性の影響度合に対する経営者の把握が十分ではないと判断した場合，経営者による見積りの合理性を評価する目的にて，監査人自らによる範囲値の算定の必要性を検討する必要がある。この場合の範囲値は，全ての結果が含まれるほど広いものでは意味がなく，虚偽表示が識別できる程度に狭く設定する必要がある。通常は虚偽表示リスクの評価および監査手続の選定のために設定される重要性の値と同額またはそれ以下の上下幅の範囲値とすることで，経営者による

特定値の合理性の評価が可能になる。

　したがって，そのような範囲値に至るまで，監査人は発生確率が低い極端な状況等を排除し，幅を狭める作業を行うことになる。次に監査人は，特別な検討を必要とするリスクへの対応を含む監査手続を通じて入手した監査証拠に基づいて，経営者による会計上の見積りが関連する会計基準に準拠して合理的なものか，あるいは虚偽表示であるかを評価する。経営者の見積りである特定値が前述した監査人自ら算定した範囲値から外れている場合には，両者の乖離額（範囲値の上限または下限のいずれか近い方との差額）が虚偽表示額となる。

(2) 潜在的な経営者の偏向指標の検討

　ＩＳＡ540改訂公開草案によると，監査人は，会計上の見積りにおける潜在的な経営者の偏向指標の有無を見極める必要がある（IAASB, 2006, par.19）。経営者の偏向とは，情報の作成および表示に際して経営者による中立性の阻害を意味する。この経営者の偏向を惹起させる潜在的な指標の存在自体は，個々の会計上の見積りの合理性の評価に際して虚偽表示となるわけではないが，監査人によるリスクの評価および対応の十分性に対する結論，ひいては財務諸表全体の適正性に対する評価に影響を与え得る。会計上の見積りに関する潜在的な経営者の偏向指標の例としては，次のようなものが挙げられる。

- 経営者の主観的な評価に基づく状況の変化を理由とする会計上の見積り（見積手法を含む）の変更
- 経営上の目的達成に近づく特定値になるような重要な仮定の選択または構築
- 他の会計上の見積りに見られる楽観主義または悲観主義と関連付けると，予測結果に一定の傾向が見られる経営者の特定値の選択

5. 結びに代えて

　将来事象のため本来固有の不確実性に加えて，経営者の主観が介入する会計上の見積りは，中立性等が阻害される可能性があることから信頼性の問題が生じる。会計上の見積りの監査に係るＩＳＡ540改訂公開草案は，見積りの不確

実性を視座として,経営者による代替的な仮定等の検討過程の評価,最終的に財務諸表に反映する見積値を選択した理由の評価等の監査手続を示している。

また,経営者による見積値の合理性を評価するため,監査人自らによる許容範囲値の設定の必要性を示している。見積りの不確実性が高い項目について,監査人に複数の代替的な仮定の検討・評価を求める考え方は,主観的合理性にとどまる会計上の見積りに対する信頼性の担保手段として評価できる。

(注)
1) 友杉(2000)は,見積りを通じて多くの予測要素が入り込むことによる会計判断の弾力化,それに伴う監査判断の高度化を指摘している。
2) 武田(2001)は,内部統制機構の信頼性の程度の検証に際して,コスト・イフィシェントな方式として「システムズ・ウォークスルー・アプローチ」を指摘している。
3) ISA330 (IAASB, 2007, par.8)
4) 会計上の見積りの監査における決算日後の事象等の検討の位置付けについては,奥西(2007)を参照されたい。

【参考文献】

American Institute of Certified Public Accountants(AICPA)(1988)SAS No.57 *Auditing Accounting Estimates,* AU Section 342.

Financial Accounting Standards Board (FASB)(1978) SFAC No.1 *Objectives of Financial Reporting by Business Enterprises.*

International Auditing and Assurance Standards Board(IAASB)(1994)ISA540 *Auditing of Accounting Estimate.*

IAASB (2006) ISA540 *Auditing Accounting Estimates, Including Fair Value Accounting Estimates, and Related Disclosures, Proposed Withdrawal of ISA545, Auditing Fair Value Measurements and Disclosures,* Exposure Draft.

IAASB (2007) ISA330 *The Auditor's Procedures in Response to Assessed Risks,* Redrafted.

奥西康宏(2007)「過年度の会計上の見積りとその結果の比較手続の監査上の意味」『会計学研究』(専修大学)第33号。

武田隆二(2001)「デリバティブと監査の認識基点」(日本会計研究学会・特別委員会(2001)第27章所収)。

友杉芳正(2000)「会計判断と監査判断」『會計』第158巻第3号。

日本会計研究学会・特別委員会(2001)『各国におけるデリバティブの会計・監査および課税制度に関する総合研究(最終報告)』

日本公認会計士協会(2002)監査基準委員会報告第13号「会計上の見積りの監査」(制定1997,最終改正2002)。

第5章
監査に対する信頼の回復と向上

1. 粉飾と監査の失敗

　社会が監査に対して不信感を表すような事態は，日本に監査制度が創設されて以来，繰り返し引き起こされてきた。例えば，1960（昭和40）年代に相次いで発生し，監査人たる公認会計士に多数の処分者を出すに至った粉飾事件は，その代表例として記憶されているはずである。近年においても，多数の粉飾事例が明らかになり，大きな社会問題となった。監査が社会から期待されている役割を果たしていたのかが，厳しく問われる事態となっている。

　投資者をはじめとする利害関係者に対して，経営内容を適切に反映する財務情報を開示すべき株式公開会社において，毎年のように不正な財務報告が繰り返されていることは重大な問題である。そしてまた，こうした不正な財務報告を意図して行われる財務諸表における重要な虚偽の表示が，財務諸表監査によって適時に発見されていないということも問題である。重要な虚偽の表示を含む財務諸表に対して，監査人による無限定適正意見が表明されることになれば，投資者が不測の損害を被る危険が増大し，金融市場にも重大な悪影響が及ぶことになる。

　現代の財務諸表監査の基本的なモデルであるリスク・アプローチによれば，重要な虚偽の表示を含む財務諸表に対して無限定適正意見が表明されるという「監査の失敗」が，一定の確率で発生することが想定されている。監査の失敗の確率は「監査リスク」と呼ばれており，実務上，これをゼロにすることは不可能であるとされている。したがって，単に不正な財務報告である粉飾が見逃

され，重要な虚偽の表示を含む財務諸表に無限定適正意見が表明されたケースがあるということだけで，監査が機能していないと断定するのは適当ではないのである。

誤解があってはならないのは，リスク・アプローチにおける「監査リスク」は，適切な監査の結果に対するものだということである。監査の失敗は，監査人が職業的専門家としての正当な注意を払って監査を実施したにもかかわらず，重要な虚偽の表示を発見することができなかった場合を確率的に想定しているに過ぎないのである。実際に監査の失敗が発生したときには，監査人は，正当な注意を払って監査を実施したことを自ら証明する必要がある。

2. 監査不信の構図

日本における過去の粉飾事例は，リスク・アプローチにいうところの監査の失敗ではない。その大半が，監査人が悪意によって粉飾を容認したかあるいは監査人自らが粉飾に加担したケースである。これは，日本に限ったことではなく，海外においてもしばしば見られるところである。

今日，監査不信が増大している背景には，監査人たる公認会計士が，自ら犯罪行為に関与したことへの厳しい批判があるように思われる。監査人が粉飾を悪意で容認し，あるいはそれに加担することは，監査の失敗とは次元を異にする問題である。監査人たる公認会計士個人の犯罪行為であり，訴追の対象となる。起訴された公認会計士は，場合によっては刑事罰を受けることになろう。この意味において，これは，当該公認会計士個人の問題であるようにも見える。

しかし，監査人の犯罪行為の影響は，個人的な範囲にとどまるものではあり得ない。当該監査人が所属する組織（監査法人），さらには監査プロフェッション全体に波及するのである。例えば，カネボウ事件で粉飾に加担したとされる公認会計士は逮捕・起訴されたが，彼らが所属していた中央青山監査法人（当時）も，公認会計士法に基づいて2か月間の業務停止という行政処分を受けた。これによって，中央青山監査法人の評判が大きく傷ついたのはもちろん，顧客企業も大きな迷惑を被ることになった（中央青山監査法人は，その後「みすず監査法人」へと名称変更し，2007（平成19）年7月末に解散した）。

また，公認会計士業界全体に対しても社会から厳しい批判の目が向けられ，職業団体である日本公認会計士協会（以下「JICPA」という）は，事態の収拾に追われることになった。さらに，これに追い打ちをかけるように，金融庁は，公認会計士・監査審査会からの勧告（図表Ⅲ－5－1参照）を受けて，日本の大手監査法人に対して「業務改善指示」を出した。これによって，社会の監査不信は頂点に達した感がある。

図表Ⅲ－5－1　公認会計士・監査審査会からの勧告

A監査法人に対する検査結果に基づく勧告について

平成18年6月30日
公認会計士・監査審査会

　公認会計士・監査審査会は，A監査法人を検査した結果，下記のとおり，公認会計士法第34条の21第1項に規定する「監査法人の行う第2条第1項の業務の運営が著しく不当と認められる場合において，同項の業務の適正な運営を確保するために必要であると認めるとき」に該当すると認められたので，本日，金融庁長官に対して，同法第41条の2の規定に基づき，当該監査法人に対して同法第34条の21第1項の規定による指示をするよう勧告した。

記

(1)　A監査法人を検査した結果，監査の品質管理のための組織的な業務運営が不十分であると認められる。
　　具体的には，法令等遵守態勢，独立性確保のために手続の運用が不十分であり，研修等の管理態勢に不十分な点が認められる。
　　また，監査契約の新規締結・更新に当たってのリスク評価や手続，監査チームによる監査業務の遂行，監査調書の作成・保存に不十分な点が認められる。監査業務の審査については，体制，手続に不十分な点が認められるほか，重要な論点についての審査が不十分なものがあり，法人としての個々の監査業務における問題を認識し，それに対する判断や処理の適切性を確認する等の審査態勢に不十分な点があると認められる。品質管理システムの監視に不十分な点が認められ，共同監査は不十分であると認められる。
　　さらに，地方事務所の管理態勢は不十分であると認められる。
(2)　監査の品質管理のための組織的な業務運営が不十分な結果，監査基準等に準拠していない手続がみられる監査業務，また，監査調書の作成が不十分なため，監査手続の検討過程が明らかではない監査業務が認められる。

3. 監査に対する信頼の定義

　ここまで見てきたように，監査に対する不信感が醸成される条件が揃い過ぎている。何らかの明確かつ具体的な対策を講じなければ，監査に対する信頼が回復することはあり得ない。実際，様々な視点から信頼の回復に向けた対策が打ち出されている。以下では，こうした対策の意義や有効性について検討するが，その前に，ここで用いる「信頼」という概念を定義しておく必要がある。

　信頼という語については，これまでにも様々な定義が試みられているようであるが，必ずしも明確な合意が形成されているわけではなさそうである。そうした中で，ここでは，荒井（2006）の定義を用いることにする。それによれば，日常的な意味に近い信頼の定義として，「個人Aが個人Bを信頼することは，Bの表明したことや（表明しない場合は）社会的に倫理的と考えられることをBが行うと，Aが期待することである」というものがあげられている（p.26）。さらに，これに基づいて，次のようなより操作的な定義が導かれる（p.28）。すなわち，「AのBに対する信頼とは，Bの表明したことや（表明しない場合は）社会的に倫理的であると考えられることをBが行うとAが信じる確率である」というものである。なお，この場合の確率は，主観的確率でよいとされている（p.29）。

　こうした個人を前提とした信頼の定義が，不特定多数の投資家を主体とする集団としての「監査利用者」と「監査」という行為との関係に妥当するかどうかには検討の余地があるかもしれない。しかし，ここでは，多少厳密さを欠くことになろうが，監査利用者という集団の構成員が同質の価値観をもつものと仮定して，これを個人と同様に扱うことによって，また，監査という行為を上記Bの行為と捉えることによって，この定義を援用することとする。そして，「監査に対する信頼」を次のように定義する。すなわち，「監査利用者の監査に対する信頼とは，監査に期待されている役割が監査人によって適切に果たされると監査利用者が信じる確率である。」

4. 監査に対する信頼の回復・向上策

度重なる粉飾事件の発生を受けて，監査不信を解消し，さらには監査に対する信頼の回復と一層の向上を図るために，各方面で様々な対策が打ち出された。信頼回復・向上を直接狙ったものではないが，監査不信への対応として取られた措置も見られる。以下では，こうした対策の意義やその有効性について検討する。

(1) 日本公認会計士協会の対応（自主規制）

職業的監査人の団体であるJICPAは，相次ぐ企業不祥事を受けて，2度にわたって「公認会計士監査の信頼性の回復に向けて」と題する会長声明を発表した。このうち，2005（平成17）年10月の声明では，具体的な対応策として次の7点があげられている。

① 4大監査法人等に対するローテーションの見直しの要請
② インターバル期間における前任の業務執行社員の影響力の排除
③ 4大監査法人に対する品質管理レビューの緊急実施と公認会計士・監査審査会のモニタリングに対する全面的な協力
④ 公認会計士の倫理（特に独立性）及び監査の品質管理に関する研修の義務化
⑤ 新たに設定される監査に関する品質管理基準への対応
⑥ 不当に低廉な監査報酬に対する対応
⑦ 監査ホットラインの創設

上場会社を100社以上監査している監査法人の筆頭業務執行社員については，5年間の継続関与期間経過後5年以上のインターバルを置くというルールを設け自主規制が実施されることになった。また，不当に低廉な監査報酬は監査の品質低下につながる恐れがあるため，実態調査が実施されている。「監査ホットライン」は，同年11月10日に設置された。その他の事項についても，規則の見直しや新たな指針の作成などによって対応が図られている（増田（2006）p.29）。

2006（平成18）年4月には，JICPAの自主規制機能の一層の強化を図るため

の対応策が発表された。この背景には，公認会計士監査の規制のあり方や監査法人自体の強制的なローテーションの導入などに係る議論がなされるようになってきたことがある。このため，JICPAとしては，「会計プロフェッションとして，自主規制機能の強化により社会の負託に応えることが採るべき道である」として，新たに具体的な対応策を追加発表せざるを得なくなったものと考えられる。提示された対応策は次の3点である。

① 協会の品質管理委員会に上場会社監査事務所部会を創設し，上場会社を監査する監査事務所に対して部会に登録を求めること
② 協会に置かれている倫理委員会に独立性検討作業部会を新設し，国際的にも遜色のない総合的な規則等の整備を行うこと
③ 投資事業組合等に関し深度ある監査の実施を求めること

①は「上場会社監査事務所登録制度」と呼ばれ，JICPAが実施している品質管理レビュー制度に組み込む形で実施される。監査事務所の品質管理に関する情報等を部会の名簿上に開示することによって，品質管理に関する改善意欲を高め，監査の質の維持・向上を求める社会の負託に応えるものである（友永(2007) p.16）。

上場会社監査事務所部会に登録が認められた監査事務所（登録監査事務所）は，品質管理レビューを少なくとも3年に1回受ける。レビューの結果，品質管理の状況に相当な疑念が生じた場合には，注意，CPEの履修指示，品質管理レビューによる限定事項等の概要の開示，上場会社監査事務所部会の登録取り消しとその旨・理由の開示といった措置がとられる。

この制度の趣旨は，上場会社の監査を担当する事務所における監査の品質向上を促すことによって，監査に対する信頼を維持・向上させることにこそあり，品質管理に問題のある事務所への制裁に主眼を置いたものではない。上場会社監査事務所部会の登録取り消しのような，監査に対する信頼を失墜させる措置が行われないよう，各事務所における品質管理の充実こそが求められている。

(2) 公認会計士法の改正（法的規制）

公認会計士による監査の信頼回復に向けたJICPAによる自主規制に加えて，2007（平成19）年6月の公認会計士法の改正という形で，法的規制面からも対応

がなされることとなった。

この度の改正においては，近年，公認会計士監査をめぐる不適正な事例が相次いで発生している状況を踏まえて，組織的監査の重要性が再認識されている。こうした観点から，改正公認会計士法では，①監査法人等における品質管理・ガバナンス・ディスクロージャーの強化，②監査人の独立性と地位の強化，ならびに③監査法人等に対する監督・責任のあり方の見直しが柱に据えられている（大来（2007）p.18）。

① 監査法人の業務管理体制

監査法人に対して業務管理体制の整備が求められることとなった。業務の執行の適正を確保するための措置，業務の品質の管理の方針の策定およびその実施，ならびに公認会計士ではない社員が公認会計士である社員の業務執行に不当な影響を及ぼすことを排除するための措置が要求されている。これらは，監査法人に内部統制の整備・運用を要求するものであり，特に業務の執行の適正を確保するための措置は，会社法上，監査役に通知されるべきものに相当する（会社計算規則第159条第3号）。

公認会計士ではない社員の不当な影響を排除するための措置は，監査業務の実効性を確保するために，公認会計士でない者にも監査法人の社員資格が認められたこととも関連する。監査業務の実効性の確保には，監査法人における有効な業務の監視体制の確立ということが含まれると考えるべきであろう。監査法人に対して会計年度ごとに業務および財産の状況に関する説明書類の作成・公表が義務づけられたことも，同じ趣旨によるものであると考えられる。

今般の改正によって，監査法人の民事上の責任形態として有限責任形態の監査法人制度が新たに導入された。こうした監査法人は登録制とされており，ディスクロージャーについて，売上高の内容等のほか，貸借対照表，損益計算書等の計算書類に利害関係のない公認会計士または監査法人の監査証明を添付することが要求されている。

② 監査人の独立性と地位の強化

上場有価証券発行者等の財務書類の監査証明業務担当筆頭業務執行社員につ

いて継続監査期間5年，監査禁止期間5年とするというルールが法定化された。いわゆるローテーション・ルールをめぐっては，業務執行社員の交代だけではなく，監査法人自体の交代が必要であるとの議論があるが，今般の改正では盛り込まれてはいない（蟹江 (2007) 参照）。

　不正・違法行為の発見時における監査人から当局（金融庁）への申出制度が創設された。公認会計士または監査法人が上場会社等の監査証明を行うに当たって，法令に違反する事実その他財務諸表の適正性の確保に影響を及ぼすおそれがある事実（法令違反等事実）を発見したときには，まずは当該事実の内容と適切な是正措置をとるべき旨を被監査会社に通知する。一定期間経過後に，なお当該事実が財務諸表の適正性の確保に重大な影響を及ぼすおそれがあり，かつ，被監査会社が適切な措置をとらない場合であって，重大な影響を防止するために必要があると認めるときは，公認会計士等は当該事実に関する意見を当局に申し出なければならない（金融商品取引法第193条の3第2項）。

　この制度は，当局への通知を背景に被監査会社による法令違反等事実の是正を促すことを目的とするものであり，当該事実を当局に対して告発することを旨とするものではない。監査人の被監査会社に対する地位の強化が期待できる反面，投資者をはじめとする監査の利用者に，法令違反等事実の発見に関して監査人に過大な役割期待を抱かせることにもなりかねない。後に，通知されなかった法令違反等事実の存在が明らかになったときには，監査人に対する批判や責任追及が強まり，かえって監査に対する信頼が損なわれることも懸念される。制度の趣旨が正しく理解されるよう，十分な啓発が必要であろう。

③　監査法人等に対する監督・責任のあり方

　監査法人に対して刑事罰を科すことを検討すべきであるとの議論があったが，今般の法改正においては導入されなかった。刑事罰の適用は，監査法人に対する信頼の回復にとって大きなマイナスとなるように思われる。むしろ，改善努力に対する期待を含んで，行政処分によって対応する方が合理的である。特に，罰金や科料という財産刑については，課徴金の導入によってほぼ同様の効果を得ることができるものと考えられる。

　行政処分についても，業務停止は処分を受ける監査法人だけでなく，当該法

人が監査を担当する会社に対しても重大な影響を及ぼすものである。場合によっては，監査証明を受けられず，有価証券報告書を提出できない会社が出る恐れさえある。したがって，監査法人の非違行為に対しては，よりきめ細かい行政処分ができるようにすることが望ましい。従来の処分は，戒告，業務停止命令，解散命令に限定されており，内容の厳しさに大きな隔たりがあった。この度の改正で業務管理体制の改善命令，違反行為に重大な責任を有する社員の業務禁止命令，ならびに課徴金制度が新たに導入されたことは，こうした隔たりを埋めるという観点からも望ましい。

　公認会計士法に基づく行政処分が行われた場合にも，監査に対する信頼が失われることに変わりはない。ただ，犯罪の認定を受けたことを明らかにする刑事罰と，監査業務の実施や管理上の重大な不備に基づいて実施される行政処分とでは，監査利用者の受け取り方には幾分差があるように思われる。犯罪者の烙印を押された監査法人に，敢えて監査を依頼する会社があるとは考えにくい。一方，重大であるとはいえ不備を指摘されたに過ぎない監査法人に対しては，当該不備の改善を条件として，監査が依頼されるということが十分に考えられるのである。

5. 情報開示と信頼の回復・向上

　平成3年に行われた監査基準・準則の改訂によって，具体的な監査手続の内容が示されなくなり，監査の具体的な手続は職業団体であるJICPAに基準の設定を委ねることとされた。

　JICPAが設定する基準は，ほとんどがアメリカの監査基準書（ＳＡＳ）や国際会計士連盟（IFAC）の国際監査基準（ＩＳＡ）の翻訳である。その内容は必ずしも明解ではなく，実務に従事する監査人でも十分に理解できないといわれるほどである。少なくとも，監査の実務に従事していない者にとっては，どんな目的でどのような手続が実施されるのかを理解するのは困難である。こうした基準に基づいて監査手続が実施されているとすれば，監査を受ける側に監査手続に対する不信感が醸成されても不思議ではない。

　実際に実施された監査のプロセスについては，監査人の守秘義務もあって具

体的に明らかにされ得ない部分もある。しかし，少なくとも，監査人がどんな目的でどのような手続を実施しているのかが，監査を受ける者ならびに監査利用者に理解できる形で説明されている必要があろう。

説明あるいは情報開示という観点でいえば，すでに指摘したが，JICPAが打ち出した信頼の回復策が，実際にどのように展開され，どんな成果を上げたのかに関する詳細かつ具体的な説明と情報開示が求められる。また，JICPAに対しては，とかく身内に甘いとの批判がある。こうした批判に応えるためにも，会員が粉飾を故意に容認したり，あるいは積極的に加担したりするといった犯罪を行ったことが判明した場合には，速やかに事態に対処するとともに，明解な説明と情報開示が求められるところである。行政や司法が対応していることを理由として迅速な対応を行わず，詳細かつ具体的な情報の開示を拒んでいることが，監査プロフェッションならびに監査に対する不信感を増大させているということを認識するべきであろう。

情報開示の適正性を担保することを使命とする公認会計士業界は，他の模範となるべく，積極的な情報開示を行うべきである。監査利用者の監査に対する信頼が，監査が期待通りの役割を果たしてくれると信じる確率であるとすれば，そう信じてもらえるような説明と判断材料としての情報の提供が不可欠である。厳格な自己規制することは，プロフェッションとして当然である。監査の信頼度が監査利用者の主観的確率によって測られるものである以上，自己規制の意義と効果を監査の利用者にわかりやすく説明する必要がある。利用者の主観に直接作用するコミュニケーションが図られなければ，監査に対する永続的な信頼を築くことはできないのである。

【参考文献】
荒井一博（2006）『信頼と自由』勁草書房。
大来志郎（2007）「公認会計士法等の一部を改正する法律の概要」『商事法務』No.1806。
蟹江　章（2007）「監査に対する信頼の回復」『経済学研究』（北海道大学）第56巻第3号。
友永道子（2007）「上場会社監査事務所登録制度の創設」『会計・監査ジャーナル』No.619。
増田宏一（2006）「日本公認会計士協会の具体的な施策と活動」『JICPAジャーナル』No. 615。

第IV部

拡大する財務情報における信頼性

第1章

連結財務情報の信頼性
― 連結の範囲と特別目的事業体

1. はじめに

　現在，アメリカを除く多くの国々における連結会計基準が，連結の範囲の決定基準として支配力基準を採用している。支配力基準は，親会社が支配するすべての企業を子会社と定義して，連結財務諸表の中に含めるように規定する。その際，支配は，過半数議決権の所有による支配，または意思決定機関の支配を条件として説明される。しかし，支配力基準を適用する場合，具体的にどのように支配力を判定するかの基準が明確でない。

　昨今では，ストラクチャード・ファイナンスを活用して特定の目的を達成するためだけに，特別目的会社（Special Purpose Company, ＳＰＣ），特別目的事業体（Special Purpose Entity, ＳＰＥ）あるいは変動持分事業体（Variable Interest Entity, ＶＩＥ）が設立されている。ＳＰＣ，ＳＰＥあるいはＶＩＥを利用した取引は，拡大化，複雑化および多様化しており，ある企業集団の状況に多大な影響を及ぼすことがある。そのため，これらの実体を連結の範囲に含めて連結財務諸表を表示することが，利害関係者の判断を誤らせないために必要であると指摘されている。

　ところが，ＳＰＣ，ＳＰＥあるいはＶＩＥの普通株式の名目上の所有者は，慈善団体，スポンサーとの共同運営が期待される団体，あるいは特別の実体を顧客のために設立かつ維持するサービスを提供する金融機関である。これらの実体では，普通株式を所有している団体は，相対的に一定額の手数料あるいはその他報酬を受け取る権利を持っていて，支配力を持った親会社というよりも

むしろ，受け身的な投資者としての機能を果たしているにすぎない（FASB (1991) par.187）。ＳＰＣ，ＳＰＥあるいはＶＩＥを支配する親会社を判定することは，極めて困難な問題である。そのため，日本をはじめとして，国際会計基準審議会（International Accounting Standards Board, IASB），アメリカの財務会計基準審議会（Financial Accounting Standards Board:FASB）等では，ＳＰＣ，ＳＰＥあるいはＶＩＥの連結に関する会計基準あるいは指針等が検討および設定されてきた。

本章では，連結の範囲の決定基準である支配力基準を実務に適用する上での問題点を指摘することによって，連結財務情報の信頼性を確保するためには，支配力の判定に定性的基準に加えて定量的基準が必要であることを明らかにする。

2. 報告企業と支配概念

IASBは，アメリカのFASBと共同で，概念フレームワークの改訂に取り組んでいる。その検討の過程では，情報利用者と情報利用者のニーズとの関わりから報告企業（報告主体）とは何なのかといった問題が取り上げられてきた。

報告企業の問題は，会計単位の問題であり，主要財務諸表として連結財務諸表と個別財務諸表のいずれを用いるか，連結財務諸表を主要財務諸表とした場合，そこに含まれる企業集団の範囲はどのように定められるのかといった問題と関連する。議論の結果，報告企業は広い概念とすべきで，財務報告の目的上，企業は法的企業に限定されるべきでなく，例えば個人事業主や，ある状況下では法的企業の支店やセグメントも含むべきであることとなった（FASB (2008)）。

企業集団の構成要素の決定では，支配企業モデル，共通支配モデルおよびリスクと経済価値モデルの３つのモデルが検討された（FASB (2008)）。３つのモデルの中で，一般目的外部財務報告に最も適しているのは，支配企業モデルと考えられた。支配概念は，次のように説明される（IASB (2006 b)）。

① 支配の定義には，パワー要素とベネフィット要素および両者の関連を含める。
② パワー要素は，他の企業に対する支配企業の財務および経営方針を指示

する能力である。また，支配は排他的なものであり共有されないものであり，支配には事実上の支配または実質的支配が含まれる。
③ ベネフィット要素は，例えば投資に対する利回りのような特定の便益を指すのではなく，経済的便益全般を意味する。
④ すべての場合に適用可能なような，ある企業が他の企業を支配していることを証明する単一の事実または状況はない。例えば議決権の過半数の所有のようなひとつの特定の事実または状況が，支配が存在する必要条件として取り扱われるべきではない。

3. SPC・SPE・VIEの連結規定

(1) IASB

IASBは，2006年に解釈指針書（Interpretation, SIC）第12号『連結：特別目的事業体』を改訂した。SIC第12号は，企業とSPEの間の関係の実質が，SPEがその企業に支配されていることを示している場合に，当該SPEを連結しなければならないと規定した（IASB (2006 c) par. 8）。SPEの支配については，IAS第27号に規定されている支配概念に加えて，次のような条件が示されている（IASB (2006 c) par. 10）。

① 実質的にSPEの事業活動が企業の特定の事業上の必要に従ってその企業のために行われ，それにより企業はSPEの事業運営から便益を得ている。
② 実質的に企業はSPEの事業活動の便益の大半を獲得するための意思決定の権限を保有し，または「自動操縦」の仕組みを設定することによって企業はこの意思決定の権限を委託している。
③ 実質的に企業はSPEの便益の大半を獲得する権利を持つゆえにSPEの事業活動に伴うリスクにさらされている。
④ 実質的に企業はSPEの事業活動からの便益を得るために，SPEまたはその資産に関連した残余価値または所有者リスクの大半を負っている。

IASBにおけるSPEの連結規定は，通常の連結規定のパワー要素に加えて，ベネフィット要素が加えられているが，定量的な基準は規定されていない。

(2) 日　　本

　企業会計審議会は，1998年に，『連結財務諸表制度における子会社及び関連会社の範囲の見直しに係る具体的な取扱い』を公表した。そこでは，ＳＰＣが一定の要件を満たした場合には，ＳＰＣはその出資者および資産を譲渡した会社から独立しているものと認め，出資者等の連結財務諸表に含めて表示しない。ここで一定の要件とは，次の２つである。
　① 適正な価額で譲り受けた資産から生ずる収益を当該ＳＰＣが発行する証券の所有者に享受させることを目的として設立されている。
　② 当該ＳＰＣの事業がその目的に従って適切に遂行されている。

　ただし，ＳＰＣに資産を譲渡した会社が，当該ＳＰＣの発行した劣後債権を所有している場合等，原債務者の債務不履行または資産価値の低下が生じたときに損失の全部または一部の負担を行うこととなるときは，当該資産を譲渡した会社の財務諸表上，その負担を適正に見積もり，必要な額を費用計上する（企業会計審議会（1998）三）。

　その後投資事業組合に係る不適切な会計処理が多発したことに伴って，2006年に企業会計基準委員会は，実務対応報告第20号『投資事業組合に対する支配力基準及び影響力基準の適用に関する実務上の取扱い』を公表した。そこでは，投資事業組合に対しても，支配力基準および影響力基準を適用して，子会社及び関連会社として連結財務諸表に含めることが要求された。実務対応報告第20号は，投資事業組合が，株式会社のように出資者が業務執行者を選任するのではなく，出資者自らが業務執行の決定を行う点を強調している。そこで，投資事業組合の支配の条件には，次のようなものが挙げられている（企業会計基準委員会（2006）２－４項）。
　① 業務執行権（財務および営業または事業の方針を決定する権利）全体のうち，その過半の割合を自己の計算において有している場合
　② 業務執行権の全体に占める割合が，100分の40以上，100分の50以下であっても，次のいずれかの条件に該当する場合
　　ａ　自己の計算において有している業務執行権と，緊密なものおよび同意しているものが有している業務執行権とをあわせて，業務執行権の過半の割合を占めていること

b　重要な財務および営業または事業の方針決定を支配する契約が存在すること
　　c　貸借対照表上の負債に計上された資金調達額の総額の概ね過半について融資（債務保証および担保提供を含む）を行っていること
　　d　貸借対照表上の負債に計上されているものに限らず，資金調達額の総額の概ね過半について融資または出資を行っていること
　　e　投資事業から生ずる利益または損失の概ね過半について享受または負担することになっていること
　　f　その他業務執行の決定，すなわち財務および営業または事業の方針決定を左右すると推測される事実が存在すること
　③　自己の計算において有している業務執行権を有していなくとも，緊密なものおよび同意しているものが有している業務執行権が，業務執行権の過半の割合を占めている場合で，かつ②のb～fのいずれかの要件に該当する場合

2007年に，企業会計基準委員会が企業会計基準適用指針第15号『一定の特別目的会社の開示に関する適用指針』を公表した。ここでは，1998年に公表された『子会社等の範囲の見直しに係る具体的な取扱い』において子会社に該当しないと判定されたＳＰＣに関して，次の2点について連結財務諸表に注記することが規定されている（企業会計基準委員会（2007）3）。
　①　開示対象ＳＰＣの概要および開示対象ＳＰＣを利用した取引の概要
　②　開示対象ＳＰＣとの取引金額等

日本では，投資事業組合に関して支配力基準に基づいた連結が規定されているが，その他の規定はＳＰＣを連結の範囲から除外する場合について規定している。また，投資事業組合の連結に関しても，パワー要素に加えて，ベネフィット要素が規定されているが，定量的な基準は規定されていない。

(3)　アメリカ

アメリカのFASBは，1982年に，連結会計に関する諸問題を総合的に見直すためのプロジェクトを開始した。しかし，支配の定義を明確に定めることの困難さから，2001年に，FASBは連結会計に関するプロジェクトを一時中断して，

SPEの連結会計基準の設定に専念することにした。

SPEの連結問題に関しては，1984年以降，FASBの緊急問題タスク・フォース（Emerging Issues Task Force, EITF）が検討を行ってきた。EITFは，1990年に，リース取引に関連して，賃借人が実質的な残余リスクを負担し，かつそれに従って報酬を受けるならば，賃借人は賃貸人を連結することを要求した。ここで，実質的な残余持分投資とは，総資産に対する投資割合である。SECスタッフは，作業部会メンバーとの議論から，持分投資がSPEの総資産に譲渡された資産の3％に満たなければ，実質的な残余持分投資を行っているとはみなされないという見解を示している（FASB(1990)）。この見解で示された条件は，基本的にリース以外の取引について規定したものではない。

2003年1月に，FASBは，解釈書（Interpretation, FIN）第46号『VIEの連結』を公表した。これは，同年12月に改訂されている。そこでは，それまでのSPEという用語に代えて，新たにVIEという概念が用いられるようになった。VIEは，次に示した特徴の1つ以上を満たしている実体である（FASB(2003) par.5）。

① リスクを抱えた持分投資が不十分であるため，持分所有者を含めた他の誰かから追加的な劣後財務援助なくして，事業活動に必要な十分な資金調達ができない。
② 持分投資を行ったものが，支配財務持分に関する次のような本質的な特徴の1つでも欠いている。
 a 議決権または同様の権利を通して，実体の活動に関する直接または間接的意思決定能力
 b 実体の期待損失を負担する義務
 c 実体の期待残余利益を受け取る権利
③ 持分投資を行ったものが，上記②aの特徴を欠いていると考えられるのは，投資者の議決権が，実体の期待損失の吸収，期待残余利益の享受，あるいはその両方に関する権利と義務に比例的でなく，かつ実質的に実体のすべての活動が議決権をほとんど有していない投資者に関連しているか，あるいは指示されている場合である。

①のリスクを抱えた持分投資が不十分であると推定されるのは，持分投資が

実体の総資産の10％未満であるときである。持分投資が事業活動を行うのに十分か否かの判断では定性的判定が行われ，それで明らかでない場合に定量的判定が行われる（FASB（2003）par.9）。

　変動持分とは，ある実体の変動持分以外の純資産の公正価値の変化によって増減するその実体との契約，所有，あるいはその他の経済的持分である。変動持分は，ＶＩＥの期待損失の一部を負担し，あるいは期待残余利益の一部を享受する投資または持分である（FASB（2003）par.6）。期待損失および期待残余利益は，財務会計概念ステイトメント（Statement of Financial Accounting Concepts, SFAC）第7号『キャッシュ・フロー情報と現在価値の会計上の測定における利用』における見積りキャッシュ・フローと期待キャッシュ・フローから算出される金額である（FASB（2000））。期待損失あるいは期待残余利益は，見積りキャッシュ・フローと期待キャッシュ・フローとの差額に発生確率を乗じた金額を，それぞれ現在価値に割り引いた公正価値の合計額で，将来キャッシュ・フローの期待値とはずれ値の負および正の差額を意味する。期待変動は，こうして計算された期待値の変動幅であって，期待損失と期待残余利益の絶対値の合計額である（向伊知郎（2006）pp.183-186）。

　ＦＩＮ第46号は，実体の期待損失の過半数を負担して，期待残余利益の過半数を享受し，あるいは負担と享受の両方を行うような変動持分を持っている企業を主たる受益者（primary beneficiary）と規定した（FASB（2003）par.14）。FASBは，このような定量的基準を示して，企業がＶＩＥに対する支配財務持分を持っているならば，ＶＩＥの資産，負債，および経営成績は，主たる受益者の連結財務諸表に含まれるべきであると規定した。

4. ＳＰＣ・ＶＩＥの連結実態〜日本企業の場合

　アメリカの会計基準を適用して連結財務諸表を作成している企業（アメリカ基準適用企業）と，日本の会計基準を適用して連結財務諸表を作成している企業（日本基準適用企業）とに分けて，開示実態の調査を次の3点について行った。調査対象は，2003年3月決算から2007年3月決算の上場企業である。

　①　ＶＩＥあるいはＳＰＣを連結の範囲に含めていることを連結財務諸表の

注記で説明しているか。
② VIEあるいはSPCを連結の範囲に何社含めているか。
③ VIEあるいはSPCの連結財務諸表への影響額はどれくらいか。

①に関する調査結果では，アメリカ基準適用企業の多くは，2003年3月決算企業から，連結財務諸表の注記において，FIN第46号に従ってVIEを連結の範囲に含めた場合の財務情報の変化について説明しており，2004年3月決算企業から，実際に連結の範囲に含めていることを説明している（図表Ⅳ－1－1参照）。それに対して，日本基準適用企業のほとんどは，2006年度決算まで，SPCを連結の範囲に含めていることを説明していない。また，2006年度決算企業においても，SPCの連結について説明している企業が上場企業の中で占める割合は，ごく一部にとどまっている。これは，アメリカでは2003年1月にFIN第46号が最初に公表されており，日本では2006年に実務対応報告第20号が公表されたことと密接に関係する。

②に関する調査結果では，アメリカ基準適用企業は，VIEを何社連結の範囲に含めたかについて開示していない。日本基準適用企業は，2006年度決算企業から，SPCの連結企業数を開示するようになっている。2006年4月以降2007年3月までに決算を向かえた日本基準適用企業におけるSPC連結企業数は，図表Ⅳ－1－2の通りである。金融機関を中心に数多くのSPCが設立されており，かつそれらを用いた不適切な会計処理が企業集団の状況に多大な影響を及ぼすと言われている中，SPCの連結企業数はきわめて数少ない。

③に関する調査結果では，①あるいは②について開示している企業の一部がVIEあるいはSPCの連結財務諸表への影響額を開示しているにすぎない。影響額については，アメリカ基準適用企業の多くが，VIEの総資産額とエクスポージャーの金額を開示していた。日本基準適用企業の多くは，SPCの総資産額，売上高，営業利益，経常利益，税金等調整前利益等の金額を開示していた。図表Ⅳ－1－3および図表Ⅳ－1－4は，それぞれアメリカ基準適用企業と日本基準適用企業におけるVIEあるいはSPCの財務数値が連結財務数値に占める割合を示している。これらの図表から，日本基準適用企業におけるSPCの連結財務数値に及ぼす影響が，アメリカ基準適用企業のVIE以上に大きいことがわかる。

第1章 連結財務情報の信頼性

図表Ⅳ－1－1 アメリカ基準適用企業におけるVIE情報の開示企業数

決算月／年	2003年	2004年	2005年	2006年	2007年
3　月	21	24	26	23	25
12　月	1	1	1	1	－
合　計	22	25	27	24	25
ＳＥＣ基準適用企業	30	35	37	36	35
比　率	73.3%	71.4%	73.0%	66.7%	71.4%

図表Ⅳ－1－2 日本基準適用企業におけるＳＰＣの連結企業数

ＳＰＣの連結企業数	1	2	3	4	5	6	13	17	41	60	67
企業数	5	3	3	2	2	2	1	1	1	1	1
ＳＰＣの連結企業数	関連会社にだけ含めた企業		小　計		取引関係についての説明だけの企業			合　計			
企業数	2		24		42			66			

注）調査対象は，2006年4月1日以降2007年3月31日までの決算上場企業

図表Ⅳ－1－3 連結されたVIEの総資産額が連結財務数値に及ぼす影響

決算年	開示企業数	VIE総資産／総資産（以上，未満）（％）					
		0－1	1－2	2－3	3－4	4－5	5－6
2003	6	2	3	0	1	0	0
2004	8	4	2	0	1	1	0
2005	9	6	2	0	0	1	0
2006	9	5	1	0	2	0	0
2007	10	5	0	0	1	3	1

図表Ⅳ－1－4 連結されたＳＰＣの総資産額が連結財務数値に及ぼす影響

決算年	開示企業数	VIE総資産／総資産（以上，未満）（％）				
		0－5	5－10	10－20	20－30	30－40
2004	1	0	1	0	0	0
2005	0	0	0	0	0	0
2006	4	1	0	1	2	0
2007	2	0	0	0	0	2

5. 結びに代えて

　現在の連結の範囲の決定基準は，アメリカを除いて支配力基準による。支配力基準による連結の範囲の決定は，支配力をどのように判定するかが問題である。IASBとFASBが共同で検討している報告企業の問題では，支配概念をパワー要素とベネフィット要素から定義している。そこでは，すべての場合に適用可能なある企業が他の企業を支配していることを証明する単一の事実または状況はないと考え，定量的基準は示されていない。しかし，昨今，SPC，SPEおよびＶＩＥといった特定の目的を達成するためだけの事業体が設立され，それらが会計不正に利用されるといった事件が多発した。どのような場合にSPC，ＳＰＥおよびＶＩＥを連結の範囲に含めるのかは，連結財務情報の信頼性を考える上でも重要である。

　ＳＰＣあるいはＶＩＥの連結実態の調査から，アメリカのＦＩＮ第46号を適用した場合と，日本の実務対応報告第20号を適用した場合とにおいて，ＳＰＣあるいはＶＩＥの連結実態に相違が生じている。日本基準適用企業は依然として多くのＳＰＣを連結の範囲から除外している可能性が指摘できる。この相違の原因の１つは，日本が定性的な基準しか規定しておらず，アメリカが定性的基準に加えて定量的基準を規定していることに起因する。

　FASBが示した定量的な判定基準では，期待損失および期待残余利益概念が用いられる。その計算過程では，将来キャッシュ・フローの予測および発生確率の予測が必要であり，これは実務に適用する場合に極めて困難な問題である。しかし，連結財務情報が信頼性を確保するためには，ＳＰＣあるいはＶＩＥに関する支配力の判定を明確に行い，連結の範囲を厳格に定める必要がある。

【参考文献】
企業会計基準委員会（2006）実務対応報告第20号「投資事業組合に対する支配力基準及び影響力基準の適用に関する実務上の取扱い」企業会計基準委員会。
企業会計基準委員会（2007）「一定の特別目的会社の開示に関する適用指針」企業会計基準委員会。
企業会計審議会（1997）「連結財務諸表原則」企業会計審議会。

企業会計審議会 (1998)「連結財務諸表制度における子会社及び関連会社の範囲の見直しに係る具体的な取扱い」企業会計審議会。

日本公認会計士協会 (1993)「連結の範囲および持分法の適用範囲に関する重要性の判断の適用に係る監査上の取扱い」日本公認会計士協会。

向伊知郎 (2006)「連結財務情報の信頼性(1)〜連結の範囲を中心として〜」『財務情報の信頼性に関する研究』日本会計研究学会・特別委員会最終報告, pp.167−191。

「連結財務諸表の用語, 様式及び作成方法に関する規則」(1976)。

Financial Accounting Standards Board;FASB (1990) EITF Issues No.90−15, *Impact of Nonsubstantive Lessors, Residual Value Guarantees, and Other Provisions in Leasing Transactions*, FASB.

FASB (1991) Discussion Memorandum(DM) *An Analysis of Issued Related to Consolidation Policy and Procedures*, FASB.

FASB(2000)SFAC No.7, *Using Cash Flow Information and Present Value in Accounting Measurements*, FASB, Glossary of terms.（平松一夫・広瀬義州訳(2004)『FASB財務会計の諸概念（増補版）』中央経済社）

FASB(2003)Interpretation No.46 (Revised), *Consolidation of Variable Interest Entities:an interpretation of ARB No.51*, FASB.

FASB (2008) Preliminary Views, *Conceptual Framework for Financial Reporting:The Reporting Entity*, FASB.

International Accounting Standards Board；IASB (2004) International Accounting Standards(IAS)No.27, *Consolidated and Separate Financial Statements*, IASB, par.12.（企業会計基準委員会訳 (2005)『国際財務報告基準書』レクシスネクシス・ジャパン）

IASB (2006a) *IASB Update*, March, IASB.

IASB (2006b) *IASB Update*, April, IASB.

IASB (2006c) Interpretation SIC−12, *Consolidation:Special Purpose Entities*, IASB.

IASB (2007) *IASB Update*, May, IASB.

IASB (2008) *IASB Update*, April, IASB.

第2章

事業等のリスク情報の開示とその信頼性

1. はじめに

　有価証券届出書および有価証券報告書において，①事業等のリスク情報，②経営者による財務・経営成績の分析(MD＆A)，③コーポレート・ガバナンスに関する情報についての開示の充実が図られ，これらの項目が平成15年4月1日以降に開始する事業年度から原則的に開示されることになった。それは，投資者の保護と市場への信頼性の向上を図る観点から検討が重ねられ制度化に至ったものである。

　その開示内容は，基本的には提出企業の自主的判断に委ねられており，その記載要領は，財務会計基準機構の「有価証券報告書の作成要領」や金融庁総務企画局の「企業内容等の開示に関する留意事項について」等に散見されるに留まっている。したがって，事業等のリスク情報に関しては，正確に，具体的に，かつ分かりやすく開示するための基準および要件が十分に整っているとは言えない。しかし，企業が直面する多種多様なリスクを一様に識別し，それを測定そして開示するための基準やガイドラインの作成が容易でないことも明らかである。

　企業リスクを最も把握しうる者は経営者に他ならず，換言すれば，企業リスクは企業の長期的価値に影響を及ぼす可能性のあるリスク・マネジメントに伴う行動を描写した情報が中心である。そのため，企業リスクのうち開示される事業等のリスク情報が個々の企業の自主的判断に委ねられてはいるものの，その内容を整理することは可能であり，それは今後の企業リスク情報の開示に関

する基準やガイドライン作りにおいても，また，それらの保証を考える場合においても役立つと考える。

本章では，有価証券報告書における事業等のリスク情報の開示制度と実態調査の検討を通して，その情報が利用者にとって信頼性が得られるものに成りえているかどうかを評価してみる。そこでは，①企業リスクの考え方をリスク・マネジメントの視点から説明し，次に②リスク情報の質的特性およびマッピングを用いた識別について説明した上で，③その分類を行い，最後に④有価証券報告書での事業等のリスク情報の開示の実態を分析して，⑤信頼性の向上を検討してみる。

2. 事業等のリスク情報の開示制度

(1) 導入の背景

平成15年3月31日に「企業内容等の開示に関する内閣府令等の一部を改正する内閣府令（昭和48年1月30日大蔵省令第5号）」（「開示府令」）の一部改正が行われ，有価証券届出書（開示府令第2号様式，第2号の4様式，第2号の5様式および第7号様式）および有価証券報告書（開示府令第3号様式，第3号の2様式，第4号様式，第8号様式および第9号様式）において，①リスクに関する事項，②MD&A，③コーポレート・ガバナンスに関する事項についての情報開示が求められた。その結果，平成15年4月1日以降に開始する事業年度から，それらの情報の開示が原則適用されることになり，「開示府令」の第3号様式「第一部【企業情報】」の「第2【事業の状況】」に「4【事業等のリスク】」が新設された。

平成14年6月に「経済財政運営と構造改革に関する基本方針2002」が閣議決定された。当時，世界経済の拡大を背景に日本経済が徐々に立ち直ってきたといわれだしてはいたものの，株式相場の回復基調は一過性のものであり長続きはしなかった。閣議決定の中で，貯蓄優遇から投資優遇への金融のあり方の転換を踏まえた直接金融重視に必要な信頼性の向上には，また，中小・ベンチャー企業の資金調達や事業再編の円滑化に取り組むには，証券市場の構造改革の一層の促進が必要であることが言明されたのを受けて，金融庁は，同年8月に「証券市場の改革促進プログラム」を公表した。そこでは，①誰もが投資

しやすい市場の整備、②投資者の信頼が得られる市場の確立、③効率的で競争力のある市場の構築を柱とした改革案が盛り込まれた。その具体的な制度設計については、同年12月16日に、金融審議会第一部会および金融分科会第一部会内に設置されたディスクロージャー・ワーキンググループの議論を踏まえて、金融審議会第一部会の「証券市場の改革促進」においてまとめられた。

投資者の信頼が得られる市場を確立するためには、まず、市場参加者である企業がコーポレート・ガバナンスの強化を図ることによりその信頼性を担保しなければならない。次には、その信頼ある企業に関する情報が正確に、具体的に、かつ分かりやすく開示されるように、ガバナンス関連情報をはじめ、事業等のリスクやMD&Aの項目を一括して記載し、ディスクロージャーの充実と強化を図るべきである（財務会計基準機構、2004）。

(2) 開示内容

事業等のリスク情報は、有価証券報告書および有価証券届出書において独立した項目を設け、一括して記載すること、すなわち、「事業等のリスク」の項目に記載することが要求されている。記載すべき内容は、提出会社の自主的な判断に基づくものの、アメリカにおける登録届出書の記載内容の実例等の国際的な動向を踏まえることとされている。その場合に、投資者が提出会社の事業の状況や経理の状況について適切な判断ができるように、できる限り幅広く、かつ、具体的に記載することが要求されていると同時に、真に重要なリスク情報の開示に留意することが適切であるとつけ加えられている。なお、事業等のリスク情報が将来的な事項まで及ぶ場合には、有価証券報告書等の提出日現在においての将来情報である旨を明記しなければならない。

真に重要な事業等のリスク情報について、その定義については明記されていないが、具体的な項目が以下のように列挙されている（大蔵省金融企画局、1999）。なお、括弧の中の営業リスク、経営リスク、法令遵守リスクは、後述するリスク情報を5つに分類した内の3つの名称である。なお、残りの2つは金融リスクと情報処理・技術リスクである。

① 会社がとっている特異な経営方針に係わるもの（営業リスク）
② 財政状態及び経営成績の異常な変動に係わるもの（営業リスク）

③ キャッシュ・フローの状況の異常な変動（金融リスク）
④ 特定の取引先等で取引の継続性が不安定であるものへの高い依存度に係わるもの（営業リスク）
⑤ 特定の製品，技術等で将来性が不明確であるものへの高い依存度に係わるもの（営業リスク，経営リスク）
⑥ 特有の取引慣行に基づく取引に関する損害に係わるもの（法令遵守リスク）
⑦ 新商品および新技術に係わる企業化および商品化の期間に係わるもの（営業リスク）
⑧ 特有の法的規制等に係わるもの（法令遵守リスク）
⑨ 重要な訴訟事件等の発生に係わるもの（法令遵守リスク）
⑩ 役員，従業員，大株主，関係会社等に関する重要事項に係わるもの（営業リスク）
⑪ 会社と役員又は議決権の過半数を実質的に所有している株主との間の重要な取引関係等に係わるもの（営業リスク）

3. 企業リスクの考え方

(1) リスク・マネジメント

　図Ⅳ－2－1は，企業リスクとリスク・マネジメントの関係を示したものである。企業は外的要因である事業環境に影響を受けながら活動を行い，その活動は事業システム，例えば事業形態や企業風土によって特徴づけられる。その企業活動は，一方では企業がコントロールしやすい内的要因から生じる統制リスクを引き起こし，他方では経営戦略に大きく左右され，そして企業がコントロールするのが困難な外的要因から生じる経営リスクを引き起こす。経営者がこれらのリスクを識別し，そのリスクを受入れ，どのようにコントロールするかは，リスク・マネジメントの考え方次第である。リスク・マネジメントは，企業がこれらのリスクをどのように考慮するかを特徴づける共有化された経営者の信念と姿勢との組合せである（Raval and Fichadia, 2007）。

　欧州に目を向けると，株主よりもより広いステークホルダーに対する配慮が

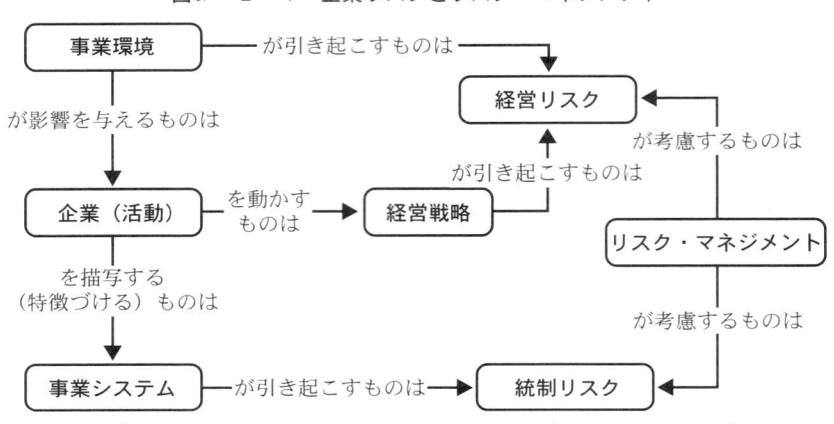

図Ⅳ－2－1　企業リスクとリスク・マネジメント

```
事業環境 ──が引き起こすものは──→ 経営リスク ←──┐
   │                                    ↑         │
が影響を与えるものは              が引き起こすものは     が考慮するものは
   ↓                                    │         │
企業（活動）──を動かすものは──→ 経営戦略      リスク・マネジメント
   │                                              │
を描写する（特徴づける）ものは                    が考慮するものは
   ↓                                              │
事業システム──が引き起こすものは──→ 統制リスク ←──┘
```

[出典：Raval and Fichadia, 2007, p.6 の図表1.2の一部を修正]

図られ、それが企業の社会的責任（CSR）の要請につながっている。イギリスでは、1990年代から繰り広げられている会社法近代化の議論の中でCSRの開示が積極的に求められるようになり、企業活動のうち財務上、重要な影響を及ぼすと考えられる財務諸表に表示されない情報の開示方法として、年次報告書における営業・財務概況（OFR:Operating and Financial Review）やMD&A等が利用され、ここでリスク情報が開示されるようになった。

(2) リスクの定義と目的

イングランド・ウェールズ勅許会計士協会（ICAEW）は、イギリスにける会計基準設定にこれまで一定の重要な役割を果たしてきている（田中，1993）。ICAEWは、企業リスクを企業内外のステークホルダーの視点から議論を重ね、1996年からその一連の成果を公表してきている。そこでは、リスクの定義は次のように紹介されている（ICAEW, 1997, pars.1.7, 4.16）。

① 便益の金額に関わる不確実性。これには潜在的な利得と損失の両方が含まれる。
② 不確実性としてのリスクは、プラスもマイナスも含む全ての可能な結果を割り当てることにある。この意味においては、リスク・マネジメントは予想する結果と実際の結果との不一致を減らそうと努めることにある。

③ ある事象又は行動が企業の経営目標や経営戦略を成功に導くための組織力に不利な影響を及ぼすであろう脅威。リスクは何か悪い事が起こるであろう脅威から生じるのと同じだけの何か良い事が起こらない可能性からも生じる。
④ リスクは資本喪失を伴うかどうかは別にして,株主価値の減少を導くあらゆる出来事。

ICAEWは基本的に①の定義を選択しており,潜在的な発生可能性のあるプラス面のリスクを捉えることを強調している。最終的には,リスクは将来キャッシュ・フローの発生に影響を及ぼすことに言及している。

ICAEWはリスク・マネジメントの目的に,次の5つを挙げている(ICAEW, 1997, pars. 1.8～1.16)。

① **実際的な将来予測情報の提供**

投資者および資本調達市場は,将来キャッシュ・フローの金額,時期および不確実性が予測できる企業の主要な活動に関する業績を評価できる情報を求めている。財務諸表の利用者や作成者は,長期的に利益とキャッシュ・フローに影響を及ぼすであろう要因を適切に強調していない過去情報,すなわち歴史的原価に基づく業績に焦点を当てた財務報告には脅威が内在していることに気づいている。

② **資本コストの低減**

企業は最も有利なレートの資本調達をしようとしており,その資本コストに影響を与える第1の要因は,企業に付随する識別されたリスク情報と企業が獲得するキャッシュ・フローである。一般水準より危険であるとみなされた企業ほどより高いレートが適用されることになり,株価収益率が低下する。それは,財務アナリストのリスク予測と株価収益率には強い相関関係があることによっても証明されている。

③ **より良好なリスク・マネジメントの促進**

より正確で首尾一貫したリスク報告アプローチを採用する企業は,自社にお

けるリスク・マネジメント・プロセスを改良できる見込みがある。このことは同様に，企業の獲得するキャッシュ・フローを増やし不安定さを軽減させることによって，低い資本コストやより高い株価収益率から生じる株主価値に与えるプラスの影響を早い段階で強めることができる。そのため，経営者はリスク・マネジメントに伴う行動やリスク要因を報告することで企業価値を高めることができる。さらに，堅実で的確なリスク・マネジメントは，経営の質の認識・評価に改善をもたらし，その後の企業経営を賢固にすることができる。

④ 全ての投資者の同等な扱いの保証

すべての投資者は，投資活動に際して企業に関する同じ情報を受け取る資格がある。しかし，アナリストは取締役との面談によってリスク情報を得ていたり，特定の投資者は財務報告に反映されていない企業から提供された書類によって，他の投資者よりも豊富な情報を得ているかもしれない。このようなことは，公表財務情報の有用性と目的適合性を阻害する恐れがある。したがって，リスク情報は全ての投資者にとって同等に利用可能なものでなければならない。

⑤ スチュワードシップ責任，投資者保護および財務報告の有用性の促進

リスク情報は，スチュワードシップ責任をどのように経営者が解除するかを評価するためのより良い証拠を提供することができるため，アカウンタビリティーを高めることができる。また，リスク情報によって投資者は企業が直面するリスクを識別・評価し，投資行動に役立たせることができる。このことは，投資者の保護に大きく貢献する。さらに，当該企業のリスクについて事前の見識・評価を持つことができる投資者は，この見識・評価の検証にリスク情報は有用である。多面的なリスク情報が開示されることによって，投資者はどの財務諸表の数値を通じれば諸問題が究明できるかを知る契機が与えられる。

4. リスク情報の識別

(1) 質的特性

リスク情報の開示のためには，開示する情報を識別する必要があり，そのた

めには，以下の幾つかの質的特性が情報に伴わなければならない（ICAEW, 1997, pars. 2.9~2.13）。リスク情報は特に目的適合性（relevance）に直接的に関連するが，目的適合性と信頼性（reliability）のバランスを十分に保ちながら，比較可能かつ理解可能な方法で開示されなければならない。リスク情報は，経営目的と経営戦略の達成のために，企業に固有の意味のある要因として重要性が高い。

　企業が直面しているリスクを理解するためには，リスク情報は現在かつ将来の経営発展に焦点を当てていなければならない。そのため，固有リスクあるいは残余リスクの潜在的な影響が予測される時期や期間を示す指標が必要である。そこでは，訴訟のように損失の可能性のあるリスクを伴う事象が生じた場合に，経営に悪影響を与えるこのようなリスクは直接的に目的適合的ではあるが，判決などの確定された事象は含まない。固有リスクとは，リスクの発生可能性や影響度を変更させるために経営者が採るであろう行動が採られていない状況で企業が直面しているリスクを意味する。一方，残余リスクは，経営者が当該リスクに対処した後でも残存しているリスクを意味する。

　リスクをすぐにでも引き起こす状況や環境としては予測不能ではありながら，将来に影響を与える可能性のあるリスクが存在する。それは，将来のいつかの時期に経営に対して，そして最終的には財務諸表に重大な影響を与える。例えば，企業活動が健全性を阻害するあるいは将来の係争の原因となる恐れのある環境に対して長期に渡り影響を与えている場合である。このように，即時性はリスク情報開示を行うかどうかの主要な決定要因ではない。不確実性を伴う場合には，財務情報の利用者には全ての重要な企業に固有の不確実性を伝える必要があるので，その程度や期間を算定し説明しなければならない。

　開示を差し控えるリスク情報としては，①資産および負債の評価，財政状態，経営成績および財務情報の作成者の予測に影響を与えない程度に比較的重要でない情報，②公共の利益に反するかもしれない開示，③企業にとって非常に不利益になるかもしれない開示，④株式の評価に欠くことのできない事実，環境および知識に関して投資家に誤解を与えそうもない場合の省略がある。ここでは，企業や公共の利益にとって非常に不利益になるかもしれない一般市場での感度（commercial sensitivity）を質的特性の中心に据えている（ICAEW, 1997, pars.

168　第Ⅳ部　拡大する財務情報における信頼性

2.15～2.17)。

(2) リスク・マッピング

　リスク情報の開示においては，まず，企業に関わる主要なリスクの識別とその選好を行わなければならず，そのために，図Ⅳ－2－2のようなリスク・マップを作成する。そこでは，企業にとってのリスクの重要性とその発生可能性を考慮してリスク・マッピングが行われている。例えば，製品開発に関するリスクの重要性とその発生可能性は高くマッピングされ，また，商品やサービスが供給不足になる可能性は低くその重要性は高くマッピングされている。リスク・マッピングを行うことによって，経営者が主要なリスクを識別および選好することを助けると同時に，リスク情報として開示するための基礎を提供する。

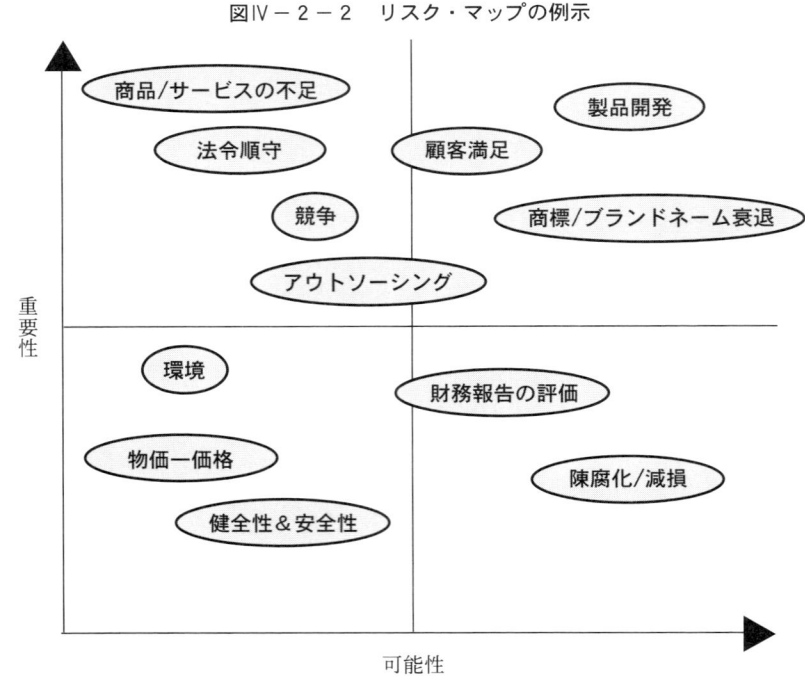

図Ⅳ－2－2　リスク・マップの例示

[出典：ICAEW, 1997, p.31.]

5. リスク情報の分類

リスク・マップを基にリスク情報の分類を行ってみると，5つに分類することができる。それは，①金融リスク（financial risk），②経営リスク（business risk），③営業リスク（operational and other risk），④法令遵守リスク（compliance risk），⑤情報処理・技術リスク（information processing and technology risk）である（ICAEW, 1997, pars. 4.3～4.8）。これらは，金融リスクと非金融リスクとに大別できる。

①金融リスクは，企業がコントロールしやすい内的要因から生じるリスクの1つであり，利率，為替レート，流動性の変動に関するリスクが該当し，資金管理や資本調達取引に関するリスクである。非金融リスクである②経営リスク，③営業リスク，④法令遵守リスクおよび⑤情報処理・技術リスクは，直接的に金融資産および金融負債に関係はしないが，長期的にはキャッシュ・フローと収益性に影響を与えるという意味で「間接的な金融リスク」ということができる。

経営リスクは，企業がコントロールするのが困難な外的要因から生じるリスクであり，価格・市場占有率に対する競争的な圧力，全般的・地域的な経済問題，政治問題に関連したリスクやM＆Aに伴うリスクが該当する。これは，経営目標の達成および経営戦略の実行のために必要な営業活動に間接的に影響を与えるかもしれない事象である。営業リスクは，重要な人材の流出，新製品の開発，火事や爆発の物理的な災害等の営業活動に直接的に関わる企業の内的要因がほとんどであり，原材料価格の高騰や顧客満足度低下等の外的要因も含まれる。法令遵守リスクは，法律，法令，基準，規則，あるいは倫理上の問題に違反することから生じる利益・キャッシュ・フロー獲得活動あるいは資本調達活動に影響を与える現時点のまたは予測されるリスクである。このリスクによって，企業の評判が低下したり，現在・将来の営業活動が制限されたりする。情報処理・技術リスクには，情報処理システムに関するリスクや業績の開示に関する虚偽表示が該当する。法令遵守リスクおよび情報処理・技術リスクは，金融リスクや営業リスクと同様に主には内的要因から生じる統制リスクである。

投資者等の情報利用者の意思決定にとって目的適合的であるこのようなリス

ク情報の最適な分類は常に変化するし，企業，業種および国によっても異なり，その類型化は容易ではないことに留意しておかなければならない。

このように5分類されたリスク情報を，さらに，①貨幣と非貨幣，②将来と過去，③良好と不良とニュートラルに分け，最終的にリスク情報を60のカテゴリー（5×2×2×3）に分類してみる。例えば，「(1)貨幣／将来／良好」な営業リスクについては，新しい製品の開発が将来の利益やキャッシュ・フローにどの程度に良い影響を与えるかが記述されていることになる。

6. 有価証券報告書における開示の実態

(1) 事業等のリスク情報の分類

上述の60カテゴリーのリスク情報を基に，任意の100社の有価証券報告書における事業等のリスク情報を，開示が制度化された初年度の平成16年3月期とその翌期のものを分類してみた[1]。その結果，1社につき両年ともに約8つの事業等のリスク情報が記載されていることが分かった。事業等のリスク情報は，独立して一括に，かつその開示内容が同じ分類ごとに箇条書きで説明されている場合がほとんどで，制度化前と比べる格段に理解可能性が向上した。

リスク情報総数の8割強を占める「非貨幣／将来／不良」のリスク情報が，①経営リスク，②営業リスク，③金融リスク，④法令遵守リスク，⑤情報処理・技術リスクの分類順で多いことが分かった。残りのほとんどは，「非貨幣／将来／ニュートラル」のリスク情報であり，「非貨幣／将来／不良」と同様の分類順で多いことが分かった。この分類の順位は，企業の経理担当者に対して送付した「事業等のリスク情報の中で，重要と思うものから順位をつけてください」という第Ⅴ部第4章のアンケート調査の結果と一致している。

(2) 事業等のリスク情報の特徴

当該100社の制度化直後の2年間における事業等のリスク情報を整理し，事業等のリスク情報の総数と総資産額および総売上高との相関関係を調べてみると，リスク情報総数と総資産額との相関係数は0.324で，総売上高との相関係数は0.386であり，共に1％の有意水準にあった。つまり，企業規模が大きい

第 2 章　事業等のリスク情報の開示とその信頼性　　*171*

ほど事業等のリスク情報の開示数が多くなっている。企業価値（資本合計額／発行済株式総数）や安全性（固定負債合計額／資本合計額）の高低に当該リスク情報の開示数は相関せず，資産利益率や株主資本利益率の収益性指標に対しても同様に相関しなかった。また，非貨幣リスクが貨幣リスクよりも開示数が1社当り約7倍多いことが分かった。これらの結果は，事業等のリスク情報の開示が制度化される前年度の年次報告書とほぼ同様の結果であった。

　その反面，制度化前の年次報告書では，過去のリスクの開示数が将来のリスクより多かったのに対して，制度化後の有価証券報告書ではそれが逆転するだけではなく，将来のリスクの開示数が1社当り約8倍も過去のものを上回った。さらに，年次報告書では，良好，ニュートラル，不良の順でリスク情報の開示数が多くなっていたのに対して，有価証券報告書では不良なリスク情報の開示数が一番多くなり，良好なものと入れ替わった。つまり，開示が制度化されたことにより，企業に対して将来的に悪影響を与えるリスク情報の開示の割合が飛躍的に増加したことが判明した[2]。

7. 信頼性向上に向けて

　有価証券報告書に記載されている事業等のリスク情報をさらに分析してみると，全体の8割強を占める「非貨幣／将来／不良」のリスク情報は，当該企業に固有のものではなく，他の企業にも該当するもの，あるいは経済全般に係るものがほとんどであった。したがって，将来への予測情報が実際にどのくらい当該企業に対して悪影響を及ぼすかの判断が難しい。

　次に多い「非貨幣／将来／ニュートラル」であるリスク情報を同年度の英文年次報告書で確認すると，英語表記の方が直接的な表現になっており理解しやすいことが判明した。例えば，有価証券報告書では「…米ドルを中心とした対円為替相場の変動により業績および財務状況に影響を及ぼす可能性があります。」と記載されている。それは為替相場の変動では損失を伴う可能性もある反面，利益を得る可能性も考えられるため，ここで説明さている影響が良好な影響なのか悪影響なのかが分からない。しかし，同年の英文年次報告書では，「…have a negative impact on the operating results and financial position of the group.」と記載し，悪影響を及ぼすことに限定している。また，有価証券報告書では「…退職給付債務等の計算の前提条件として採用した割引率，年金資産の期待運用収益率と実際の結果とに差異が生じた場合，および，信託した上場有価証券の株価が変動した場合などに，当社グループの業績および財政状態に影響を及ぼす可能性があります。」と記載されているが，ここで述べられている影響も良好となる場合もあれば，逆の場合もある。しかし，英文では，前述の記載と同様に悪影響に限定している。

ニュートラルな情報には，上述したように，良好なのか不良なのかどちらの影響を受けるかが不明な場合と事実の羅列のみで影響を受けるかどうか自体さえも不明な場合が該当する。前者には，為替リスクの変動に関するものや合併事業の成否に関するものがあり，英文年次報告書のような説明が必要である。また，後者には，法令遵守の徹底についてや一般的な経済状況に鑑みての経営目標・努力が多く該当し，予測不能ではありながら将来に影響を与える可能性のあるリスクが多く含まれる。このような不確実性は，将来のいつかの時期に経営に対して，そして最終的には財務諸表に重大な影響を与えるものであるが，その理解のためにはさらに十分な説明が必要である。

証券市場への信頼性を高める目的で事業等のリスク情報は，ＭＤ＆Ａおよびコーポレート・ガバナンスに関する情報とともに有価証券報告書で独立した項目が設けられ，一括して開示されるようになった。しかし，十分な開示基準がなく，開示内容にばらつきがあるために企業間での比較可能性は低い。また，ＭＤ＆Ａやコーポレート・ガバナンスに関する情報内容と重複しており，それらの理解可能性が十分であるとはいえない。

ある期（ t 期）に開示されたリスク情報が，翌期（ t ＋ 1 期）以降の業績を正確に予測したものであれば，リスク情報の信頼性が高くなると考えられる。このようにリスク情報の予測可能性が高まることは，リスク情報に対する信頼性を高め，その結果，株式リターンに影響を与えると予測できる。そこで，例えば， t 期のリスク情報と t ＋ 1 期の業績の差を示す何らかの指標を独立変数として，株式リターンを従属変数とした回帰分析により，予測と実際の差の株式リターンへの影響度を測定して，事業等のリスク情報の信頼性を検証してみたい[3]。そのために，業績の差を示す指標の決定や大部分を占める経営リスクと

営業リスクの分類を細分化する必要性など,多くの課題がある。それは,企業リスク情報の開示に内在する課題だということができる。

企業の経理担当者に「事業等のリスク情報の開示が有価証券報告書に義務づけられたことにより財務諸表の信頼性が高まるか」という質問を行うと,まだ制度化されて2年しか経過していないにもかかわらず,過半数から「高まる」という回答を得た（第V部第4章を参照）。これは,十分な開示基準が整っていなくとも,企業では事業等のリスク情報への関心や認識はすでに高く,それは企業がすでにリスク・マネジメントを評価するための徹底的な内部的なプロセスを経て経営活動を行っていたことを暗示している。それは,また,事業等のリスク情報は,財務諸表の数値からは直接的に読み取ることが難しい課題を記述的に説明し,財務諸表の補完的機能を果たす可能性が十分にあることを示唆している。ただし,同様のリスクに直面している同業種においても企業には異なるリスクの戦略,目的および許容差があるため,個々の企業は異なるリスク・マネジメントを選択するのが通常であるため,その開示基準を早急に設定しなければならない。

(注)
1) 当該企業リストと詳細な分析結果は,小西範幸（2006）を参照。本章とは違う調査方法で,財務会計基準機構（2005）において2004年3月期の有価証券報告書における調査結果が公表されている。
2) 有価証券報告書に記載が義務化される前後の比較と,日本と英国との比較については,小西範幸（2008）とKonishi, Noriyuki and Ali, Mohobbot（2007）を参照。
3) 事業等のリスク情報の分類において圧倒的に多い「非貨幣／将来／不良」なリスク情報は,一般的に考えれば,将来の業績,例えば純利益や営業キャッシュ・フロー（CFO）に悪影響を及ぼすであろうから,これらのリスク情報が翌期と翌々期の当期純利益およびCFOにどのような影響を与えるのかを,5つのリスク分類別に調べてみた。その結果からは,それらの相関に顕著な関係はみられなかった。小西範幸（2006）を参照。

【参考文献】
大蔵省金融企画局（1999）「企業内容等の開示に関する留意事項について」B個別ガイドライン「事業の概況等に関する特別記載事項」の記載例に関する取扱いガイドライン。
沖宗浩和（2003）「有価証券報告書の作成の仕方について（平成16年3月期提出用）」FASF。
鎌田信夫,サミエール・ニッサン（2007）「日本のADR企業のマーケットリスク」『産業

経済研究所紀要』中部大学産業経済研究所。
小西範幸（2006）「事業等のリスク情報の信頼性－開示の現状と課題－」『財務情報の信頼性に関する研究』（日本会計研究学会特別委員会・最終報告書，代表者：友杉芳正）。
小西範幸（2008）「財務報告におけるリスク情報開示の基本的枠組み」『会社法におけるコーポレート・ガバナンスと監査』同文舘出版。
財務会計基準機構（2004）「有価証券報告書における「事業等のリスク」等の開示に関する検討について（中間報告）」FASF。
財務会計基準機構（2005）「有価証券報告書における「事業等のリスク」等の開示実態調査」FASF。
証券研究会（2006）『有価証券報告書記載例　個別会社用　平成18年3月期提出用』宝印刷株式会社。
須田一幸編著（2004）『ディスクロージャーの戦略と効果』森山書店。
田中弘（1993）『イギリスの会計制度』中央経済社。
内藤文雄（2006）「企業リスク情報の開示と保証に関する意識調査～主要6カ国上場会社の国際比較（上），（下）～」『週刊　経営財務』No.2758, No.2760。
中條祐介（2004）「米国における開示の状況」『有価証券報告書における「事業等のリスク」等の開示に関する検討について（中間報告）』FASF, 6～18頁。
Bryan, H. Stephen (1996) Incremental Information Content of Required Disclosure Contained in Management Discussion and Analysis, *The Accounting Review*, Vol. 72 No.2, pp.285-301.
The Committee of Sponsoring Organizations of the Treadway Commission (2004) *Enterprise Risk Management-Integrated Framework-*, COSO（八田進二監訳，中央青山監査法人訳（2006）『全社的リスクマネジメント－フレームワーク編－』東洋経済新報社）。
The Institute of Chartered Accountants in England and Wales (1996) *Business Risk Management*, ICAEW.
ICAEW (1997) *Financial Reporting of Risk:Proposals for a Statement of Business Risk*, ICAEW.
ICAEW (1999) *No Surprises:The case for better risk reporting*, ICAEW.
ICAEW (1999) *Internal Control:Guidance for Directors on the Combined Code*, ICAEW. (KPMG著，八田進二監訳（2002）『企業価値向上の条件ターンバル・ガイダンス－イギリスに見る内部統制管理姿勢ガイドライン－』白桃書房）
ICAEW (1999) *Implementing Turnbull-A Boardroom Briefing*, ICAEW.
ICAEW (2002a) *No Surprises:Working for better risk reporting*, ICAEW.
ICAEW (2002b) *Risk Management for SMEs*, ICAEW.
Konishi, Noriyuki and Ali, Mohobbot (2007) Risk Reporting of Japanese Companies and its Association with Corporate Characteristics, *International Journal of Accounting, Auditing and Performance Evaluation*, Vol.4 No.3, pp.263-285.
Raval, Vasant and Fichadia, Ashok (2007) *Risks, Controls, and Security- Concepts and Applications-*, Wiley.

第3章

会計参与制度の創設と財務情報の信頼性

1. はじめに

　会社法制の現代化を目的とした会社法が，2005年（平成17年）7月に公布され，2006年（平成18年）5月には施行された。そこでは，条文の現代語化が図られるとともに，会社に係る諸制度間の規律の不均衡の是正や最近の社会経済情勢の変化に対応するための各種制度の見直しなど，実質改正も行われている。

　実質改正の1つに会社の新たな任意設置機関としての会計参与制度の創設がある。これは，会計専門職を会社の役員に加えることによって，特に中小企業における計算書類の信頼性を高めることを意図したものである。ここでは，会計参与に期待される役割と課題について取り上げる。

2. 会計参与

　会計参与とは，会社法で新設された会社の任意設置機関であり，取締役・執行役と共同して計算書類等を作成することを職務としている。会社法では，会計参与の資格要件について，「会計参与は，公認会計士若しくは監査法人又は税理士若しくは税理士法人でなければならない。」（会社法第333条第1項）と規定しており，会計参与が設置された株式会社では国家資格を持つ職業会計人が計算書類の作成に携わることになる。会計参与は，株式会社又はその子会社の取締役，執行役，支配人その他の使用人を兼ねることができないものとされており[1]，株主総会で選任されることからも，その独立性の確保を意識した制度設

計となっている。なお，法人が取締役や監査役となることはできないが（会社法第331条第1項第1号，第335条第1項），会計参与には監査法人あるいは税理士法人であれば，就任することが認められている点で，株式会社における他の役員とは異なっている。

会社法では，会計参与は，取締役と共同して計算書類及びその附属明細書，臨時計算書類並びに連結計算書類を作成し，会計参与報告を作成しなければならないと規定している（会社法第374条第1項）。

このように会計参与は取締役・執行役と共同して計算書類を作成するように規定されているが，ここで「共同して」の解釈が問題となる。法制審議会会社法（現代化関係）部会の議事録（以下，議事録と略す）によれば，共同代表取締役の場合に共同で行われない限り代表権がないのと同じように，共同して作成ということの意味は，共同で作成されない限り計算書類はいつまでたっても作成に至らないという趣旨で提案されていた（議事録2004年6月9日）。

これに対し，取締役と会計参与の意見が一致しない場合，永遠に計算書類が作成できないことになってしまい，配当原資があるにもかかわらず株主はいつまでも配当を受け取ることができないという形で，株主が被害をこうむることになるなどの問題点が指摘された。そして，計算書類の作成は一応法定の期間までに作成するものの，意見の不一致があった場合には異なる意見を付記することができるというような，監査役会の監査報告書と同様の法制にするという意見も出されていた（議事録2004年6月9日）。

しかし，会社法第374条第1項にある「会計参与報告」にそのような機能は与えられておらず，取締役と会計参与の意見が一致しない場合，計算書類を作成することができなくなると解されている。このため，取締役と会計参与の意見が一致しない場合には，取締役または会計参与を解任した上で，意見の一致する取締役または会計参与を選任するか，あるいは会計参与そのものを廃止して，計算書類を作成しなければならない（葉玉，2005，333頁；相澤，2005，136－137頁）。なお，会計参与報告の具体的な内容は，会社法施行規則第102条に規定されている。

2006年（平成18年）4月25日に，日本公認会計士協会及び日本税理士会連合会から「会計参与の行動指針」が，実務の参考に資するために公表された。そこ

では，まず会計参与制度の概要として，資格，職務，権限と責任について，説明されている。そして，会計参与の行動指針が，①就任に当たっての行動指針，②計算関係書類作成に当たっての行動指針（一般事項），③計算関係書類作成に当たっての行動指針（個別事項），④会計参与報告作成に当たっての行動指針，⑤備置き，開示に当たっての行動指針，の順に記述されている。さらに，会計参与報告記載例，会計参与契約書と会計参与約款のひな形及び解説，その他様式（取締役申述書の記載例，計算関係書類共同作成合意書等），会計参与の計算関係書類作成に関するフローチャート，「中小企業の会計に関する指針」確認一覧表まで示されている。なお，2007年（平成19年）と2008年（平成20年）に「中小企業の会計に関する指針」が改正されたことに伴い，この確認一覧表も改正されている。

3. 小規模閉鎖会社における会計参与の役割

　中小企業における計算の適正さの確保という視点から，「会社法制の現代化に関する要綱試案」では，会計監査人の任意設置の範囲を小会社にまで拡大する方針が示されていた[2]。ところが，「会計監査人による監査というものの利便，利益を享受することができる中小規模の会社は非常に限られており，むしろ，より利用可能性の高い制度の構築を検討すべきではないか」（議事録2004年6月2日）という意見が多く寄せられたことから生まれた制度が会計参与である。

　会計参与制度の趣旨は，一定の資格者が就任することを前提に，内部的な機関として位置づけつつも，内部の他の機関からの独立性を確保し，いわば社外取締役と同様の立場に立たせ，その職務については，計算書類の取締役等との共同作成，それにかかわる株主総会における説明，計算書類の保存，株主等への開示に対する対応等とし，その職務を行うことを前提にして必要となるべき権限を持たせるというものである。したがって，会計参与は，社外取締役と同様，会社・第三者に対する責任も負うことになる（議事録2004年6月2日）。

　会計参与の設置によって，信頼性の高い計算書類が開示されることを通じて，株主・会社債権者の保護が図られるほか，金融機関等との取引，あるいは中小会社の活性化，すなわち企業の体質改善，に役立つことが期待されている（議

事録2004年6月9日)。

　また，会計参与を設置することによって，譲渡制限会社の場合，監査役を置かなくてもすむようになる。公認会計士や税理士という資格を持った，いわば社外的な立場の人間がその書類を作成することによって，計算書類の内容の信憑性，信用性がかなり増すことになるので，監査役による会計監査の必要性の程度が下がるという点に加え，業務監査については株主による直接的な監督に期待するという趣旨であると考えられる (議事録2004年6月9日)。

　中小企業庁が2005年 (平成17年) 2月から3月に行った「会計処理・財務情報開示に関する中小企業経営者の意識アンケート」によれば，「会計参与制度」について84.8%が「知らない」と回答し，「知っている」との回答は7.1%にとどまっていた。2006年 (平成18年) 2月から3月に実施された翌年のアンケートでは，会計参与制度の認知度は28.6%まで向上しており，同制度の導入を前向きに検討したいとする回答も40.1%あった。2007年 (平成19年) 5月に中小企業庁から公表された「会社法施行の中小企業に与える影響に係る実態調査・結果概要」によれば，会計参与「設置済み」1.4%，「今後設置予定」1.7%であったのに対し，「導入は考えていない」57.8%となっており，普及は進んでいない (16頁)。そこでは，会計参与の設置が進まない理由として，公認会計士・税理士が就任に消極的であるというヒアリング調査の結果が示されており，会計参与の責任と報酬とのアンバランスの問題が指摘されていた (17頁)。

4. 大規模公開会社における会計参与の役割

　大規模公開会社でも，会計参与を設置することは可能であり，その場合には，会計参与と会計監査人が併存することになる。会計参与と会計監査人が併存することについて，法制審議会会社法 (現代化関係) 部会の審議のプロセスでは，以下のように意見が分かれていた。

　会計参与の設置は，大会社においても，高度に専門化しつつある会計実務に的確に対応し，かつ適切な情報開示を進めるために一定の効果が期待できると考えられるという意見が述べられる一方，制度の適用会社は，会計監査人が置かれない中小会社に限るべきではないかという意見も述べられていた (議事録

2004年6月2日及び9日)。

併存することのメリットとしては，内部統制や高度な会計システムの整備を担う機関が，会計監査人とは別に会社内部に置かれる点が指摘されている。また，将来，証券取引法上の何らかの役割が課されることを期待する意見も述べられていた(議事録2004年6月9日)。

これに対し，併存することは望ましくないとする，次のような意見もあった。実際には監査人と同じような役割しか果たせないので，両者が併存するというのは意味がない。経営者と独立の会計専門家をすべての公開会社に強制することは，経営者が操作できない情報を出させるのが先だという一面的な開示観が表に出すぎる。経営者の意図によって操作はされない，固い情報かもしれないけれども投資家にとって何の役にも立たない情報が開示されるような仕組みをつくりかねない(議事録2004年7月21日)。

審議のプロセスで見られた以上のような反応から，経営者に対して従属しない経理責任者の存在の是非について，さらに分析する必要がある。

5. 会計専門職を会社役員に加える必要性

サーベンス・オックスリー法(Sarbanes-Oxley Act of 2002)第301条では，監査委員会のメンバーに独立性が求められている。そして第407条に，監査委員会における財務の専門家(financial expert)に関する開示規定が設けられている。まず，第407条a項では，監査委員会に1名以上の財務の専門家が含まれているか否か，もし含まれていない場合にはその理由について開示することが求められている。そしてb項では，財務の専門家を，以下の点について教育を受け，会計士，監査人，財務担当役員，あるいは会計役等の経理の責任者として経験を有することと定義している。

1. 会計原則と財務諸表に関する理解
2. 財務諸表の作成あるいは監査の経験及び会計原則に従った会計上の見積りの経験
3. 内部統制組織の経験
4. 監査委員会の役割に関する理解

監査委員会に財務の専門家を加えることについては，1999年の *Report and Recommendations of the Blue Ribbon Committee on Improving the Effectiveness of Corporate Audit Committees* で提言され，ニューヨーク証券取引所の規則として採用されている。ニューヨーク証券取引所のCorporate Governance Rules 303A.07.(a)では，監査委員会は3名以上で構成され，そのうち少なくとも1名は会計または財務の専門家でなければならないと解されている。つまり，財務の専門家を監査委員会のメンバーに加えなければならないことについて，サーベンス・オックスリー法では強制されていないものの，証券取引所の規則として要請されているのである。

監査委員会のメンバーに財務の専門家を登用すべきとする動きが，イギリスでも見られる。2003年に公表されたHiggs Reportでは，Code of Best Practice D.3.1.で，取締役会は，独立の社外取締役で構成される，少なくとも3名からなる監査委員会を設置し，そのうち1名は財務に関する充分な最新の知識を有する者を含むように指示している。Smith Reportでは，監査委員会に含まれる財務の専門家について，会計専門職としての資格を有することが強く望まれるという一歩踏み込んだ表現[3]が用いられている (par.3.16)。

このようにアメリカでもイギリスでも，独立の社外取締役から構成される監査委員会のメンバーに，財務の専門家を加えるという方向に動いており，その財務の専門家は必ずしも会計士に限定されているわけではないが，会計士がそのような役割を担うことは期待されている (Scarpati, 2003, pp.32-35)。

Farber (2005) は，企業統治の質と財務報告システムの信頼性の関係を分析し，不正経理を行った企業の監査委員会には，財務の専門家[4]の数が少なかったという実証結果を示している。会社役員に独立性の高い財務の専門家が加わることは，財務情報の信頼性を高める上で有益と考えられる。

6. 結びに代えて

顧問契約あるいは記帳代行を行っていた税理士が，会計参与に就任することになれば，法定された権限と責任を負うことになる。その権限と責任の重さに比例して，中小企業の計算書類の信頼性は向上することが期待できる。

特別委員会によるアンケート調査結果でも，問35「役員に会計の専門家を加えることは，財務情報の信頼性を高める。」に対して，「全くその通りだ」6.0％,「そう思う」44.3％，と肯定的に捉える回答が過半数となっており，「そうは思わない」10.1％,「全然そうは思わない」0.9％という否定的な回答を大きく引き離していた。会計の専門家を役員に加えることは，財務情報の信頼性を確保する上で役に立つと思われている。

　会計参与制度の創設から2年以上経過したものの，導入した企業の数は極めて限られている。金融庁のEDINETあるいは日立ハイテクの＠有報革命を利用し，「会計参与」をキーワードとして有価証券報告書の全文検索を行っても，それらのデータベースに収録されている企業において会計参与が設置されている事例を，2008年7月時点では確認することができなかった。制度が想定していた中小企業においても，日本経済新聞2007年6月21日夕刊1頁によれば，会計参与導入企業は少なくとも1,000社規模に達したと報道されてはいるものの，普及までの道のりはまだ遠いと表現せざるを得ない状況にある。

　会計参与制度が普及しない理由としては，①責任が重すぎること，②資格が制限されすぎていること，③任意の設置機関であること，の3点が挙げられる。

　会計参与に対しては，任務懈怠責任が会社法第423条第1項及び第430条で規定されている。そして，監査役と同様，会計参与が株主代表訴訟の対象となりうることについて，会社法第847条で規定されている。さらに，会計参与に悪意・重過失があった場合には，会社法第429条第1項及び第2項第2号の規定によって，第三者に対する責任が負わされている。以上のような責任については，作成される計算書類の信頼性を確保する上で必要とされるものではあるが，期待できる報酬の金額とのバランスを考慮すれば，重すぎるという判断が市場で下されたものと考えられる。

　会計参与の資格については，会社法第333条第1項において，公認会計士若しくは監査法人又は税理士若しくは税理士法人でなければならないと規定されている。このことは，作成される計算書類の質を保証するものではあるが，同時に，相当な報酬の支払いなしに会計参与を設置することを不可能にしている。

　取締役会設置会社であって監査役を置かない会社以外では，会計参与の設置は任意となっている。監査役よりも会計参与の報酬のほうが低く抑えられるの

であれば、あるいは会計参与を設置することによって、支払利息の減少などの便益が報酬の増加額を上回るのであれば、取締役会設置会社で会計参与を選択するはずである。しかし会計参与の現状を見る限り、会計参与を設置することのメリットがそのコストを上回る状況にはなっていないようである。

財務の専門家を会社役員に加えることは、財務情報の信頼性を向上させる上で有用であり、会計参与制度の趣旨が誤っていた訳ではない。事実、「中小企業の会計に関する指針の適用に関するチェックリスト」を活用した無担保融資商品が開発されるなど、中小企業における財務情報の信頼性を高めるために税理士を利用する仕組みが生まれてきている。大規模公開会社においても社外監査役として公認会計士が就任している事例も見られる。今後は、第三セクターの株式会社への義務化、責任と権限を財務情報の作成に限定した取締役など、会計参与制度あるいはその趣旨を生かした制度の改善が期待される。

(注)
1) 親会社の役員または使用人が、子会社の会計参与に就任することは禁止されていないので、企業集団としての内部統制の整備を進める観点から、そのような会計参与制度の利用方法についても視野に入れる必要があるように思われる。
2) 要綱試案（第4部 株式会社・有限会社関係第4 機関関係11(2)）では「会計監査人の設置が強制されない会社は、現行の小会社（資本金1億円以下かつ負債総額200億円未満）の範囲の会社であっても、会計監査人を任意に設置することができるものとする。」とされている。
3) イギリスにおけるコーポレート・ガバナンス改革の動きについては、Friedland (2003)。また、八田・橋本 (2000) も参照されたい。
4) ここで財務の専門家（financial expert）とは、最高財務責任者など財務担当上級役員及びその経験者をいう。

【参考文献】
相澤哲編著 (2005)『一問一答 新・会社法』商事法務。
相澤哲・葉玉匡美・郡谷大輔 (2006)『論点解説 新・会社法』商事法務。
祝迫得夫・古市峰子 (2004)「コーポレート・ガバナンスと会計問題」『経済研究』Vol.55, No.4, 328−344頁。
中小企業庁 (2005)「会計処理・財務情報開示に関する中小企業経営者の意識アンケート」http://www.chusho.meti.go.jp/zaimu/kaikei/170712kaikei_kekka.html。
中小企業庁 (2006)「会計処理・財務情報開示に関する中小企業経営者の意識アンケート」http://www.chusho.meti.go.jp/zaimu/kaikei/060630kaikei_enquete.html。
中小企業庁 (2007)「会社法施行の中小企業に与える影響に係る実態調査・結果概要」

http://www.chusho.meti.go.jp/zaimu/kaisya/download/070501katuyoujoukyou.pdf。
鳥飼重和 (2005)「会計参与制度の創設」『新「会社法」詳解』中央経済社, 138-148頁。
中澤省一郎 (2006)「計算書類等の共同作成～会計参与の職務権限 (その1)」『経営財務』No.2754, 24-27頁。
長島・大野・常松法律事務所 (2005)『アドバンス新会社法』商事法務。
日本公認会計士協会・日本税理士会連合会 (2006)「会計参与の行動指針」http://www.hp.jicpa.or.jp/specialized_field/pdf/00982-003158.pdf。
日本公認会計士協会・日本税理士会連合会 (2007)「会計参与の行動指針」http://www.hp.jicpa.or.jp/specialized_field/pdf/0-0-0-2-20070525.pdf。
日本公認会計士協会・日本税理士会連合会 (2008)「会計参与の行動指針」http://www.hp.jicpa.or.jp/specialized_field/pdf/0-0-0-2-20080710.pdf。
葉玉匡美・会社法立案担当者の会 (2005)『新・会社法100問』ダイヤモンド社。
八田進二・橋本尚共訳 (2000)『英国のコーポレート・ガバナンス』白桃書房。
八田進二 (2003)「『会計不信』払拭に向けた企業会計の新たな枠組みの検討」『會計』Vol.163, No.4, 54-71頁。
法制審議会会社法 (現代化関係) 部会 (2004)「第23回会議 (平成16年6月2日) 議事録」http://www.moj.go.jp/SHINGI/040602-1.html「第24回会議 (平成16年6月9日) 議事録」http://www.moj.go.jp/SHINGI/040609-1.html「第27回会議 (平成16年7月21日) 議事録」http://www.moj.go.jp/SHINGI/040721-1.html。
山地秀俊編著 (2003)『アメリカ不正会計とその分析』神戸大学経済経営研究所。
Blue Ribbon Committee on Improving the Effectiveness of Corporate Audit Committees (1999) *Report and Recommendations of the Blue Ribbon Committee on Improving the Effectiveness of Corporate Audit Committees.* http://www.nasdaq.com/about/Blue_Ribbon_Panel.pdf.
Farber, David, B. (2005) "Restoring Trust after Fraud: Does Corporate Governance Matter?" *The Accounting Review,* Vol.80, No.2 (April), pp.539-561.
Friedland, John (2003) "Reforming disclosure and corporate governance in the UK: Between Scylla and Charybdis," *International Journal of Disclosure and Governance,* Vol.1, No.1 (December) pp.35-59.
Higgs, Derek (2003) *Review of the role and effectiveness of non-executive directors.* http://www.dti.gov.uk/bbf/corp-governance/higgs-tyson/page23342.html (Higgs Report).
Scarpati, Stephen A. (2003) "CPAs as Audit Committee Members," *Journal of Accountancy,* Vol.196, No.3 (September), pp.32-35.
Smith Report (2003) *Audit Committee Combined Code Guidance, A report and proposed guidance by an FRC-appointed group chaired by Sir Robert Smith.*
http://www.frc.org.uk/images/uploaded/documents/ACReport.pdf (Smith Report).

【付記】 本章は, 拙稿「財務情報の信頼性と会計参与の役割」『経済科学』第53巻第4号 (2006年3月) 41-46頁を加筆修正したものである。

第4章

保守主義と会計情報の信頼性
― 企業価値関連性の分析をもとに

1. はじめに

　会計実務に広く浸透する保守主義の原則は，証券投資に際して一定の役割を担う利益や資本といった，基本的な会計数値の解釈を難しくしている。それにもかかわらず，特定の会計情報と株価との関連を跡づけようとする場合，保守的な測定がもたらす影響をどうコントロールするかは，一部の理論研究を除けばそれほど明らかでなかった[1]。

　投資意思決定だけを考えるかぎり，株価に対する会計情報の形式的な対応関係を複雑にする保守主義の原則は，情報の信頼性を確保するうえで有益な帰結をもたらさない可能性がある。時価に基づく測定が，現行の会計基準の設定プロセスで支配的な位置を得るにしたがって，そうした考えが定着しつつあるとみてよいであろう[2]。

　本章ではまず，会計情報を株価に写像するうえで，保守主義がどのような効果をもたらすかを理論的に検討する。そこでは，バイアスの程度が一定のウェイトとなり，とくに営業資産の簿価にかかるウェイトの比重が高くなることがわかる。それでは，理論的に定式化されたバイアスの程度を，実証的にどう測定すべきか。

　この点は，保守的に測定された会計情報を証券投資に活用するうえで焦点となる。そこで，これまでに実施されたいくつかの実証研究をもとに，代表的な4つの方法を紹介し，それぞれの含意を考える。最後に，今後の研究に残された課題について論じる。

2. 株価評価における保守主義の位置づけ

　ここでいう保守主義の定義に関する理解は，学界を通じてひととおりではない。代表的なものを掲げれば，収益が請求権の確定を待ってはじめて認識対象となる一方で，費用はより柔軟に認識されるという，認識時点の非対称性（asymmetric timeliness）をさす。そこでの利益と資本は，経済実態よりも過小に評価される。経済実態を株価と考えれば，資本測定のバイアスは，

$$\varepsilon_t \equiv P_t - b\nu_t$$

のように，評価時点 t の株価P_tと資本簿価$b\nu_t$の差異として表現される（Zhang, 2000）。このとき利益と配当をそれぞれx_t，d_tとおけば，クリーン・サープラス関係から，

$$\begin{aligned}x_t &= d_t + b\nu_t - b\nu_{t-1} = d_t + (P_t - \varepsilon_t) - (P_{t-1} - \varepsilon_{t-1}) \\ &= (P_t - P_{t-1} + d_t) - (\varepsilon_t - \varepsilon_{t-1})\end{aligned} \quad (1)$$

が成り立つ。後段第1項は株式リターンに，第2項は簿価のバイアスの変化分に相当する。つまり保守主義の測定バイアスは，簿価より利益のほうが小さい[3]。

　それでは，このような測定上のバイアスは株価の形成にどのような影響を与えるのであろうか。Feltham and Ohlson (1995) の株価評価モデルは，市場平均を超える部分の利益を残余利益と位置づけ，その時系列での推移を線形の自己回帰過程によって表現する点に特徴がある。株価は次のように評価時点の資本簿価，残余利益（x_t^a），営業資産簿価（oa_t）ならびに他の情報（ν_t）の関数として表される。

$$P_t = b\nu_t + \alpha_1 x_t^a + \alpha_2 oa_t + \beta \nu_t \quad (2)$$

　α_1とα_2はそれぞれ，残余利益の持続性，保守主義の強さの増加関数である[4]。(2)式を書き換えると，

$$P_t = b\nu_t + \alpha_1 x_t - \alpha_1 (R-1) b\nu_{t-1} + \alpha_2 oa_t + \beta \nu_t$$

となる。なお，$R-1$は割引率である。

　いま，営業キャッシュ・フロー（*cash flow*$_t$）と発生ベースで測定された収益（*accrued earnings*$_t$）がそれぞれ1単位増減した場合，株価がどれだけ変化する

のかを比較する。前者は，金融資産（$fa_t = bv_t - oa_t$）の増加を通じて資本を増やすと同時に，利益も増加させる。しかし，営業資産にはなんら影響しないから，

$$\frac{\partial P_t}{\partial\ cash\ flow_t} = 1 + \alpha_1$$

となる。他方，発生収益の場合，資本と当期利益の両者を増やすとともに，営業資産も増加させる。この点を考慮すれば，

$$\frac{\partial P_t}{\partial\ accrued\ earnings_t} = 1 + \alpha_1 + \alpha_2$$

のようになる。α_1, $\alpha_2 > 0$だから，一見してわかるように，発生ベースに基づく収益測定のほうが，株価との写像関係が複雑になる。

　もちろんこの結果は，保守主義の効果を，営業資産の増加関数として捉える前提の産物にほかならない[5]。しかし，それ以上に重要なのは，株価に対する保守主義の効果が，企業規模の成長と密接に結びつく点であろう（Zhang, 2000; Pope and Wang, 2005）。(1)式から明らかなように，資本が増加しない状況では，保守主義のもとでも，利益の測定バイアスは平均的に打ち消される。測定方法の継続性さえ保証してやれば，

$$P_t + d_t = \frac{R}{R-1} x_t$$

のように，利益は株価の完全なインプットとなりうる。それに対して，再投資によって営業資産が年々増加する場合は，利益のバイアスが増大するため，こうはならない。再投資を前提とすれば，測定された利益と株価との関係を考える際に，保守主義の影響を調整する必要が生じるのである。

3. 保守主義の測定

　問題なのは，ある程度継続性をもった保守主義の程度を，どのように測定するかであろう。実証的には，①利益および発生主義調整項目の大きさ，②利益に対する株式リターンの回帰係数，③簿価時価比率の大きさ，④隠れた積立金（estimated reserve）に基づく保守主義のスコア，の4つに着目した分析が考案されている。景気循環の影響を所与とすれば，①と③に掲げられる利益や簿価

の測定に,どの程度バイアスが影響しているかが,時系列で明らかになる[6]。あるいは,このような利益測定の傾向の原因を,②のようにリターンとの関連から,認識時点の非対称性に求めることもできる。他方,④のように保守主義の程度にスコアをつける切り口は,あらたな試みである。

(1) 利益および発生主義調整項目の大きさ

まず,時系列でみた損失企業の分布は,保守的な会計の浸透を顕著に裏づけている。たとえば,米国企業の総資本利益率は,平均的にみて年々低下しており,最終赤字になる企業の割合もドラスチックに増大している。図表Ⅳ-4-1をみれば,全期間を通じて上場しつづける企業でも,こうした傾向が強く観察される。利益低下の原因の大部分は,引当金,リストラ費用,資産売却,資産簿価の切り下げといった,いわゆる非営業発生主義調整項目によって占められるようである(Givoly and Hayn, 2000)[7]。Givoly and Hayn(2000)では,非営業発生主義調整項目の累計額は,一貫してマイナスの値をとることが示されている。

図表が示すように,損失企業や資本利益率が大きく低下し始めたのは,比較的に最近のことである。保守的な会計の導入は,加速度的に定着しつつあると言えよう。

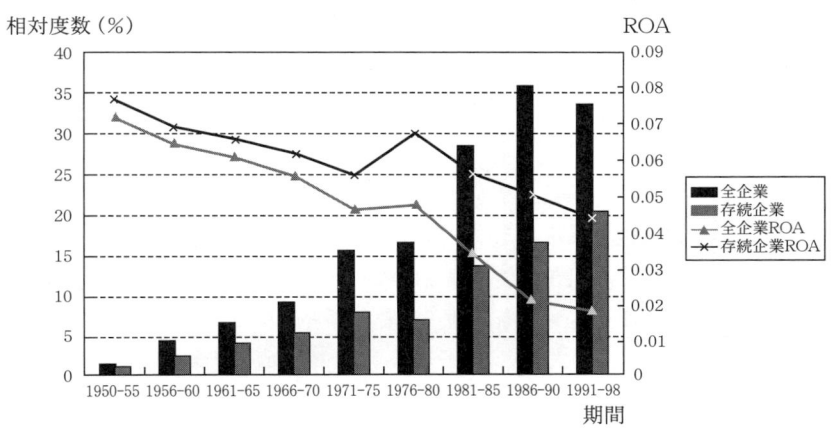

図表Ⅳ-4-1 米国における最終赤字企業の割合

(注) Givoly and Hayn (2000) の Table 1 より作成。

(2) 利益に対する株式リターンの回帰係数

他方,保守主義の傾向的な増加は明らかであっても,いま必要なのは,それを具体的に測定する方法である。収益と費用の認識時点の非対称性を保守主義の特徴と考えるなら,その非対称性の程度を数値化したほうがわかりやすい。このとき,利益測定が費用ないし損失の認識に重点をおくならば,企業の将来をめぐる情報に対する利益測定の弾力性にも,非対称性が生じるはずである。株価の変動が利用可能な情報のすべてを織り込むと仮定すれば,

$$\frac{x_t}{P_{t-1}} = \beta_0 + \beta_1 DR_t + \gamma_0 R_t + \gamma_1 R_t * DR_t \qquad (3)$$

を推計したときに,$\gamma_0 < \gamma_0 + \gamma_1$ となることが予想される (Basu, 1997)。なお,R_tは株式リターン,DR_tはリターンが負であることを示すダミー変数である。

つまり,株価の減少が企業の見通しに関する悪いニュースを意味するかぎり,それに対する利益の反応 ($\gamma_0 + \gamma_1$) は,よいニュースの場合 (γ_0) よりも強くなる。とりわけ,γ_1が統計的に有意な正の符号をとることが,非対称な費用認識のタイミングを示唆する。米国企業に対して(3)式を推計した結果,当初は1.73倍程度であった両者の比率は,1970年代後半から急速に拡大し,90年代後半には26倍に迫っていることが知られている (Givoly and Hayn, 2000)。

(3) 簿価時価比率の大きさ

このように,株価の変動を企業に関係するニュースとみなす方法は,利益だけでなく資本の測定に内在するバイアスを明らかにする際にも用いられる。ただしそこでは,企業が所有する資産の経済価値の変動を,株価の動きによって代理させている。

資産価値の向上は,一部を除き実現されるまで認識されないから,その分だけ資本が過小に測定されることになる。そうした認識時点のラグを除けば,企業が持続的に適用する保守主義の程度が洗い出される。保守的な会計を選好する企業の要因などを特定する際には,後者の恒常的なバイアスに焦点がおかれる (薄井, 2004)。前述(2)式のパラメータα_2と,概念的に矛盾のない保守主義の測度と言ってよいであろう。

そこではまず,資本の簿価を時価で除した簿価時価比率を被説明変数として,

$$\frac{BV_{t,i}}{P_{t,i}} = \delta_0 + \delta_t + \delta_i + \sum_{j=0}^{6} \pi_j R_{t-j,i} \tag{4}$$

を推計する。δ_t は各年度に固有の効果，δ_i は企業 i に固有の効果をそれぞれあらわす（Beaver and Ryan, 2000）。時間の経過に伴って古い保有損益は順次実現されるので，認識ラグをあらわす π_j は，過去にさかのぼるほど小さくなる[8]。この部分をコントロールした δ_i が，恒常的な保守主義の大きさを意味する。

δ_i が何によって説明されるかは一様でないが，さしあたり償却方法，研究開発費の費用処理ならびに棚卸資産の評価方法が候補になることが多い。それらが保守的であるほど，測定されたバイアスが大きくなると予想されるのである。

米国の上場企業を対象とする調査の結果をまとめたのが，図表Ⅳ－4－2である。同一産業の影響を除けば，レバレッジと成長率は，恒常的バイアスと認識ラグの両者に，強く影響している[9]。それに対して，加速度償却，研究開発費および後入先出法のパラメータは，認識ラグに有意な影響を与えない。これらの会計方針は，継続的な適用を前提とすれば，資本の測定を体系的に下方修正する。(4)式の構造上，パラメータが小さいほど，保守主義の影響が強く加わっていることがわかる。なお，後入先出法を採用し，レバレッジが高い企業は，成熟産業に属する傾向があるため，将来の投資機会が制約される分だけ，資本簿価とくらべた株価の伸びが抑制されるようである（Beaver and Ryan, 2000, p.139）。

図表Ⅳ－4－2　保守主義の大きさの決定要因

	産業平均	レバレッジ	成長率	加速度償却	研究開発費	後入先出法
バイアス	**1.014**	**0.128**	**0.143**	−0.70	**−0.908**	**0.881**
認識ラグ	**0.947**	**0.026**	**0.026**	−0.015	0.150	−0.45

（注）　Beaver and Ryan (2000) のTable 3 より作成。太字は，統計的に有意であることを表す。

(4) 隠れた積立金に基づく保守主義のスコア

他方，Penman and Zhang (2002) では，規模の変更を反映した保守主義のスコア（Q）が提案されている。そこでは，棚卸資産の評価と研究開発費および広告宣伝費の処理方法が，インプットとして位置づけられている。米国では，

190　第Ⅳ部　拡大する財務情報における信頼性

後入先出法を用いた場合，先入先出法と比較して棚卸資産がどれだけ異なるかを，開示することが義務づけられている。後者が前者を上回る大きさが，いわば隠れた積立金（estimated reserve）であり，研究開発費と広告宣伝費についても同様である[10]。総資本に占める積立金の大きさと，過年度ないし産業の水準とを比較してQが計算される。

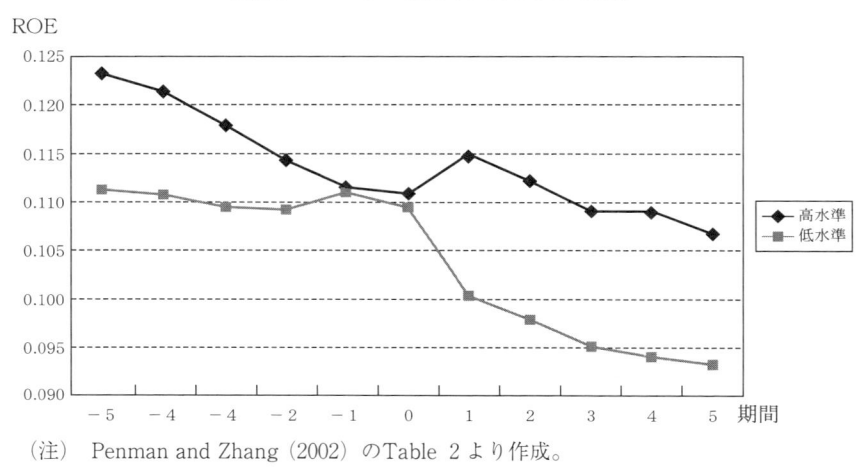

図表Ⅳ－4－3　QスコアとROEの推移

(注)　Penman and Zhang (2002) のTable 2 より作成。

このスコアが増加すれば，同じ測定方法を所与として，積立金を増やすような実体面での裁量が行使された可能性が高い。このとき利益は，積立金の増分だけ圧縮される。それが一時的な現象ならば，他の条件が変化しないかぎり，利益はすぐに前年の水準に回復するはずである。逆の場合は，積立金の取り崩しにともない，現在の利益が増加する。

いま，Qの大きさに基づくポートフォリオの分析結果から，そのことを確認することにする。図表Ⅳ－4－3は，Qの大きさにそくして，Qの測定時点を中心とするROEの推移を明らかにしている。若干のノイズはあるものの，おおむね0時点を境に，時系列での利益分布の連続性が崩れていることが観察される。

4. 保守主義と信頼性

　保守的な会計は，もっぱら情報の受け手の側の要請を強く反映して導入されている。このような役割期待を前提とした上で，発生ベースで測定された会計情報は，株価の形成に複雑なかたちで関係していた。証券投資の世界で会計情報が，一定の信頼性を寄せられていることは否定されない。問題は，そこに生じた測定バイアスを何で代理するかである。様々な手法が提示される一方で，計量の難しさや前提条件の多さがそれらを活用する際の障壁となっていることもまた事実である。市場をミスリードするようなかたちで保守主義の影響が株価形成に取り込まれれば，会計情報の信頼性そのものが揺らぎかねない。理論的な定式化を離れ，保守主義の程度をどう計量するかという技術的な側面に議論の焦点は移りつつある。

（注）
1）　株価の形成に会計情報がどの程度かかわるかは，企業価値関連性（value relevance）という概念によって表現されることが多い。この分野に関する実証分析の蓄積は膨大であるが，保守的な測定に起因するバイアスを明示的に調整することは困難なようである。バイアスを何で代理するかについて，コンセンサスが形成されていないためであろう。
2）　IASBやFASBが，信頼性の構成要件として，慎重性や保守主義よりも中立性を重視している事実からも明らかである。
3）　株価を中立的な企業の価値とみなせば，ε_tは資本測定の誤差ということになる。この誤差が，不確実性の解消に伴い部分的に打ち消しあうことで，利益測定の誤差が小さくなる。かりに，会計方針の継続的な適用を通じて，毎年の測定誤差に変化がなければ，利益は中立的な企業価値の変化を表す。
4）　前述の(1)式のとおり，簿価の測定バイアスは，利益のそれより大きくなる。したがって，営業資産が保守的に測定される分だけ，名目的な残余利益が大きくなるため，その影響をコントロールする必要がある。他方，金融資産の運用からは平均以上の利得は発生しないから，ここではoa_tのみに関心が集まるわけである。
5）　この関係を実証した文献としては，例えばMason（2004）が掲げられる。
6）　Klein and Marquardt（2006）では，時系列分析を通して，上場企業のうち赤字企業の占める割合が傾向的に増加している事実が，保守主義だけでなく，規模の小さい企業の増加や景気循環といった会計以外の要因に大きく依存することを析出している。したがって，①に関する分析結果の解釈には，一定の留保を要する。

7) 営業キャッシュ・フローと会計利益との差異は，一般に発生主義調整項目と呼ばれる。発生主義調整項目（とりわけ裁量的な発生主義調整項目）が会計情報の信頼性を高めるかどうかについて，鋭く意見が分かれていることは周知のとおりである。経営者の交替にともなう big bath のような場合も考えられるが，ここでは恣意的で一時的な発生主義調整項目の影響は，平均的に打ち消されると考える。
8) 認識ラグの大きさは，$\sum_{j=0}^{6} \pi_j (R_{t-j,i} - R_{t-j,.} - R_{.,i} + R_{...})$ によって計算される。ただし，$R_{t-j,.}$，$R_{.,i}$，$R_{...}$ はそれぞれ，年度，企業，全サンプルのリターンの平均値である。すなわち，年度などに固定的な部分を排除した株式リターンの加重平均として求められる。この値が負になるほど，時価簿価比率を下げる圧力となる。
9) 企業の成長がもたらす効果は，複合的で解釈が難しい。保守的な測定のもとでは，平均的に残余利益も成長しつづける（Zhang, 2000）。その結果，のれんが膨らむ分だけ，簿価と比べた株価の比率は高まる。他方，簿価の成長が残余利益のそれを上回る場合，簿価時価比率は1に近づく。
10) かりに，製品原価が上昇している局面で，棚卸資産の購入を控えれば，売上原価は棚卸資産を増やした場合よりも小さくなる。他方，先入先出法のもとでの棚卸資産の増加率は，あらたな資産を購入する場合より低く抑えられる。したがって，隠れた積立金が取り崩される分だけ，利益が増えるわけである。なお，研究開発費に関する積立金は，Lev and Sougiannis (1996) をもとに，年々の支出額を資本化して求められている。広告宣伝費については，2年間の支出額を単純合計している。

【参考文献】

薄井彰 (2004)「株式評価における保守的な会計測定の経済機能について」『金融研究』2004年3月号，127-159頁。

Basu, S. (1997) "The Conservatism Principle and the Asymmetric Timeliness of Earnings," *Journal of Accounting and Economics*, Vol. 24, pp. 3-37.

Beaver, W., and Ryan, S. (2000) "Biases and Lags in Book Value and Their Effects on the Ability of the Book-to-Market Ratio to Predict Book Return on Equity," *Journal of Accounting Research*, Vol. 38, pp. 127-148.

Feltham, G., and Ohlson, J. (1995) "Valuation and Clean Surplus Accounting for Operating and Financial Activities," *Contemporary Accounting research*, Vol. 11, pp. 689-731.

Givoly, D., and Hayn, C. (2000) "The Changing Time-series Properties of Earnings, Cash Flows and Accruals: Has Financial Reporting Become More Conservative?" *Journal of Accounting and Economics*, Vol. 29, pp. 287-320.

Klein, A., and Marquardt, C. (2006) "Fundamentals of Accounting Losses," *The Accounting Review*, Vol. 81, pp. 179-206.

Lev, B., and Sougiannis, T. (1996) "The Capitalization, Amortization, and Value-Relevance of R&D," *Journal of Accounting and Economics*, Vol. 21, pp. 107-138.

Mason, L. (2004) "The Impact of Accounting Conservatism on the Magnitude of the Differential Information Content of Cash Flows and Accruals," *Journal of Ac-

counting, Auditing and Finance, Vol. 19, pp. 249-282.

Penman, S., and Zhang, X. (2002) "Accounting Conservatism, the Quality of Earnings, and Stock Returns," *The Accounting Review,* Vol. 77, pp. 237-264.

Pope, P., and Walker, M. (1999) "International Differences in the Timeliness, Conservatism, and Classification of Earnings, " *Journal of Accounting Research,* Vol. 37, Supplement, pp. 53-87.

Pope, P., and Wang, P. (2005) "Earning Components, Accounting Biases and Equity Valuation, " *Review of Accounting Studies,* Vol. 10, pp. 387-407.

Zhang, X. (2000) "Conservative Accounting and Equity Valuation, " *Journal of Accounting and Economics,* Vol. 29, pp. 125-149.

第5章

財務情報の信頼性に対する管理会計手法の貢献可能性

1. はじめに

　会計不祥事に端を発した財務情報の信頼性の喪失という社会的な問題に対処し，財務情報の信頼性を回復することを企図した法改正や会計基準の見直しなどの制度改革が進展中である。このような取り組みは，投資家・株主に有用な情報を提供するという財務会計の視点に立つものである。しかしながら，企業を取り巻く環境が変容しつつある状況では，財務情報の信頼性の喪失という問題を管理会計の視点から考察してみることも有益であるように思われる。なぜなら，管理会計の視点からの考察は財務会計や制度会計の視点からの考察を補完するものであり，新たな知見を得ることが期待されるからである。本章では，このような認識に基づき，管理会計手法が財務情報の信頼性の向上に寄与する可能性について考察する。

2. 管理会計情報の特徴とその信頼性

　管理会計には，戦略策定や計画立案を含む意思決定に有用な会計情報を提供する機能（本章ではこうした情報提供に重点を置く管理会計を「意思決定会計」と呼ぶことにする），Plan-Do-Check-Action というPDCAサイクルにおける成果測定に関わる会計情報を提供する機能（本章ではこうした情報提供に重点を置く管理会計を「業績管理会計」と呼ぶことにする）とがある。そこで，管理会計情報の信頼性を意思決定会計と業績管理会計という視点から考察してみよう。

(1) 意思決定会計における管理会計情報の特徴と信頼性

　経営上の意思決定に有用な情報を提供することが求められる意思決定会計で扱われる情報は主に原価・費用や収益，キャッシュ・フローについての予測情報である。予測情報であるため証憑等で検証することはできないし，完全に客観的であるとも限らない。その意味では，財務諸表で開示される財務情報のような信頼性は保証されているとはいえない。それにも関わらず，このような予測情報を用いるのは，情報の有用性に加えて，そうした情報を用いることについて組織構成員間の合意があり，意思決定主体が意思決定のリスクをとることができるからだと考えられる。このことは，意思決定会計における管理会計情報の信頼性はそれを利用する組織構成員間の合意によって担保されていることを意味すると考えられる。そうした合意の背景には組織構成員の間に信頼関係があることにも注目する必要があろう。

　また，そうした予測の根拠となる定性的情報や，生産量や歩留率などの非財務情報が予測情報の信頼性を補完していることにも注目するべきであろう。

(2) 業績管理会計における管理会計情報の特徴と信頼性

　意思決定会計に対して，業績管理会計では組織構成員に企業目標達成に向けて望ましい行動をとらせることが主眼になる。そのため，業績管理会計における管理会計情報はPDCAサイクルにおける業績評価指標に関わるものになる。こうした業績評価指標は，それを用いて組織構成員を評価することもあるので，公平さが重視される。このことは，業績管理会計における管理会計情報が公平性を持たなければ，組織構成員からの信頼が得られないことを含意する。言い換えれば，信頼性の前提として公平性が求められるのである。

　さらにマネジメント・コントロールの観点からは，組織構成員に全社的に望ましい行動をとらせるうえで多元的な業績評価を行う必要がある。Johnson and Kaplan [1987] が *Relevance Lost* においてＲＯＩによる経営者の業績評価が結果的にアメリカ企業の競争力を衰退させたと指摘するように，一元的な指標で業績評価を行う場合には，その指標を改善するために企業目標の達成上望ましくない行動をとるおそれがある。

　このように，業績管理会計における管理会計情報には，その業績評価指標が

業績を忠実に測定しているという合意に加えて、その測定において公平性が保証されていることが必要だと考えられる。また、多元的な測定という視点からは、業績管理会計では非財務情報を適切に利用することが重要となる。

(3) 組織構成員の合意形成と管理会計手法

意思決定会計において予測情報を用いることについての合意、および業績管理会計における公平性についての合意が管理会計情報の信頼性の担保になることを前項では考察した。そうした合意形成に有用と考えられる管理会計手法として、Open Book Management, Accounting Talk を紹介しよう。

Open Book Management（オープンブック・マネジメント、以下、ОＢＭと略称する）は、帳簿（Book）公開によるマネジメントであり、月・週・日の最新情報を伝えられるように恒常的に財務データを公開しておくことである（Case [1995]）。Case [1995] はＯＢＭを「会社が利益をあげることに全従業員を集中させる経営手法である」[1] と定義し、「従業員に予算と収入状況、現金の流れ、そしてバランスシートを公開し、その意味を理解させること」[2] によって、従業員をエンパワーメントすると説明している。

企業内では会計情報は多様な方法で伝達される。Ahren [1997] は、このような会計情報の伝達に関して、「会話」に注目し、会計情報が対話によって伝達されるとき、その対話に参加する人々の間では、単に会計情報がやり取りされるだけではなく、その会計情報の解釈やインプリケーションをめぐって各自の知識をも交換することになることを説明している。そして、このような対話を伴う会計情報の伝達を Accounting talk（あるいはTalking Accounting）と定義し、組織構成員間での知識の創造・共有を促すと主張している。

(4) 財務情報の信頼性へのインプリケーション

ここまでの考察は財務情報の信頼性に関して次のようなインプリケーションを持つ。

第1は、組織構成員間の合意に基づいて予測情報を用いている点に着目して、予測を含む財務情報の開示に関して会計基準を設定しようとする場合に、経営者と投資家・株主の間で予測情報の開示とその利用について合意（その前提と

なる信頼関係も含む）が必要だということである。そうした合意は財務情報の信頼性の向上に寄与すると考えられる。第2は，非財務情報が財務情報の検証可能性を間接的に担保するということである。第3は，reliability の前提として trustworthiness を重視すべきであるということである。

3. 経営者の会計行動についての分析[3]

　前節までは，管理会計情報の信頼性および財務情報へのインプリケーションについて考察してきた。しかしながら，管理会計情報は一般には投資家・株主には開示されず，投資家・株主には会計基準に基づく財務諸表が開示される。会計基準に基づく会計処理に経営者の裁量の余地があるなら，経営者の会計行動が財務情報の信頼性に影響を与える可能性が生じる。本節では財務情報の提供者である経営者の会計行動について考察してみよう。

(1) エイジェンシー・モデルによる分析

　経済主体は自己の利得が最大になるように合理的に行動するという経済人モデルに依拠すれば，経営者は，株主との関係において，株主の利得を犠牲にして自己の利得を最大にするような機会主義的行動をとると考えられる。

　経済人モデルを前提とした，このような経営者の行動を株主との関係において分析するツールとしてエイジェンシー理論が用いられる。Jensen and Meckling [1976] は，株主と経営者の関係をプリンシパルとエイジェントという関係として定式化し，エイジェンシー関係のもとでは情報の非対称性が存在し，そのため経営者は自己の利得のために株主の利得を犠牲にする機会主義的行動をとることを説明している。エイジェントのこのような行動を防ぐためには，エイジェントに対する適切なインセンティブの付与とエイジェントの行動のモニタリングがプリンシパルに求められると論じている。

　このようなエイジェンシー・モデルにおいて企業業績に連動して経営者の報酬が増減したり，経営者交代が行われたりするような状況では，株主の利得を犠牲にして自己の利得を最大にするような行動として経営者の earnings management が発生する。岡部 [1997] は earnings management の1つのタ

イプとして会計的裁量行動を指摘しているが[4]，こうした会計的裁量行動が行き過ぎると不正な会計処理になるだろう。

(2) Value-based Managementにおける経営者行動の分析

こうしたエイジェンシー理論の研究が進展する一方で，企業目的はその株主の富を創造することであり，その目的を果たすためのマネジメントとしてValue-based Management（以下，ＶＢＭという）が提唱されるようになった。ＶＢＭは，次のような要素を持つ点で他の経営手法とは区別されるとArnold [2000]は述べている[5]。

① 株主の長期的な富が最高の目的として設定される。この見方が組織に広がっていること

② 資本投資，製品系列，戦略的事業単位（ＳＢＵ）および企業全体に捧げられた株主の金の総量は数値化されねばならない。これらの資金の機会費用よりも多くのリターンが達成される場合のみ価値が創造される。

③ 資本投資，製品系列，ＳＢＵの戦略，全社的戦略の事前評価および事後の業績評価のために用いられる内部指標は，長期的な株主の富の最大化を追求する際に経営者の情報となり彼らを動機づけるべきである。外部指標は過去の実績についての透明性が高く正確な評価を可能にし，将来の価値創造の潜在力を反映するべきである。

そのようなＶＢＭの実践について，Young and O'byrne [2001] は，戦略的計画，資本配分，オペレーティング予算編成，業績評価，経営者報酬，内部コミュニケーション，外部コミュニケーションに考慮することが必要であると述べている。

ＶＢＭは株主の富の創造を意図するものであるが，株主の富の創造は製品・サービスの生産・供給という活動の結果である。したがって，株主価値を創造するには，製品・サービス市場で競争優位を獲得できるような競争力を維持・向上させることが経営者に求められるのである。藤本 [2003] が指摘するように，こうした競争力の構築には，長期にわたる愚直な努力が必要となる。したがって，ＶＢＭを実施する場合であっても，企業の競争力を構築するために長期的に経営資源を投入し続けなければならず，すぐに成果があげられないときには，

短期的利益志向の株主と経営者の間でコンフリクトが生じる。

さらに,経営資源を投入し競争力を構築しようとしても,すぐに成果があげられない場合には,他の投資家や企業の(敵対的買収も含む)M&Aの対象になってしまう可能性もある。特に,投資家が投機的な意図を持って株主になることが想定される場合には,経営者は企業の存続や自身の経営者交代に関して脅威を感じると考えられる。

このように競争力の構築をめぐる株主とのコンフリクトや敵対的買収も含むM&Aに対する潜在的な脅威があるため,経営者はMBO(Management Buy Out)を実施したり非公開化したりするかもしれない。そのような方策ではなく,買収防止の株価操作を意図したearnings managementという手段をとる場合も考えられる。したがって,VBMを実施する企業であっても会計的裁量行動を排除することはできず,不正な会計処理が行われる可能性は完全には排除できない。

(3) 経営者と株主の関係のあり方

エイジェンシー理論が対象とする経営者と株主の間のコンフリクトだけでなく,VBMを実施する企業であっても経営者と投資家・株主の間で持続性のある競争力の構築を巡ってコンフリクトは発生する。

経営者と株主の間のコンフリクトが不正経理を誘発するなら,製品・サービス市場での競争への対処を巡る株主・投資家と経営者の考え方の相違,言い換えればミスマッチを是正することによって不正経理の発生が抑制される可能性が高まると考えられる。このことから,経営者と株主の関係のあり方について新たな視座が得られる。

ミスマッチは,経営者の意図する競争力構築のマネジメントに対して株主・投資家の合意が得られないときに発生する。したがって,ミスマッチを解消するには,経営者は競争力構築のマネジメントに株主・投資家が合意できるかどうか判断できるような情報を提供し,その上で株主・投資家にその意図を理解させる努力をするべきだと考えられる。そのような情報提供はシグナリングの効果を有しており,具体的な手段としてIR(Investors Relations)などが考えられる。

経営者が競争力構築のマネジメントについての情報を提供すると，経営者と株主・投資家の間のミスマッチが是正され，Thomkins [2001] が述べるように情報の共有によって信頼関係が構築されてくる。そのような信頼関係が形成されると，競争力のマネジメントに関して株主・投資家と経営者の協力関係が構築されるようになると考えられる。製品・サービス市場での競争への対処についての株主・投資家と経営者が協力的な関係にある場合には，不正な会計処理が行われることが抑制され，また，株主価値を創造するような競争力の構築が可能となる。そうした協力的な関係は，インセンティブの付与やモニタリングというエイジェンシー・コストを下げる。そして，経営者は持続性のある競争力を構築し，株主はそのリターンを獲得できるようになるのである。

⑷ 情報共有を促進するような管理会計手法が経営者と株主の信頼関係構築に果たす役割

以上の考察から，経営者の不正な会計処理を抑制するためには，製品・サービス市場での競争への対処について株主・投資家と経営者が協力的な関係を構築することが有効であり，そうした関係構築には情報の共有が必要となることを明らかにした。こうした情報共有の手法に関して，再びＯＢＭとAccounting talk の有用性を検討する。

小林 [2004] はＯＢＭが企業間で実施されたケースを分析した研究としてCarr and Ng [1995] とDekker [2003] を取り上げている。それらの研究を踏まえた上で，信頼関係は必ずしも直線的に進むのではないので，情報の共有がどのように進み信頼関係がどのように構築されるかについての経時的研究が必要であると述べながら，コストなどの会計情報の共有が信頼関係の構築に不可欠であると主張している。こうした見解に基づけば，ＯＢＭのような会計情報の提供は株主・投資家との信頼関係を構築するのに有効だと考えられる。さらに，財務諸表以外に管理会計情報を自発的に開示することは，株主・投資家との信頼を構築しようというシグナリングの役割を果たすだろう。

Accounting talk を経営者と株主・投資家との間で実施すると，会計情報の背景にある製品・サービス市場での競争への対処や競争力についての情報共有を促進し，経営者と株主・投資家のミスマッチを解消ないしは緩和し，財務諸

表で開示される財務情報を補完する役割が期待される。例えば，アナリストによる経営者へのヒアリングは Accounting talk として機能するだろう。また，ＩＲも経営者と株主・投資家との間の Accounting talk として機能すると考えられる。

4. 結びに代えて

　本章では，財務情報の信頼性の喪失という問題を管理会計の視点から考察し，管理会計手法が財務情報の信頼性の向上に寄与する可能性について考察した。その考察の含意は，予測を含む財務情報の開示と利用に関して経営者と投資家・株主の間の合意が必要だということ，非財務情報が財務情報の検証可能性を間接的に担保すること，reliability の前提として trustworthiness を重視すべきであるということである。

　さらに，企業の競争力を巡る経営者と株主・投資家とのミスマッチが経営者にとって不正な会計処理を行う誘因となることを明らかにした。この考察に基づいて，経営者が不正な会計処理を行うのを抑制するためには，経営者と株主（あるいは投資家）の信頼関係を構築することが必要であり，そうした信頼関係の構築にはＯＢＭや Accounting talk のような企業間関係の信頼を構築しマネジメントする管理会計手法が有用であることも明らかにした。

　それらの管理会計手法の具体的な運用方法を考察することは今後の課題として残されているが，企業の経済活動を忠実に把握できるようにする会計制度を改革すると同時に，経営者と株主（あるいは投資家）の信頼関係の構築をサポートするような制度設計も必要であろう。

（注）

1）　Case [1995]，引用は邦訳書，98頁。
2）　Case [1995]，引用は邦訳書，15頁。
3）　本節は，拙稿「会計不信に対する管理会計手法の有用性」の一部である。
4）　会計的裁量行動の具体的な内容については，乙政 [2004] などを参照されたい。
5）　Arnold [2000], p.9.

【参考文献】

岡部孝好（1997）「利害調整会計における意思決定コントロールの役割」『企業会計』vol.49, No.5, 4-10頁。

乙政正太（2004）『利害調整メカニズムと会計情報』森山書店。

木村彰吾（2006）「会計不信に対する管理会計手法の有用性」『會計』第170巻第4号。

小林哲夫（2004）「組織間マネジメントのための管理会計－信頼の構築とオープンブック・アカウンティングー」『企業会計』Vol.56, No.1, 4-11頁。

藤本隆宏（2003）『能力構築競争』中公新書。

Ahren, T. (1997) Talking Accounting : An Ethnography of Management Knowledge in British and Germany Brewers. *Accounting, Organizations, and Society*. Vol.22, No.7, pp.617-637.

Arnold, G. (2000) "Tracing the development of value-based management", *Value-Based Management : Context and Application* (Arnold, G. and M. Davies eds.) John Wiley and Sons.

Carr, C. and J. Ng (1995) "Total cost control : Nissan and its U. K. supplier partnership" *Management Accounting Research*. Vol.6, No.4, pp.347-365.

Case, J. (1995) *Open-Book Management : the coming business revolution*. Harper Business.（佐藤修訳（2001）『オープンブック・マネジメント』ダイヤモンド社）

Dekker, H.C. (2003) "Value chain analysis in interfirm relationships : field study" *Management Accounting Research*. Vol.14, No.1, pp.1-23.

Johnson, T. H. and R. S. Kaplan (1987) *Relevance Lost : The Rise and Fall of Management Accounting*. Harvard Business School Press.（鳥居宏史訳（2002）『管理会計の盛衰』白桃書房）

Jensen, M.C. and W. H. Meckling (1976) "Theory of the firm : Managerial behavior, agency costs and ownership structure" *Journal of Financial Economics*. Vol.3, No.4, pp.305-360.

Tomkins, C. (2001) Interdependencies, Trust and Information in Relationships, Alliance and Network. *Accounting, Organizations and Society*. Vol.26, No2, pp.161-191.

Young, S. D. and S. F. O'byrne (2001) *EVA® and Value-Based Management*. McGraw-Hill.

第6章
サステナビリティ情報の第三者保証

1. はじめに

　2007年6月に開催された上場企業の多くの株主総会は，例年になく大きな注目を集めた。前年度から世間を騒がせていたM＆A（買収合併），なかでもTOB（株式公開買い付け）が本格化することを予測して経営陣が防衛策の導入を急ぎ，それに付随して経営陣に対する株主提案が積極的に出された。こうしたM＆Aや株主提案は，その多くを外資系ファンドが主導的に行っており，経営環境の異なる日本企業にとっては大きな脅威となっている。

　実際，外国人投資者の動きは日本企業の経営全般に多大な影響を与えることが予想されており，それを裏付けるかのように，ここ数年日本企業における外国人の持ち株比率が上昇傾向にある。東証など日本全国5大証券取引所からの発表によると，2007年度の集計では（調査対象企業数2,957社，個人株主延べ人数約4,000万人）外国人持ち株比率は27.6％に上り，外国人保有株の金額は110兆円に達している[1]（東京証券取引所グループ，2008）。業種による偏りがみられるなか，金融・証券・保険関係が最も多く，医薬品，不動産，電気機器があとに続く。

　このように企業を取り巻く環境が変わると，企業も経営上の方針転換を迫られることになる。たとえ日本国内だけの事業展開を行う企業であっても，外国人投資者が増えると，投資先の企業に対する要求が多様化，複雑化するため，グローバル化する国際情勢に歩調をあわせざるをえない。

　これらの傾向は，環境情報の提供という側面においても例外ではない。日本企業が開示する環境情報の内容は，その火付け役だった環境省の環境会計ガイ

ドラインに基づき，すでに一定のレベルに達している。さらに，最近その開示情報には，Global Reporting Initiative（ＧＲＩ）が公表したサステナビリティ情報に関するガイドラインが積極的に取り込まれつつある。サステナビリティ情報の開示はＧＲＩが力をそそいでいるもので，環境とともに経済と社会の側面までをその測定と開示の対象とする動きである。

ＧＲＩガイドラインでは，環境，経済，社会の各側面の測定に必要とされる具体的な開示項目を列挙しており，これらの項目を積極的に活用することを呼びかけている。このガイドラインにより，環境のみならず，社会全般に対する企業の社会的責任に注目する国際的な流れが作られ，現在は環境報告書の名称と内容が名実ともにサステナビリティ報告書に移りつつある[2]。そして，前述の日本企業の経営環境の変化が，このような動きにさらに拍車をかけた一要因であることは否めない。

ところでＧＲＩガイドラインは，サステナビリティ情報の開示が自主的なものであるにもかかわらず，その情報に信頼性を付与するために第三者による保証を推奨している。これに従う形でヨーロッパや日本のサステナビリティ報告書に，第三者保証が付されるケースが着実に増えつつある（KPMG, 2005, p.30）。

これは，情報利用者の関心事が情報の提供だけではなく，情報の信頼性に移り始めていることを表す。サステナビリティ情報の保証問題については，とりわけヨーロッパにおいてより広範な動きがみられ，それらに関するいくつかの研究も行われている。

例えば，O'Dwyer and Owen は，2002年にＡＣＣＡ-ＵＫとヨーロッパサステナビリティ報告書大賞の候補に選ばれた報告書に付された意見書を分析している。そこでは，一般的に用いられる保証基準であるＡＡ1000ＡＳ，ＦＥＥ，ＧＲＩを比較し，なかでもＡＡ1000ＡＳが保証基準として最も本格的なものであると結論付けている（O'Dwyer and Owen, 2005, p.215）。Park and Brorson は，企業が自主的に提供するサステナビリティ報告書に対する第三者保証を分析し，第三者保証がもたらすベネフィットを企業が積極的に認識していることを明らかにした（Park and Brorson, 2005, p.1099）。

他方，Dixon et al. は，環境パフォーマンスを含む環境情報に対する監査の問題が財務会計監査と深くかかわっているとする。そこでは，財務会計監査が

環境監査領域に貢献できるのか，また公認会計士資格を有する会計監査人が企業活動における環境への影響を評価でき，環境監査を担当することが可能なのかを検討している。それゆえ，会計監査人よりは専門的な環境監査人が必要な要素を含む一般的なフレームワークを提供することを提案している(Dixon et al., 2004, pp.131-133)。

そもそも，提供される情報の信頼性を保証することを監査の機能とした場合，伝統的な財務諸表監査は最も高い保証レベルのものとされる。しかし近年，企業の非財務情報の提供が増えるにつれ，それへの保証レベルを調整した別の業務が必要になってきた。それが，保証業務である。

保証業務は，財務情報だけでなく非財務情報や新しい分野への対応など，一般財務諸表監査より範囲が広く，ときには一部コンサルティング業務までをも含む。しかし，一般財務諸表監査以外の保証の場合，しっかりした保証基準の設定や議論がまだ不十分なため，その保証はレビューという限定的保証のレベルに留まる。このように，保証業務の保証レベルは財務諸表監査ほど高くないが，情報利用者に対する情報の質，さらにその質を改善する独立した専門的サービスを提供するもので，監査と区分されている（加藤・友杉・津田, 2006, 243頁）。

このような制約はあるものの，情報の非対称性を解消するために非財務情報が活発に提供される状況では，その非財務情報を提供する報告書の信頼性を向上させるのが重要であり，その意味で保証業務に期待される役割は大きい。

2. 第三者保証のための基準

前述のように，サステナビリティ報告書に対して第三者保証を行う際には，保証のレベルが問題となる。最も高い保証レベルである財務諸表監査に対して，サステナビリティ報告書のような環境・経済・社会情報への保証は，限定的な保証，つまりレビューのレベルに留まることになる。監査基準などが明確な財務諸表監査とは異なって，非財務情報の場合は信頼性を付与する仕組みが整っていないからである。

このような状況から，2003年3月にイギリスのＮＧＯ団体 AccountAbility が AccountAbility 1000 Assurance Standard（ＡＡ1000ＡＳ）という保証基準の

設定を試みた。ＡＡ1000ＡＳは，企業パフォーマンス全体にわたり，組織のサステナビリティ報告書の質や作成のプロセスおよびシステム，保証実務者の能力に関する保証の実施に重点がおかれたものである（AccountAbility, 2003, p. 12）。同基準はアカウンタビリティへのコミットメントの最重要課題として「包括性（Inclusivity）」をおき，そこから報告書がステークホルダーにとって必要な情報を含んでいるかを問う「重要性（Materiality）」，重要なパフォーマンスを網羅しているかに関する「完全性（Completeness）」，ステークホルダーへの対応を適切に行っているかに関する「対応性（Responsiveness）」という３つの原則を導き出し，それをもとに保証実務者が報告書を評価するよう求めている。

なお，ここでいう「包括性」は，①環境・経済・社会的パフォーマンスとインパクト，それらに対するステークホルダーの見解を確認して理解すること，②組織の方針と活動に対するステークホルダーの期待とニーズを考慮し，一貫した対応を行うこと，③組織の意思決定と行動およびその影響について，ステークホルダーに説明することを要件とする（AccountAbility, 2003, p. 11）。ただし，そこにはまだ具体的な項目が設定されておらず，網羅的に保証作業を行うことができない。

図表Ⅳ－6－1　ＡＡ1000ＡＳとISAE 3000の主な相違点

	ＡＡ1000ＡＳ	ＩＳＡＥ3000
保証レベル	ひとつのエンゲージメントの課題ごとに多様	合理的保証エンゲージメントと限定的保証エンゲージメントから選択して適切なレベルの保証情報を提供
重　要　性	保証実務者は，利害関係者とともに組織のエンゲージメントの質，範囲と報告基準を考慮した意思決定プロセスの堅固性を評価	保証実務者は基準と報告情報とが一致しているのかを評価しながら，重要性を考慮
完全性と対応性	適用性と対応の質評価，将来における持続可能性パフォーマンスの重要な側面を理解・管理	単に与えられた期間における報告基準にかかわる完全性と保証された情報の正確性を提供
独　立　性	報告組織から独立	会計専門家の要求内容に従う

出所：AccountAbility & KPMG（2005），pp. 18-19の図表の一部

同様に International Standards on Assurance Engagements 3000（国際保証業務基準：ISAE 3000）も非財務情報を対象とする保証基準であり，International Federation of Accountants（国際会計士連盟）の International Auditing and Assurance Standards Board（国際監査・保証基準審議会）によって公表されたものである。ここでは，報告書の信頼性を高めるために，会計監査の手法に準じて審査した保証を行うことが勧告されている。ISAEは，監査やレビューといった一般的な財務情報のための評価レベル以外に，保証エンゲージメントに対しても一般基準として適用する。

両方の基準とも持続可能な保証を提供するために保証実務者から利用されるが，後者はより監査に近いとみられる（AccountAbility and KPMG, 2005, p.16）。

3. 日本企業のサステナビリティ情報に関する第三者保証

ところで，一言で第三者保証といってもその実態は様々である。日本では環境省の検討会によって環境報告書に関する保証区分が行われた[3]（環境省，2003，11頁）。

ひとつは，「審査」タイプと呼ばれるものである。これは，環境報告書の作成基準が設定されていることを前提とし，記載事項に対して何らかの保証を行うもので，監査に準ずる手続きが必要となる。このタイプの保証は外部ステークホルダーの意思決定のために用いられ，環境報告書の作成・開示基準やＧＲＩガイドラインをはじめとする国際レベルでの作成・開示指針に関する専門的知識，環境マネジメントシステムといった経営的専門能力，環境全般に関する専門知識や監査に関する知識をもつ機関によって遂行されることが前提となる。現在は主に監査法人関連のコンサルティング会社が担当しているが，将来的には専門的環境報告審査人を認定し，ＮＧＯ団体に登録させることが検討されている。

もうひとつは，「意見」タイプと呼ばれるものである。これは，環境報告書の作成基準が未整備であっても，環境保全上の必要性などに照らして，独自の判断で環境報告書および環境への取り組み状況を評価するものである。ここでは，取り組み状況の適切性に関する評価や感想といった自由度の高い次元の意

見表明が行われ、コンサルタント、NGO、研究者などにより有識者としての意見が提供される。

この検討会報告書は環境報告書を対象としたものだが、もちろんサステナビリティ報告書に置き換えて考えてもよいはずである。このような2タイプの第三者保証の意見書が、実際企業のサステナビリティ報告書にどれほど付されているのかについて分析したのが、図表Ⅳ－6－2である。

図表Ⅳ－6－2　第三者保証の意見書の動向

(単位：社)

	2004年度		2006年度	
	審査タイプ	意見タイプ	審査タイプ	意見タイプ
添　　付	57	76	74	155
（割合%）	13.4	17.9	14.9	31.3
両方添付	4		16	
全　　体	425	425	495	495

注：2004年データは梨岡（2005）より作成。

ここでは、東証1部上場企業1,722社を対象にして、2006年度の環境報告書を開示している企業を調べ、その報告書に第三者保証が付されているのかを確認した。意見書が添付されている場合は、どちらのタイプなのかも分類している。ここでは、梨岡（2005）によって分析された2004年度ものと比較する[4]。分析プロセスにおいて若干の違いはあるものの、全体的な傾向を把握するのに特に支障はないと考えた。

企業の社会的責任に対する関心が増すにつれ、サステナビリティ報告書の開示企業も多く増えている。この図表からわかるように、前回の数値では審査タイプ、意見タイプがそれぞれ13.4％、17.9％だったが、2006年度現在は14.9％、31.3％と増えている。さらに、両タイプの意見書を付す企業が前回に比べ大幅に増えていることも注目すべき点である。

より強力な信頼性を担保するためには両タイプの添付が望ましい。とはいうものの、このケースは少なく（16社, 3.2％）、理由は2通り考えられる。

「審査」タイプの場合、主に監査法人関連のコンサルティング会社が行っており、一定の基準の下で作業を行う分、当然時間とコストが要求される。しか

し、それよりも実は、作成・評価基準の問題が根底にある。環境側面の場合は一部作成基準の設定が進んでいるが、その他の側面に関しては基準と呼ばれるほどのものがない。基準のない段階では、保証の強度を高めたとしても、必ずしも保証品質の向上につながるとは限らないのである。

その意味で、「意見」タイプは用いやすい。コスト面でのメリットもあるが、サステナビリティ報告書の持つ特徴、つまり企業と社会との関連を重視することからも、社会からの評価は企業のパフォーマンスとして有効であろう。なかでも、研究機関やＮＧＯからの意見は、体系的に企業の改善が要求される分、目標設定ができるため、より具体的な企業の行動につながりやすい。

さらに第三者保証の意見書以外にも、補完的手段として有識者との座談会や、意見交換会などをとおしたステークホルダーエンゲージメントを積極的に行う

図表Ⅳ-6-3　2006年度第三者保証の意見書の業種別内訳

(単位：社)

業　種	2006年度			
	報告書開示企業数	審査タイプ	意見タイプ	両方添付
食　　　品	36	7	16	
建　　　設	33	4	13	2
鉄　　　鋼	11	1	2	
電　　　機	98	13	19	3
化　　　学	91	11	28	2
機械・精密	37	9	10	
自動車・輸送	34	3	10	1
非鉄・金属	23	1	2	
ガス・電力	17	6	11	2
小　売　り	20	1	6	
交通・運輸	26	3	9	1
その他製造	41	11	12	4
金　　　融	28	4	17	1
合　　　計	495	74	155	16

ことで，企業のサステナビリティ活動を理解してもらうことができる。ステークホルダーエンゲージメントは，企業のサステナビリティ活動の節目ごとにステークホルダーを公式的に参与させ，保証実務者と顧客との合意を試みることを目的とするもので，最も有効なサステナビリティ情報の発信および社会からのフィードバックの方法として注目されている。

ところで，Ⅳ－6－3の業種別内訳をみると，報告書の開示は活発であるものの，第三者保証の添付は一部の企業に限られていることがよくわかる。これをみる限り，業種別特性が現れたというよりは，各業種におけるリーディング企業が積極的に保証付きサステナビリティ報告書を開示したとみるほうが自然である。

しかしいずれにせよ，これらの保証は着実に増加傾向にあり，今は企業が「報告書作成」段階を超えて，「開示情報の信頼性確保」に向けて本格的に動きはじめている段階にあるといえる。

4. 結びに代えて

本章の最初に言及したように，外国人持ち株比率は増加の傾向にある。さらに，今後は国際会計基準が日本で容認される。つまり，今の日本企業はグローバルな事業展開の有無にかかわらず，常にグローバルな視点での経営管理が要求される時代にある。その意味ではサステナビリティ情報の提供，さらにそれの信頼性の担保を要求することも，このようなグローバルな企業環境の流れと無関係ではないはずである。現状として，外国人持ち株比率の業種別分布と保証付きサステナビリティ報告書の業種別内訳を単純に結び付けることは危険であるが，今後は何らかの形でこのような環境変化の要素を取り入れた分析が必要となろう。

今日，サステナビリティ情報に代表される非財務情報に，第三者保証を提供するためには，次の3点が必要であると考えられる。

まず，判断基準となる保証基準の設定である。すでに述べたように国際的にはガイドラインや基準の設定が試みられている。そこから日本企業に適する基準をどのように形成していくかが重要な鍵となる。もちろん，それにはサステ

ナビリティ情報を作成するための基準が前提にあるのはいうまでもない。

次は、専門家で構成されたチームが徹底的な保証業務を遂行して「審査」レベルの保証を担保し、さらに「意見」レベルでの保証を行うことである。つまり、より高い保証水準の保証業務である「審査」タイプと、より自由度の高い保証業務である「意見」タイプの両方を用いることで、強力な信頼性確保が実現できる。なかでも、後者の場合は、とくに意見を提供する機関などの選別に注意を要する。自由度が高いため、客観的にみてその選定に説得力がないと、保証の意味は薄れてしまうからである。

さらに、保証内容が他社と、あるいは自社内で比較できることが重要である。各企業の情報をみてその特徴を把握し、自社内の分析をとおして問題点を見出だし改善につなげることで、次の報告書に意見が反映されたかどうかを判断する材料となりうる。それによって、企業の経済的成長や環境活動を含んだサステナビリティ報告書の質自体を改善することが可能になろう。

以上、サステナビリティ情報に関する保証業務を、日本国内外の動きと日本での第三者保証の意見書の開示状況から検討した。サステナビリティ報告の歴史はまだ浅いが、その勢いは強くなる一方であり、さらなる発展が期待される。その際には、本章で言及したように、報告書に対する信頼性確保がどこまで進展するのかによって、方向性が問われることになろう。

保証基準の作成を起点として、段階的な保証業務を行うことで保証レベルを確保し、サステナビリティ情報が有用な情報としてステークホルダーに受け入れられることが必要である。さらに、経営者にとっても、環境・経済・社会側面の対応において、活用できる情報であることが望ましい。

(注)

1) これは、昨年度に比べると持ち株比率で0.4%減、保有株の金額では50兆円減の数値である。前年から世界経済に大打撃を与えたアメリカ発のサブプライムローン問題からのリスク管理が主な要因とされる。
2) 環境報告書、社会報告書、サステナビリティ報告書など名称は多様だが、ここではそれらを区分せず、サステナビリティ報告書と称する。
3) 環境省は『平成14年度環境報告の促進方策に関する検討会報告書(案)』で、第三者保証を「審査」タイプと「評価・勧告」タイプに分けている。後者は一般に「意見」タイプと称されるもので、本文でもこの名称を用いる。

4) 梨岡 (2005) は調査対象報告書の入手に際してホームページのみならず冊子などのあらゆる媒体を用いている。それに比べ本分析では，ホームページ上の開示報告書に限定している。それは，情報への接近可能性にこだわるためで，直接情報開示の積極性を確認する意味で筆者が常に用いる方法でもある。朴 (2002) を参照。

【参考文献】

加藤恭彦・友杉芳正・津田秀雄編 (2006)『監査論講義 (第5版)』中央経済社。

環境省 (2003)『平成14年度環境報告の促進方策に関する検討会報告書 (案) －環境報告書の比較可能性及び信頼性確保のための基本的枠組みについて』。

東京証券取引所グループ (2008)『平成19年度株式分布状況調査』。
　（参照 http://www.tse.or.jp/market/data/examination/distribute/h19/distribute_h19a.pdf）

梨岡英理子 (2005)「情報の信頼性 (第三者意見) のベストプラクティス」『サステナビリティレポートの現状と課題』(日本社会関連会計学会スタディ・グループ最終報告) 47－50頁。

朴恩芝 (2002)「日本企業の環境情報開示の質的特性」『社会関連会計研究』第14号，65－74頁。

AccountAbility (2003), AA1000 *Assurance Standard*.

AccountAbility and KPMG (2005), *Assurance Standards Briefing-AA1000 Assurance Standard & ISAE 3000,* April.

Dixon, R., Mousa., G. A., Woodhead, A. D. (2004), "The Necessary Characteristics of Environmental Auditors: A Review of the Contribution of the Financial Auditing Profession", *Accounting Forum,* Vol. 28.

KPMG Global Sustainability Services (2005), *KPMG International Survey of Corporate Responsibility Reporting 2005.*

O'Dwyer, B., Owen, D. (2005), "Assurance Statement Practice in Environmental, Social and Sustainability Reporting: A Critical Evaluation", *The British Accounting Review,* Vol. 37.

Park, J., Brorson, T. (2005), "Experiences and Views on Third-party Assurance of Corporate Environmental and Sustainability Reports", *Journal of Cleaner Production,* Vol. 13.

第 V 部

財務情報の信頼性に関する実証研究

第1章

財務情報の信頼性と利質分析
―資金法による利益の再計算

1. はじめに

　利益の質の検討は資金会計の領域である。本章では，資金法形式による業績報告書を念頭におき[1]，利益の再計算について検討する[2]。ここで，資金法形式の業績報告書とは，営業活動によるキャッシュ・フロー（CFO）から包括利益に至る調整計算過程を一括表示したものである。資金法形式の業績報告書を使えば，資金観，収益費用観，資産負債観という3つの会計観すべての業績数値（CFO，当期純利益，包括利益）が表示されるだけではなく，そこから各業績数値の差額情報を取り出して，財務情報の信頼性を判断することが可能となる。

　この点で，資金法形式による業績報告書は，目的適合性と信頼性に関する情報を同時に提供しうると考えられる。本章では，差額情報から情報利用者が利益数値を再計算すると仮定して，資金法形式による業績報告書に含まれる業績情報の有用性を目的適合性と信頼性という2つの角度から分析する。具体的には，再計算利益の説明と計算例を示し，それらを実績利益数値と比較した上で，再計算利益情報の目的適合性について検証する[3]。

2. 資金法と資金循環力

　当期純利益の信頼性は対応原則の脈絡で説明されるが，その他の包括利益を含む包括利益の信頼性ついてはその枠組みで説明することは難しいため，これ

までに包括利益の信頼性についての明確な意味づけは得られていない。そこで，資金法と資金循環力の考え方を援用してこの点について検討してみる。

包括利益の信頼性を検討するためには，当期純利益とその他の包括利益の加法性に関する問題に目を向ける必要がある。その問題とは，対応原則により算定される当期純利益に対応原則で説明できない評価差額を加算して算定される包括利益には当期純利益とは異なる性質が生じてくることから，当期純利益の信頼性の検証に利用されるこれまでの概念だけで包括利益の信頼性を検証することは困難であるかもしれない，ということである。

この点に対処するため，本章では，包括利益の信頼性の検証に当たって2つの概念を導入した。その1つは資金法である。ここで，資金法とは，会計を資金観でとらえた場合の利益計算方法であり，この計算方法のもとではＣＦＯに調整計算を行うことで利益が計算される。ＣＦＯに発生主義調整額を調整することで当期純利益が算定され，さらにその他の包括利益も調整することで包括利益が算定される。

このことは次の(1)式と(2)式によって示すことができる。また，実務的にも作成可能であり，トヨタの資金法形式の業績報告書は次ページの図表Ｖ－1－1のようになる。このような計算書は，直接法表示のキャッシュ・フロー計算書とともに開示されると，財務諸表間の連携が果たされるので財務情報の信頼性を高めることになる。

$$CFO \pm \alpha = P \qquad (1)$$
$$CFO \pm \alpha \pm \beta = P' \qquad (2)$$

P：当期純利益，P'：包括利益，CFO：営業活動によるキャッシュ・フロー
α：発生主義調整額，β：その他の包括利益

しかし，資金法において，当期純利益とその他の包括利益との加法性の問題は残される。この問題に対処するには資金循環力の概念が必要であると考える。資金循環力とは，Taggart (1934) のいう「circulating power of the circulating capital」を援用した概念で，企業の利用可能資金を環境に適合するように適切に投下・回収させることで，資金を円滑に循環させる能力を意味する。ＣＦＯ

第1章 財務情報の信頼性と利質分析　217

図表V-1-1　資金法形式の業績報告書の作成例（トヨタ自動車）

	2007年3月期	2006年3月期	2005年3月期
ＣＦＯ	3,238,173	2,515,480	2,370,940
売上債権の増（減）	212,856	297,598	178,363
棚卸資産の増（減）	133,698	248,823	191,545
仕入債務の（増）減	−104,188	−188,702	−153,747
減価償却費	−1,382,594	−1,211,178	−997,713
年金費用等	32,054	−23,860	52,933
貸倒引当金の増加	−71,862	−62,646	−63,154
売却可能有価証券評価損	−4,614	−4,163	−2,324
有形固定資産除却損	−50,472	−54,981	−49,159
繰延税金	−132,308	−33,262	−84,711
少数株主損益	−49,687	−84,393	−64,938
持分法による投資利益	209,515	164,366	139,471
その他	−386,539	−190,902	−346,246
当期純利益	1,644,032	1,372,180	1,171,260
外貨換算調整額	130,746	268,410	75,697
未実現有価証券評価損益	38,800	244,629	38,455
最小年金債務調整額	3,499	4,937	9,780
包 括 利 益	1,817,077	1,890,156	1,295,192

出所：トヨタ自動車の有価証券報告書のデータをもとに作成。（単位：百万円）

は資金循環力の発現形態であり，資金循環力は利益にも影響を及ぼす[4]。また，資金循環力は企業の様々な活動によって維持される[5]。

　そこで，当期純利益とその他の包括利益とに加法性を付与するために，この資金循環力という概念を援用する。現金創出力は，ＣＦＯと発生主義調整額との関係で語ることができるが，その他の包括利益が入ってくるとそれだけでは不十分だからである。

　資金法の解釈において，ＣＦＯを拘束（留保）する，あるいは拘束を解くのは，企業の資金循環力を維持するためと考えてみる。売上債権の増加であれば，次期の収入が多くなると見込まれるので，ＣＦＯを留保する必要性が減少するため，ＣＦＯの拘束を解くという意味でプラスする。減価償却費相当額は，設備の取替え資金を準備するためにＣＦＯを留保しておく必要があるので，ＣＦＯを拘束する意味でマイナスとする。その他の包括利益に属する評価・換算差

額等も，このように捉えると，純利益計算との加法性が保持されるであろう。

この資金法形式の業績報告書をＩＡＳＢの呼びかけに応じて提案したところ（佐藤2005），最近のＩＡＳＢの文書の中に登場するようになったのは，注目に値するであろう(International Accounting Standards Board, Information for Observers／Project：Financial Statement Presentation, Subject： The Statement of Cash Flows and the Reconciliation Schedule (Agenda Paper 7A), November 15, 2007, Appendix, p.1)。

3. 再計算利益の算定

(1) 資金法形式の利質情報

再計算利益の算定方法を資金法で説明すれば以下の数式の通りである。再計算利益を算定する際には，発生主義調整額を非裁量的部分と裁量的部分に分けて非裁量的部分だけを加減する。その結果，再計算純利益は(4)式で，再計算包括利益は(6)式で示される。

$$CFO \pm \alpha_1 \pm \alpha_2 = P \qquad (3)$$
$$CFO \pm \alpha_1 = \hat{P} \qquad (4)$$
$$CFO \pm \alpha_1 \pm \alpha_2 \pm \beta = P' \qquad (5)$$
$$CFO \pm \alpha_1 \pm \beta = \hat{P}' \qquad (6)$$

$\hat{P}$：再計算純利益，　$\hat{P}'$：再計算包括利益，
α_1：発生主義調整額の非裁量的部分，　α_2：発生主義調整額の裁量的部分

(2) 再計算利益の算定例

ここで，再計算利益の算定例を示す。2007年3月末時点で米国会計基準を採用する日本企業31社の2007年3月期における再計算利益を計算した[6]。再計算数値と実績数値との比較を図表Ｖ－１－２に示した[7]。当期純利益と再計算純利益，包括利益と再計算包括利益のいずれを比較しても，再計算数値と実績数値とが乖離している企業が多いことが読み取れる。少なくとも，再計算してもしなくても同じになるとは言えそうもない。

第1章 財務情報の信頼性と利質分析　219

図表V－1－2　実績利益率と再計算利益率の比較（2007年3月期）

企　業　名	当期純利益	再計算純利益	包括利益	再計算包括利益
日本ハム	0.019	0.002	0.024	0.007
ワコールホールディングス	0.037	0.019	0.043	0.026
富士フィルムホールディングス	0.011	0.047	0.013	0.049
コマツ	0.099(3)	0.064(10)	0.111(3)	0.076(10)
クボタ	0.054	0.042	0.047	0.036
日立製作所	－0.003	0.010	－0.002	0.010
東芝	0.029	0.065(9)	0.037	0.073
三菱電機	0.037	0.043	0.043	0.049
マキタ	0.113(1)	0.072(7)	0.135(1)	0.095(4)
日本電産	0.070(7)	0.071(8)	0.081(7)	0.082(7)
オムロン	0.064(8)	0.035	0.069(9)	0.039
ＮＥＣエレクトロニクス	0.033	0.049	－0.057	－0.040
三洋電機	－0.021	－0.041	－0.009	－0.029
松下電器産業	0.027	0.027	0.036	0.036
ソニー	0.011	0.032	0.018	0.038
ＴＤＫ	0.075(5)	0.106(2)	0.083(5)	0.113(2)
パイオニア	－0.009	－0.008	－0.002	－0.001
アドバンテスト	0.101(2)	0.121(1)	0.103(4)	0.123(1)
京セラ	0.055	0.044	0.113(2)	0.102(3)
村田製作所	0.078(4)	0.075(6)	0.083(6)	0.080(9)
トヨタ自動車	0.057(9)	0.075(5)	0.063	0.081(8)
ホンダ	0.055(10)	0.058	0.065	0.067
リコー	0.054	0.054	0.067(10)	0.067
伊藤忠商事	0.036	0.040	0.046	0.049
丸紅	0.026	0.019	0.026	0.020
三井物産	0.035	0.019	0.049	0.033
住友商事	0.031	0.018	0.037	0.024
三菱商事	0.039	0.032	0.056	0.049
ＮＴＴ	0.025	－0.003	0.024	－0.003
ＮＴＴドコモ	0.071(6)	0.086(4)	0.070(8)	0.084(6)
コナミ	0.535	0.088(3)	0.057	0.093(5)

（注）　数字は前期末総資産で割った値。カッコ内の数字は上位10社の順位。

4. 再計算利益情報の有用性

続いて，投資意思決定における再計算利益情報の有用性を検証するために，上記の企業の2002年3月から2007年3月までの財務情報を利用して，再計算利益の情報内容を検証する[8]。分析に利用する回帰式は(7)式から(11)式である。(7)式と(8)式で再計算利益の情報内容を検証し，(9)式から(11)式で発生主義調整額の裁量的部分や，その他の包括利益の増分情報内容を検証する[9]。

回帰分析の結果は図表V－1－3に示されている。(7)式および(8)式の結果は，再計算純利益と再計算包括利益はいずれも情報内容を有しており，再計算利益を利用すれば合理的な投資意思決定を行いうる可能性があることを示している。また，(10)式と(11)式の結果から，発生主義調整額の非裁量的部分に増分情報内容が認められることは，注目に値しよう。一方，その他の包括利益には増分情報内容が認められない。

$$CAR_{it} = \gamma_0 + \gamma_1 \Delta \hat{P}_{it} + \varepsilon_{it} \tag{7}$$

$$CAR_{it} = \delta_0 + \delta_1 \Delta \hat{P}'_{it} + \varepsilon_{it} \tag{8}$$

$$CAR_{it} = \zeta_0 + \zeta_1 \Delta \hat{P}_{it} + \zeta_2 \Delta \alpha_{2it} + \varepsilon_{it} \tag{9}$$

$$CAR_{it} = \eta_0 + \eta_1 \Delta CFO_{it} + \eta_2 \Delta \alpha_{1it} + \eta_3 \Delta \alpha_{2it} + \varepsilon_{it} \tag{10}$$

$$CAR_{it} = \theta_0 + \theta_1 \Delta CFO_{it} + \theta_2 \Delta \alpha_{1it} + \theta_3 \Delta \alpha_{2it} + \theta_4 \Delta \beta_{it} + \varepsilon_{it} \tag{11}$$

図表V－1－3　回帰分析の結果

式	定数項	$\hat{P}$	$\hat{P}'$	CFO	α_1	α_2	β	修正R^2
(7)	0.027 (1.691*)	1.301 (2.487**)						0.032
(8)	0.036 (2.238**)		0.523 (2.613***)					0.036
(9)	0.027 (1.686*)	1.624 (2.816***)				0.801 (1.315)		0.036
(10)	0.028 (1.746*)			1.884 (3.091***)	1.224 (1.874*)	0.880 (1.440)		0.041
(11)	0.028 (1.675*)			0.862 (1.327)	1.834 (2.178**)	1.197 (1.651*)	0.026 (0.085)	0.034

(注)　括弧内はt値を表す（*** 1％有意，** 5％有意，*10％有意）。

5. 結びに代えて

　本章では，資金法の業績報告書が当期純利益と包括利益を1つの計算書で収容できるという理論的基礎を提供するという認識をもとに，再計算利益の算定方法を説明し，再計算利益の有用性について検証を行った。その結果，実績利益と再計算利益とには乖離があり，利質がある程度測定できる可能性があることや，再計算利益は情報内容を有していることが明らかとなった。

　この研究の貢献は以下の4点である。第1に，資金法を用いた業績報告書の統一的理解，すなわち当期純利益とその他の包括利益に加法性を持たせるための理論的基礎を提供した点である。第2に，それに基づいて，Vatter (1947)の再計算利益を利益操作との関係で算出したことである。第3に，再計算利益の有用性を確認したことである。そして，第4に，発生主義調整額の非裁量部分 (α_1) に増分情報内容があることを確認したことである。

　ただし，本分析は試験的なものに過ぎないので，今後追加分析を行う必要がある。特に，資金循環力の概念と整合的な分析を行うために再計算利益の算定方法を検討する必要があると言えよう。

（注）
1) 資金法についての最初の考察は，佐藤 (1980) でなされた。佐藤 (1993) (1995) (2000) 等もあわせて参照されたい。なお近年米国において，Miller and Bahnson (2002) や Broome (2004) も資金法に着目している。
2) 再計算利益はVatter (1947) の資金理論における中心的概念である（佐藤 (1993)，151－154頁）。
3) 当期純利益については，利益操作 (earnings management) の視点から多くの研究がなされている。例えば，Subramanyam (1996) は非裁量的利益 (non-discretionary incomes) と発生主義調整額の裁量的部分 (discretionary accruals) の目的適合性を析出している。ただし，そこでは発生主義調整額の裁量的部分の目的適合性を発見した点に意義を見出しており，本研究とは分析視点が異なっている。
4) なお，資金循環力と現金創出力 (cash generating ability) は異なる概念である。現金創出力はFASBの概念フレームワーク第1号で頻繁に出てくる重要概念であり，ＣＦＯで測定できると考えられるのに対して，資金循環力はＣＦＯで測定される現金創出力を変化させる財務的な「力」である。

5) 資金循環力については佐藤（2003）を参照されたい。ＣＦＯ循環力（資金循環力）は，①戦略的投資，②営業における無駄の排除・効率の改善，③適正な配当や引当てによる資金留保，によって維持される（11頁）。
6) 米国基準企業を対象としたのは，それらの企業が包括利益を公表しているからである。
7) 本章では発生主義調整額の非裁量的部分の推定には Kasznik（1999）モデルを用いるが，その理由は当該モデルがＣＦＯを変数に含んでおり，資金法と折り合いが良いと考えるからである。なお，定数項と回帰係数は年度ごとに推定した。
8) その他の包括利益の有用性に関する先行研究は，大日方（2002）で整理されており，日本企業を対象としたその他の包括利益の有用性に関する実証分析は，若林（2001）（2002），久保田・竹原（2005）で行われている。
9) CAR_{it} は i 社期の決算日から3か月後までの12か月間の月次異常リターンの累積額である。月次異常リターンの計算には日経平均株価を利用した市場リターン控除法を用いた。また，独立変数は前期末総資産で除している。なお，分析に必要なデータは，「株価CD－ROM」（東洋経済新報社）および「NEEDS－Financial QUEST」（日経メディアマーケティング社）から収集した。

【参考文献】

一ノ宮士郎（2004）「利益の質による企業評価－利質分析の理論と基本的枠組み－」『経済経営研究』日本政策投資銀行設備投資研究所，第24巻第2号。
大日方隆（2002）「利益の概念と情報価値(1)」（斎藤静樹編著（2002）『会計基準の基礎概念』中央経済社，Ⅸ－2），389－417頁。
久保田敬一・竹原均（2005）「包括利益およびその他の包括利益項目の情報内容分析－米国基準連結財務諸表開示企業を対象として－」『武蔵大学論集』（武蔵大学）第53巻第2号，81－106頁。
佐藤倫正（1980）「資金計算書と利益計算」『一橋論叢』（一橋大学）第83巻第1号，91－107頁。
佐藤倫正（1987）「資金法の損益計算方式－時価主義会計への拡張可能性－」『企業会計』第39巻第3号，130－136頁。
佐藤倫正（1993）『資金会計論』白桃書房。
佐藤倫正（1995）「利質分析と資金計算書」『企業会計』第47巻第12号，82－87頁。
佐藤倫正（2000）「財務会計の三元的理解－資金観の可能性－」『企業会計』第52巻第2号，4－10頁。
佐藤倫正（2003）「資金会計の実証的展開」『経済科学』（名古屋大学）第51巻第2号，1－16頁。
佐藤倫正（2005）「財務諸表の連携と業績報告－日本の選択－」『企業会計』第57巻第5号，4－11頁。
佐藤倫正（2006）「財務情報の信頼性とキャッシュフロー計算書」『経済科学』（名古屋大学）第53巻第4号，9－20頁。
佐藤倫正（2008）「新しい財務諸表体系下での企業評価－利益の再計算」『経営分析研究』

第24号，1－9頁。
下坂佳正(2003)「キャッシュ・フローと利質」『長岡大学紀要』創刊号，22－38頁。
若林公美(2001)「為替換算調整勘定と株価形成－包括利益の観点から－」『奈良県立大学研究季報』(奈良県立大学)第12巻1号，47－66頁。
若林公美(2002)「包括利益に対する株式市場の評価－有価証券の評価差額を手がかりとして－」『會計』162巻第1号，81－94頁。
若林公美(2006)「包括利益に関する利益調整行動」『會計』第169巻第3号，42－52頁。
Broome, O. W. (2004) "Statement of Cash Flows: Time for Change !," *Financial Analyst Journal,* Vol. 60, No. 2, pp. 16－22.
Financial Accounting Standards Board (FASB) (1978) Statement of Financial Accounting Concepts (SFAC) No. 1, *Objectives of Financial Reporting by Business Enterprises.*
Financial Accounting Standards Board (FASB) (1997) Statement of Financial Accounting Standards (SFAS) No. 130, *Reporting Comprehensive Income.*
Kasznik, R. (1999) On the Association between Voluntary Disclosure and Earnings Management," *Journal of Accounting Research,* Vol. 37, No. 1, pp. 57-81.
Miller, P. B. W. and P. R. Bahnson (2002) "Fast Track to Direct Cash Flow Reporting," *Strategic Finance,* Vol. 83, No. 8, pp. 51-57.
Satoh, M. (1995) "Funds Flow View: An Alternative Approach to Financial Accounting," *Okayama Economic Review,* Vol. 26, No. 3-4, pp. 121-149.
Satoh, M. (2000) "The Structure and Implications of the Three Dimensional Double Entry Accounting," *Okayama Economic Review,* Vol. 31, No. 4, pp. 133-151.
Subramanyam, K. R. (1996) "The Pricing of Discretionary Accruals," *Journal of Accounting and Economics,* Vol. 22, No. 1-3, pp. 249-281.
Taggart, P. (1934) *Profits and Balance Sheet Adjustment,* Sir Issac Pitman & Sons, Ltd., London.
Vatter, W. J. (1947) *Fund Theory and Its Implications for Financial Report,* University of Chicago Press. (飯岡透・中原章吉共訳(1971)『バッター資金会計論』同文舘出版)

第2章
わが国における監査の質と報告利益管理の分析

1. はじめに

　2006年5月10日，金融庁は中央青山監査法人に対して，上場企業などの「法定監査」先企業を対象とする監査業務の停止を求める行政処分を決定した。カネボウの粉飾決算などで，所属会計士の不正を未然に防ぐ内部管理体制に不備があったとされている。4大監査法人に対する業務停止命令は初めてのことで様々な影響がでており，例えば，翌日の日本経済新聞では次のように述べている。

　「今回の処分の影響は，単に中央青山に監査を依頼している企業に2か月の空白ができるという実務的な問題だけにとどまらない。株式市場における上場企業と投資家の関係をも揺さぶる可能性を秘めている。日経平均株価が一時3,000円以上下げ，8割以上の銘柄が下落した10日の東京株式市場。ほぼ全面安のなかで堅調な値動きを見せた銘柄がある。旭硝子だ。実は旭硝子は3月30日付で会計監査人を中央青山から別の監査法人に変えたばかり。中央青山問題が「投資家心理を冷やす一因になった」（国内証券）この日は，中央青山が監査を担当するトヨタ自動車，ソニー，新日本製鉄といった「中央青山銘柄」は軒並み下落した。円高進行が主たる売り材料だった面は歪めないものの，旭硝子の逆行高は，株式市場に忍び寄る中央青山問題の影を象徴していると見ることもできる。」

　この記事は監査の質が市場の評価材料のひとつになっていることを示し，そのため，市場の評価を意識して監査法人を変更した企業もでている。市場経済

の基盤に関わる問題とあって，新聞や雑誌等でこうした議論が多く行われている。しかし，実証的な分析は行われていない[1]。そこで本章では，この問題に関する実証的な証拠を提供するために分析を行う。監査の質は企業の会計にどのような影響を与えているのであろうか？　また，株式市場は監査の質をどのように評価しているのであろうか？

　アメリカでは関連研究の蓄積が進んでおり，裁量的発生項目についてはBecker et al. (1998) やFrancis et al. (1999) 等が，市場の評価についてはTeoh and Wong (1993) やKrishnan (2003) 等が分析している。これらの研究は大監査法人が監査を行っている企業ほど裁量的発生項目が少なく，質の高い監査が企業の報告利益管理を抑制していることを示している。また，大監査法人が監査を行っている企業の利益情報や裁量的発生項目は高く評価されており，監査の質は株式市場において評価されていることを示している。本章では，アメリカの研究をベースに，企業の裁量的発生項目の違いとその市場評価について分析を行う。

2. 仮　　説

　アメリカでは監査の質を取り上げた実証研究は多く行われており，監査法人の規模，監査報酬や監査時間など，様々な変数が分析されている。これらの中で最も多く取り上げられているのは監査法人の規模であり，DeAngelo (1981) によるReputation仮説[2]とDye (1993) やLennox (1999) によるDeep Pocket仮説[3]として理論的な裏付けも行われている。Reputation仮説は監査人の独立性に，Deep Pocket仮説は監査人の適性（努力）に焦点を当てた議論で，ともに大監査法人ほど監査の質が高いことを示している。本章においても，監査の質の代理として監査法人の規模を取り上げて分析する[4]。

　監査の質は企業の会計情報にどのような影響を与えているのであろうか？企業の報告利益はキャッシュ・フロー，裁量的発生項目（ＤＡ）と非裁量的発生項目（ＮＡ）に分けられる。特に，報告利益管理の視点から見た場合，ＤＡが重要である。ＤＡはその内容からノイズと内部情報に分けることができ，企業の機会主義的行動による報告利益管理はノイズに，経営者のみが知る将来業績

に関する情報は内部情報に分類される。質の高い監査人であればノイズと内部情報を区別し，ノイズをできるだけ小さくすることが期待できる。したがって，監査の質が高ければ，企業による報告利益の管理（ＤＡ）は少なくなると考えられる。そこで，次の検証仮説を提起する。

検証仮説１：大監査法人が監査を担当している企業ほど，裁量的発生項目は少ない。

次に，監査の質の市場評価に関する仮説を提起する。会計情報の信頼性を保証していると考えられている監査の質は，市場ではどのように評価されているのであろうか？　この問題は，監査の質を取り上げた利益情報と株価の関係を分析することによって明らかにされる。上で述べたように，利益情報はキャッシュ・フロー，ＤＡとＮＡに分けられ，特にＤＡは報告利益の管理額を測定しており重要である。質の高い監査人であればＤＡの中でノイズと内部情報を区別し，ノイズをできるだけ小さくすることが期待できる。もしそうであれば，こうした企業のＤＡは市場において高く評価されていると考えられる[5]。そこで，市場評価について次の仮説を提起する。

検証仮説２：大監査法人が監査を担当している企業の裁量的発生項目は，市場において高く評価されている。

本章の仮説はアメリカの研究にそっており，検証仮説１はBecker et al. (1998)やFrancis et al. (1999)，検証仮説２はKrishnan (2003)に倣っている。

3. サンプルとデータ

本章の分析は東証１部・２部に上場している３月決算企業（金融保険業を除く）を対象に行っている。該当する企業は，1996年３月期から2005年３月期までに12,201サンプルあった。このうち株価データがないもの，直近３年間のデータがないもの，そして債務超過であるものを除いた11,635サンプルを分析対象としている。また，ベータの推定は過去５年間の株式収益率を必要とし，当該変数を用いた分析（株価分析等）のサンプルは9,989に減少している。

各企業の監査法人に関するデータは2005年３月分を「会社概要データテキスト版（上場版）」（東洋経済新報社）から収集し，それ以前の９年分を『会社四季

報』（東洋経済新報社）から手作業で集めている。このデータからあずさ，新日本，中央青山とトーマツの監査法人を大監査法人に，それ以外の監査法人を中小監査法人として分類している。また，企業の財務データは「日経NEEDS財務データ」から，株式収益率データは「株式投資収益率2005」（日本証券経済研究所）から，そして株価データは「株価CD－ROM」（東洋経済新報社）から収集している。

4. 分析方法

監査法人の規模によって被監査企業の裁量的発生項目が異なるか否かという仮説1を検証するため，次の分析モデルを推定する。

$$\|DA比率\| = a_0 + a_1 * 大監査法人 + a_2 * 総資産 + a_3 * 負債比率 + a_4 * \|修正CF比率\| + e_t$$

裁量的発生項目（DA）は発生項目から非裁量的発生項目（NA）を引いたもので，NAは5通りのモデル—修正Jones，修正Jones ΔCF，修正Jones ROA，Margin，AP（会計プロセス）—を使って推定している[6]。これは多くの研究がNAの推定を分析しているが，依然として方法が確立されていないことに対処している。モデルの推定は年度産業別クロスセクションによって行っている（10年×22業種）。但し，推定サンプルにDAが多く含まれていると推定誤差が大きくなるので，本章では，DAが多いと考えられるCF比率（対前期末総資産）の上位・下位5％を除いたサンプルで推定している[7]。なお，発生項目は，（受取債権＋棚卸資産－支払債務）の増加額から減価償却費（特別償却を除く）と引当金増加額を引いて計算しており，$\|DA比率\|$はDA比率（＝DA／総資産）の絶対値を示している。

大監査法人は，4大監査法人が監査を担当している企業を1，それ以外の企業を0とするダミー変数であり，キャッシュ・フロー（CF）は，税引後経常利益（＝当期純利益＋特別損失－特別利益）から発生項目を引いたものである。修正CF比率は，CFを総資産で割って，その平均値を引いた変数である。総資産（前期末），負債比率と修正CF比率はコントロール変数で，先行研究（Becker et al. (1998)，Francis et al. (1999)）に倣っている[8]。

市場の評価に関する仮説2を検証するため，次の分析モデルを推定する。

Ret＝b0＋b1＊大監査法人＋b2＊CF比率＋b3＊NA比率＋b4＊DA比率
　　＋b5＊DA比率＊大監査法人＋b6＊ベータ＋b7＊株式時価総額
　　＋b8＊B／P比率＋et

このモデルは基本的にはKrishnan（2003）に基づいているが，Fama and French（1995）等の議論を考慮してベータ，株式時価総額とB／P比率をコントロール変数に追加している。Retは決算3か月後（6月）までの12か月間の月次株式収益率を累積したもので，ＣＦ比率，ＮＡ比率とＤＡ比率は総資産に対する比率である。

5. 分 析 結 果

　図表Ｖ－2－1は検証仮説1の分析モデルを推計した結果を示している。推計は各年ごとに実施して，そこで得られた係数について平均値を計算し，そして，その標準誤差で割ったｔ値を表としてまとめている。第1行は修正Jonesモデルで計算したＤＡを使って推定した結果で，大監査法人にかかる係数は0.0001であり，そのｔ値は0.14となっている。大監査法人の係数は有意でなく，仮説1を支持していない。総資産，負債比率，修正ＣＦ比率の係数はそれぞれ－0.003，0.006，0.639であり，1％の有意水準で統計的に有意である。その他の4つのモデルから計算したＤＡによる推定結果もほぼ同様な結果で，監査法人の規模とＤＡの関係は統計的に認められない。つまり，監査の質による企業の裁量的発生項目の違いはないことを示している[9]。

　図表Ｖ－2－2は検証仮説2の分析モデルを推定した結果を示している。修正Jonesモデルを分析した第1行において，ＣＦ比率，ＮＡ比率，ＤＡ比率はそれぞれ2.024，1.522，1.939という正の係数をもち，これらの比率が高いほど株価は高いという結果になっている。これらのｔ値も高く，統計的に有意であることを示している（有意水準1％）。ＤＡ比率と大監査法人ダミーを掛け合わせた変数にかかる係数は－0.184で，そのｔ値は－0.86となっている[10]。当該変数の係数は有意でなく，大監査法人の企業のＤＡはそうでない企業よりも高く評価されているとはいえない。したがって，分析結果は仮説2を支持して

図表Ⅴ-2-1　監査法人の規模と裁量的発生項目

(係数下の括弧内はt値を示している)

	定数項	大監査法人(—)	総資産	負債比率	修正CF比率	adj R²
修正Jonesモデル						
係数平均	0.035	0.0001	−0.003	0.006	0.639	0.487
	(10.07)	(0.14)	(−9.38)	(9.04)	(33.97)	
修正Jones△CFモデル						
係数平均	0.038	0.0002	−0.003	0.006	0.381	0.313
	(14.57)	(0.35)	(−14.47)	(7.63)	(24.25)	
修正JonesROAモデル						
係数平均	0.035	0.0003	−0.003	0.007	0.650	0.510
	(14.20)	(0.53)	(−12.86)	(9.34)	(37.08)	
Marginモデル						
係数平均	0.035	−0.0006	−0.003	0.007	0.580	0.442
	(13.92)	(−0.72)	(−13.31)	(6.43)	(23.25)	
APモデル						
係数平均	0.038	−0.0002	−0.003	0.004	0.140	0.150
	(19.73)	(−0.30)	(−17.76)	(4.32)	(11.38)	

注：分析で使用したサンプル数は，1996年3月期から2005年3月期までの計11,635である。

被説明変数は，5種類のモデルで測定した裁量的発生項目を総資産で割った比率の絶対値である。

大監査法人は，4大監査法人の被監査企業を1,それ以外の企業を0として定義している。

総資産は対数変換後のデータである。

負債比率は，負債を総資産で割って計算している。

修正CF比率はCF／総資産から各年度の平均値を引いた数値の絶対値である。

図表Ⅴ−2−2　監査の質に関する市場評価

(係数下の括弧内はt値を示している)

	定数項	大監査法人	CF比率	NA比率	DA比率	大監査法人 *DA比率(+)	adj R²
修正Jonesモデル							
係数平均	0.014	0.019	2.024	1.522	1.939	−0.184	0.170
	(0.07)	(3.65)	(4.74)	(3.25)	(4.10)	(−0.86)	
修正Jones△CFモデル							
係数平均	0.027	0.019	2.030	1.808	1.948	−0.333	0.173
	(0.14)	(3.80)	(4.63)	(3.55)	(4.02)	(−1.11)	
修正JonesROAモデル							
係数平均	0.007	0.019	2.061	1.352	2.102	−0.308	0.173
	(0.04)	(3.37)	(4.77)	(2.67)	(4.54)	(−1.57)	
Marginモデル							
係数平均	0.023	0.019	1.989	1.832	1.939	−0.327	0.171
	(0.12)	(3.59)	(4.54)	(3.89)	(4.20)	(−1.49)	
APモデル							
係数平均	0.026	0.018	1.783	1.376	2.058	0.100	0.174
	(0.14)	(3.30)	(3.88)	(2.79)	(3.33)	(0.26)	

注：分析で使用したサンプル数は，1996年3月期から2005年3月期までの計9,989である。

　被説明変数は決算3か月後（6月）までの12か月間の株式収益率を累積したものである。

　CF比率，NA比率，DA比率はCF，NA，DAを総資産で割った変数である。

　上記の推定においては市場ベータ，株式時価総額（ME），純資産倍率（B／P）をコントロール変数として使用している。

いない。その他の4つのモデルを使用した分析結果も同様であり，株式市場において監査の質が評価されているという証拠は得られていない。

6. 結びに代えて

アメリカでは，エンロン事件を発端に監査に対する信頼が社会的な問題となり，ＳＯＸ法（サーベンス・オックスリー法）を代表として多くの改革が実施されている[11]。日本でもカネボウやライブドアなどの問題が表面化し，品質管理や内部統制などの監査制度に関する改革が急速に行われている[12]。

本章では，監査の質について，企業の裁量的な会計とその市場評価の2つの点に着目して分析を行った。監査法人の規模を質の代理変数とする分析の結果，裁量的な会計を測定する裁量的発生項目について監査の質による違いは確認できなかった。さらに，裁量的発生項目の市場評価についても違いは析出できなかった[13]。

この実証結果は，数多くのアメリカの先行研究とは異なっている。アメリカでは監査の失敗による損害賠償訴訟が非常に多く[14]，監査の質を決定する重要な要因である訴訟リスクが高く，Deep Pocket 仮説が成立しやすいと考えられる。一方，日本では訴訟リスクが低いので，当該仮説に基づくインセンティブは弱い。こうした日米の監査環境の違いが分析結果の違いに現れていると考えられる。

規模の無関連性を受け入れた場合，他の変数の模索とともに監査法人全体としての質のレベルが問題となる。アメリカと異なり日本では非監査業務は制限されており[15]，その点では監査人の独立性を阻害する要因は少ないと考えられるが，昨今の問題から4大監査法人の内部管理体制は不十分であると指摘され，金融庁による業務改善指示が行われている[16]。今後，質の向上が期待されるが，監査の質について結論を導くには，様々な視点からより厳密な研究が必要であろう。

(注)
1) 関連研究として小関（1987），岡部・松本（1997），鳥羽・川北（2001），盛田（2002），伊藤（2004），矢澤（2005）などがある。しかし，これらの研究は裁量的な会計や市場評価を分析してはいない。
2) Reputation 仮説はこの分野の主要な仮説である。企業は外部監査を依頼することによって会計情報の信頼性を確保し，市場において評価されている。会計情報の信頼性は監査の質に依存しており，監査人の独立性が問題となる。大監査法人は顧客企業が多いので特定企業からの圧力に従う必要性は低く，独立性が高い。さらに，特定企業との関係を継続するためにその監査の質を下げれば，他の顧客との関係に悪い影響－監査法人の変更，監査報酬の値引き－が生じる。この損失効果は，顧客が多い大監査法人ほど大きい。規模の大きい監査法人は，損失効果が大きいので高い独立性を堅持し，質の高い監査を実施していると考えられる。
3) Deep Pocket 仮説の基本部分をLennox（1999）に従って説明する。監査法人（j）の目的は，監査報酬（Fj）から監査費用（C）と期待訴訟費用（$(1-p)(1-e_j)W_j$）を引いたものを最大化することである。$\max_{e_j} \pi_j = F_j - C(e_j) - (1-p)(1-e_j)W_j$

監査費用は努力水準（e_j）に依存し，$C'(e_j) > 0$ および $C''(e_j) > 0$ を仮定する。期待訴訟費用は倒産確率（$1-p$），非努力水準（$1-e_j$）および監査法人の資産（W_j）に依存していると仮定する。この最適化問題の解（e_j）は $C'(e_j) = (1-p)W_j$ の条件を満たす必要があり，（$-C''(e_j) < 0$）からそれは最大値を意味している。監査法人の資産（W_j）が大きくなるほど，最大化条件を満たすために費用関数 $C(e_j)$ の傾きを大きくする必要があり，努力水準（e_j）は高くなる。この結果，規模の大きい監査法人ほど監査の質は高くなる。Dye（1993）は同様なモデルであるが，期待訴訟費用に監査基準の違いを組み込んで分析している。監査基準を考慮したモデルにおいても，監査の質は監査法人の規模と関連していることが示されている。
4) Dopuch and Simunic（1980）は，監査の質に影響を与える要因として特別なトレーニング，外部審査やピアレビューを指摘している。これらの要因は規模の大きい監査法人に該当していると考えられる。日本でも，川北（2001, p.271）は教育訓練の点で，友杉（2006, p.86）は品質管理の点で大監査法人の優位性を指摘している。
5) ＤＡの市場評価についてはSubramanyam（1996）や浅野（2001）などが分析している。
6) 各モデルのＮＡ推定式は次の通りである。各モデルについて係数を決定し，その理論値をＮＡ，ＴＡ（発生項目）からＮＡを引いたものをＤＡとしている。
　　修正 Jones ：$TA_t = c_0 + c_1*(\Delta SALE_t - \Delta AR_t) + c_2*PPE_t + e_t$
　　修正 Jones ΔCF：$TA_t = d_0 + d_1*(\Delta SALE_t - \Delta AR_t) + d_2*PPE_t + d_3*\Delta CF_t + e_t$
　　修正 Jones ROA：$TA_t = e_0 + e_1*(\Delta SALE_t - \Delta AR_t) + e_2*PPE_t + e_3*ROA_{t-1} + e_t$
　　Margin ：$TA_t = f_0 + f_1*SALE_t + f_2*(SALE_t - \Delta AR_t) + f_3*LTA_{t-1} + e_t$
　　AP（会計プロセス）：$TA_t = g_0 + g_1*STA_{t-1} + g_2*LTA_{t-1} + g_3*\Delta CF_t + e_t$
　　Δは増加額，SALEは売上高，ＡＲは受取債権，ＰＰＥは償却性固定資産，ＣＦはキャッシュ・フロー，ＲＯＡは総資産利益率，ＬＴＡは長期発生項目（減価償却費＋

引当金増加),ＳＴＡは短期発生項目((受取債権＋棚卸資産－支払債務)の増加)を示している。モデルの推定はすべての変数を前期末総資産で割って行っている。Jones (1991)の議論をもとに,修正 Jones モデルは Dechow et al. (1995),修正 Jones ΔCF モデルは Kasznik (1999),修正 Jones ROA モデルは Bartov and Mohanram (2004),Margin モデルは Peasnell et al. (2000),ＡＰモデルは Garza-Gomes et al. (2000) によって分析されたものである。なお,本章で計算したＤＡ絶対値の中央値を比較すると,会計プロセスモデルが他の約半分であり,奥村(2002)に整合する結果となっている。

7) 例えば,Dechow et al. (1995) はＣＦの上位と下位のサンプルで裁量的な会計行動の検証を行っている。
8) 監査法人の規模と総資産の相関係数は0.109であり,推定上の問題はないと考えられる。
9) ＤＡ絶対値のランキングを被説明変数とした分析においても,同様な結果が得られている。
10) 修正 Jones モデルから算出されたＤＡと(大監査法人＊ＤＡ)の相関係数は0.84と高く,多重共線性の可能性があると考えられる。分析結果の安定性を調べるため,大監査法人と中小監査法人でサンプルを２つに分けてＤＡにかかる係数の違いを検定した。その結果,いずれのＤＡについても係数の違いは認められなかった。
11) ＳＯＸ法については松井(2005)等が議論している。
12) 具体的には,「監査基準」の改訂(2005.10.28),「監査に関する品質管理基準」(2005.10.28)の設定や「財務報告に係る内部統制の評価及び監査の基準案」(2005.12.8)の検討などが行われている。
13) 本章の図表Ｖ－２－１と図表Ｖ－２－２の分析について,４大監査法人サンプルに限定して中央青山ダミーを使って分析した。その結果,ダミー変数および(ダミー変数＊ＤＡ)はすべての分析において有意でなかった。また,カネボウの粉飾疑惑が報じられた2004年10月28日を含む2005年３月期の分析においても,Margin モデルで算出したＤＡの市場評価を除くすべての分析において有意な結果は得られていない(Margin では負で１％水準有意)。つまり,中央青山が監査を担当している企業のＤＡは他の３大監査法人の企業と違いはなく,そして市場の評価についても同様であることを示している。
14) 川北(2001, pp.309-310)参照。また,弥永(2002, p.463)はアメリカの懲戒処分が非常に多いことを指摘している。Heninger (2001) や DeFond and Subramanyam (1998) などのアメリカの研究は,訴訟リスクの議論を支持している。
15) 藤沼(2005, p.34)参照。
16) 日本経済新聞(2006年７月８日)参照。

【参考文献】

Bartov, E. and P. Mohanram, 2004, Private information, earnings manipulations, and executive stock-option exercises, *Accounting Review,* 79(4), pp.889-920.
Becker, C. L., M. L. DeFond, J. Jiambalvo and K. R. Subramanyam, 1998, The effect of

audit quality on earnings management, *Contemporary Accounting Research,* 15(1), pp. 1-24.
DeAngelo, L. E., 1981, Auditor size and audit quality, *Journal of Accounting and Economics,* 3(3), pp. 183-199.
Dechow, P., R. Sloan and A. Sweeney, 1995, Detecting earnings management, *Accounting Review,* 70(2), pp. 193-225.
DeFond, M. L. and K. R. Subramanyam, 1998, Auditor changes and discretionary accruals, *Journal of Accounting and Economics,* 25(1), pp. 35-67.
Dopuch, N. and D. Simunic, 1980, The nature of competition in the auditing profession: A descriptive and normative view, In *Regulation and the Accounting Profession,* edited by J. W. Buckley and J. F. Weston, Lifetime Learning Publication.
Dye, R. A., 1993, Auditing standards, legal liability, and auditor wealth, *Journal of Political Economics,* 101(5), pp. 887-914.
Fama, E. F. and K. R. French, 1995, Size and book-to-market factors in earnings and returns, *Journal of Finance,* 50(1), pp. 131-155.
Francis, J. R., E. L. Maydew and H. C. Sparks, 1999, The role of Big 6 auditors in the credible reporting of accruals, *Auditing: A Journal of Practice & Theory,* 18(2), pp. 17-34.
Garza-Gomez, X., M. Okumura and M. Kunimura, 2000, Discretionary accrual models and the accounting process, *Kobe Economic and Business Review,* 45, pp. 103-135.
Heninger, W. G., 2001, The association between auditor litigation and abnormal accruals, *Accounting Review,* 76(1), pp. 111-126.
Jones, J. 1991. Earnings management during import relief investigation. *Journal of Accounting Research,* 29(2), pp. 193-228.
Kasznik, R., 1999, On the association between voluntary disclosure and earnings management, *Journal of Accounting Research,* 137(1), pp. 57-81.
Krishnan, G. V., 2003, Audit quality and the pricing of discretionary accruals, *Auditing: A Journal of Practice & Theory,* 22(1), pp. 109-126.
Lennox, C. S., 1999, Audit quality and auditor size: An evaluation of reputation and deep pockets hypotheses, *Journal of Business Finance and Accounting,* 26(7), pp. 779-805.
Peasnell, K. V., P. F. Pope and S. Young, 2000, Detecting earnings management using cross-sectional abnormal accruals models, *Accounting and Business Research,* 30 (4), pp. 313-326.
Subramanyam, K. R., 1996, The pricing of discretionary accruals, *Journal of Accounting and Economics,* 22(1-3), pp. 249-282.
Teoh, S. H. and T. J. Wong, 1993, Perceived auditor quality and the earnings response coefficient, *Accounting Review,* 68(2), pp. 346-366.
浅野信博 (2001)「資本市場における会計発生高のプライシングについて」『會計』第160巻第1号, 80-95頁。

伊藤大義（2004）「監査時間の国際比較調査結果と分析について」『企業会計』第56巻第12号，1714－1719頁。
岡部孝好・松本祥尚（1997）「財務変数に基づく限定監査意見の実証分析(1)(2)」『會計』第152巻第3－4号，328－339頁，578－587頁。
奥村雅史（2002）「運転資本発生項目の推定：推定モデルの比較」『会計プログレス』第3号，45－55頁。
小関勇（1987）「わが国上場企業における監査法人（監査人）の実証的研究(1)(2)」『企業会計』第39巻第9－10号，1124－1138頁，1267－1279頁。
川北博（2001）『会計情報監査制度の研究』有斐閣。
鳥羽至英・川北博（2001）『公認会計士の外見的独立性の測定－その理論的枠組みと実証研究』白桃書房。
友杉芳正（2006）『新版　スタンダード監査論（第2版）』中央経済社。
藤沼亜起（2005）「監査人の独立性をめぐる課題と展望」『新潮流監査人の独立性(川北博編著)』同文舘出版，23－39頁。
松井隆幸（2005）「ＳＯＸにみる監査人の独立性規制」『新潮流監査人の独立性(川北博編著)』同文舘出版，115－130頁。
盛田良久（2002）『監査問題と特記事項』中央経済社。
矢澤憲一（2005）「監査の独立性に関する実証分析」『企業会計』第57巻第1号，123－131頁。
弥永真生（2002）『監査人の外観的独立性』商事法務。

第3章
減損会計情報の信頼性

1. はじめに

　日本では1997年以降，会計改革が進められてきた。そこでは，会計基準を国際標準へと近づけること，および財務諸表の透明性を確保することにより，日本企業の財務情報が国際的見地から信頼性あるものとなるように検討されてきた。

　企業会計審議会は，1999年より固定資産の減損処理に関する会計基準の審議を始めて，2002年（平成14年）に「固定資産の減損に係る会計基準」を公表した。減損会計基準は，2004年3月決算企業から早々期適用されており，2006年3月決算企業から強制適用となっている。

　ここで固定資産の減損とは，資産の収益性の低下により投資額の回収が見込めなくなった状態であり，減損処理とは，そのような場合に，一定の条件の下で回収可能性を反映させるように帳簿価額を減額する会計処理である（企業会計審議会（2002 a）三3）。

　減損会計基準の設定目的は，①企業実態の表示によって財務情報の透明性を高めること，②経営者の裁量的な判断の介入を除去すること，および③会計基準の国際的調和への対応，すなわち財務諸表の比較可能性を達成することから説明される（企業会計審議会（2002 a）二）。減損会計基準の設定は，財務情報の信頼性の確保を目的とした日本の会計改革の一環として行われており，会計改革の最終章として位置づけられる。

　本章では減損会計基準がこれらの設定目的を満たすことによって，日本の企業が公表する財務情報の信頼性を高めているかについて検討する。

2. 減損会計情報の比較可能性

　減損会計基準を最初に設定したのはアメリカである。アメリカでは1980年代以降，経営者が企業利益の平準化，ビッグ・バス（big bath）[1]等を意図して，資産の評価切り下げを裁量的に用いていると批判された。そこで，財務会計基準審議会（Financial Accounting Standards Board, FASB）は，経営者の裁量的判断をできる限り除去するために，1995年に財務会計基準書（Statement of Financial Accounting Standards, SFAS）第121号を公表して長期性資産の減損処理を規定した（FASB (1995)）。現在のアメリカにおける減損会計基準は，2001年に公表されたＳＦＡＳ第144号である（FASB (2001)）。

　減損会計基準の設定に関する国際的な取り組みでは，1996年に，国際会計基準委員会（International Accounting Standards Committee, IASC）が会計基準の設定に取り組むことを決議している。IASCは，1998年に国際会計基準（International Accounting Standards, ＩＡＳ）第36号を公表している（IASC (1998)）。これは，IASCが国際会計基準審議会（International Accounting Standards Board, IASB）に改組された後，2004年に改訂されている（IASB (2004)）。

　日本，アメリカおよびIASBの減損会計基準では，資金を生み出す資産または資産グループを定めた後に，資産または資産グループごとに減損の兆候が判定される。減損の兆候が認められたならば，減損損失を認識するかどうかの判定が行われる。日本の減損会計基準では，資産または資産グループから得られる割引前将来キャッシュ・フローの総額と帳簿価額を比較して，割引前将来キャッシュ・フローの総額が帳簿価額を下回る場合に減損損失が認識される（企業会計審議会 (2002 b) 二 2(1)）。これは，アメリカのSFAS第144号と同様である（FASB (2001) par. 7）。割引前将来キャッシュ・フローを用いる理由は，取得原価主義会計との整合性，ボラティリティによる財務諸表利用者の誘導可能性，および測定上の便宜性の観点から適切であると説明される（FASB (2001) par. B15・神戸大学IFRSプロジェクト・あずさ監査法人IFRSプロジェクト編 (2005) pp. 198-199）。それに対して，ＩＡＳ第36号は，割引前将来キャッシュ・フローではなく，回収可能価額と帳簿価額とを比較して減損損失の認識を行う（IASB

(2004) par.9)。回収可能価額とは，資産の売却費用控除後の公正価値と使用価値のいずれか高い金額である（IASB (2004) par.6)。IASBが回収可能価額を用いる理由は，時間価値を考慮に入れたキャッシュ・フローに基づいた資産の測定値が，投資者，その他の外部の財務諸表利用者および資源配分の決定を行う経営者にとってより適切であると考えるからである（IASB (2004) par. B24(b))。すなわち，日本とアメリカの減損会計基準は，伝統的な取得原価主義会計のもとで減損損失の認識を説明するのに対して，IASBの減損会計基準は，資産負債観のもとでの公正価値評価の考え方に基づいて減損損失の認識を説明する。

次に，減損損失の認識が行われたならば，減損損失額の測定が行われる。ここで，日本の減損会計基準は，IAS第36号と同様に，回収可能価額の見積りを行う。回収可能価額が測定されたならば，帳簿価額を回収可能価額まで減額して，当該減少額を減損損失として当期の特別損失に計上する（企業会計審議会 (2002b) 二3, 四2)。

回収可能価額を採用する理由は，次の通りである（IASB (2004) par. B28)。

① 資産の回収可能価額に関する市場の予測を，当該資産を所有する個別企業の行う合理的な見積りより優先させてはならない。

② 市場価値は公正価値を見積もる方法であるが，それは買い手および売り手の双方に取引を行う意思があることを反映する場合だけである。企業が資産を使用することによって，それを売却するよりも大きなキャッシュ・フローを生成させることができる場合には，合理的な企業は資産を売却しようとはしないであろうから，当該資産の市場価値を回収可能価額の基礎とすることは誤解を生じさせることになる。

③ 資産の回収可能価額を評価するにあたって，目的適合性を有するものは，他の資産との相乗作用による効果を含めて，当該資産から回収すると予測しうる金額であると考えられる。

一方，SFAS第144号は，回収可能価額に代わって売却費用控除後の公正価値を用いることを規定している。SFAS第144号が公正価値を採用する理由は，次の通りである（FASB (2001) par. B34)。すなわち，公正価値は容易に理解できる考え方であり，それは資産を自発的な当事者間で購入または売却できる金額である。公正価値評価は，経済理論に基礎を置き，市場の現実に基づいてい

る。公正価値の見積りは，多くの資産，特に機械装置について，公表された形で簡単に入手できる。公正価値の見積額はまた，自発的な当事者間の取引により資産が交換されるときはいつでも定期的な検証が可能である。

日本およびIASBは，当該資産が将来どれだけ経済的便益を創出するかに焦点を当てて，将来の資金の回収可能価額により価値評価を行い，減損損失を測定する。それに対して，アメリカは，経営者の裁量的判断を除去するために市場の原理をもっとも重視して，当該資産の売却時価を評価して，減損損失を測定する。

このように，日本，IASBおよびアメリカの減損損失の認識および測定基準に相違があることは，会計基準の国際的収斂および国際的調和における当初の目標であった財務諸表の比較可能性の達成において重大な障害となる。

3. 経営者の裁量的判断の除去

(1) 回収可能価額の算定

日本の減損会計基準では，減損損失額は，当該資産の回収可能価額と帳簿価額との差額として測定される。回収可能価額は正味売却価額と使用価値のいずれか高い方である（企業会計基準委員会 (2003) 28項）。回収可能価額として，正味売却価額と使用価値のいずれを選択するかは，減損対象資産との関わりから次のように説明される[2]。

① 土地を減損対象資産とした場合，回収可能価額として使用価値を測定することはきわめて困難であり，正味売却価額の方が容易かつ適切である。

② 土地以外の機械等の事業用資産を減損対象資産とした場合，通常，正味売却価額よりも使用価値の方が高くなるため，使用価値が選択される。

図表V－3－1は，土地に関して減損処理をした企業について，その回収可能価額として採用した正味売却価額について調査したものである。3期間を通して，約60％の企業が不動産鑑定評価額を用いていた。これは不動産鑑定士による不動産鑑定評価額が相対的に公正な評価額であると考えることによる。一方で，不動産鑑定士による評価額にも裁量的な判断が介入する可能性があることに注意が必要である。

図表Ⅴ−3−1　土地の回収可能価額の具体的算定

	開示企業数	不動産鑑定評価額	固定資産税評価額	時価・売却可能価額	路線価	相続税評価額	その他	調査対象企業数
2004年3月期	30	19	5	9	4	0	0	63
		63.3%	16.7%	30.0%	13.3%	0.0%	0.0%	
2005年3月期	194	110	55	27	29	2	0	201
		56.7%	28.4%	13.9%	14.9%	1.0%	0.0%	
2006年3月期	679	427	197	49	97	36	15	746
		62.9%	29.0%	7.2%	14.3%	5.3%	2.2%	
合計	903	556	257	85	130	38	15	1,010
		61.6%	28.5%	9.4%	14.4%	4.2%	1.7%	

　また，2005年3月期と2006年3月期には，約30％の企業が固定資産税評価額を用いていた。固定資産税評価額は一般に取引される価額の70％程度である（企業会計基準委員会（2003）90項）。土地の帳簿価額を固定資産税評価額まで減額することは，売却可能価額よりも低い価額で再評価することとなり，売却時に売却益が生じる可能性があることから適切でない。

　使用価値の算定では，将来キャッシュ・フローの見積りと割引率の計算が行われる。減損会計基準の適用指針は，将来キャッシュ・フローの見積り方法を設例によって説明している。そこではキャッシュ・フローが生じる発生確率から，将来キャッシュ・フローの見積りが行われる（企業会計基準委員会（2003）設例5）。これは，アメリカの『財務会計概念書』（Statement of Financial Accounting Concepts, SFAC）第7号が説明する将来キャッシュ・フローの測定方法と同様である（FASB（2000）par.46）。ここでは，将来キャッシュ・フローおよび発生確率の決定の過程で，経営者の裁量が介入する可能性が指摘される。

　さらに，使用価値の算定で用いる割引率の計算も，設例によって①ハードル・レート，②借入資本コストと自己資本コストの加重平均による資本コスト，③類似資産または資産グループに固有のリスクを反映した市場平均と考えられる合理的な収益率，④当該資産または資産グループだけをノンリコースの借入れで調達した場合の利率および⑤それらを総合的に勘案したものに分けて説明さされている（企業会計基準委員会（2003）設例6）。しかし，設例で計算された割

引率でも，最低の割引率と最高の割引率との間で約2％の開きが生じている。どの方法で割引率を計算するか，その過程で用いる比率をどのように決定するかといった点で，経営者の裁量が介入する可能性が指摘される。

回収可能価額として使用価値を採用している企業の割引率について調査したところ，割引率を示した企業は，減損処理を行った企業の一部にとどまっている。割引率がどのように計算されたかも示されておらず，かつ割引率もさまざまである。将来キャッシュ・フローの見積りおよび割引率が異なれば，その結果算定される使用価値は大きく異なることから問題である。

(2) 減損処理が財務情報に及ぼす影響

図表Ⅴ－3－2は，減損損失額が経常利益に占める割合について示している。2004年3月期においては，経常利益の金額の100％以上を減損処理している企業，および経常利益がマイナスであるにもかかわらず，減損処理をしている企業が相対的に多い。

経常利益の金額の100％以上を減損処理することは，基本的に当期純利益をマイナスにする。それに対して，2005年3月期および2006年3月期には，経常利益の金額の100％以上を減損処理する企業の割合が，2004年3月期に比較す

図表Ⅴ－3－2　減損損失額が経常利益に占める割合

年度 超　　以下	2004年3月期 数	比率	2005年3月期 数	比率	2006年3月期 数	比率
1,000％～	0	0.0％	3	1.1％	4	0.3％
100％～　1,000％	12	11.9％	17	6.1％	64	4.5％
50％～　100％	5	5.0％	16	5.7％	35	2.5％
10％～　50％	40	39.6％	66	23.6％	243	17.1％
0％～　10％	23	22.8％	128	45.7％	501	35.4％
－1,000％～　0％	4	4.0％	6	2.1％	48	3.4％
－1,000％	1	1.0％	0	0.0％	4	0.3％
影響なし・データなし	16	15.8％	44	15.7％	518	36.6％
合　　計	101	100.0％	280	100.0％	1,417	100.0％

ると減少している。2005年3月期および2006年3月期適用企業では，減損損失額を経常利益の10％未満にとどめる企業が多い。その中で，経常利益の金額の1,000％以上を減損処理する企業が，2005年3月期および2006年3月期にそれぞれ4社および7社も存在している。

このように，2004年3月期適用企業では，全般的に企業の経営成績の状況にかかわらず，減損処理をした企業が多かった。それに対して，2005年3月期および2006年3月期適用企業では，企業の経営成績にかかわらず，多額の減損処理をする企業と，経営成績を意識して，減損処理を経常利益の一部にとどめる企業が存在し，減損処理をする企業のタイプに二極化が進んでいる。

図表Ⅴ－3－3　減損処理が次年度財務情報に及ぼした影響

2004年3月期減損企業		CFOへの影響		経常利益への影響	
		企業数	割合	企業数	割合
減損大	増額	11	50.0%	17	77.3%
	減額	11	50.0%	5	22.7%
減損小	増額	33	52.4%	51	81.0%
	減額	30	47.6%	12	19.0%
影響なし	増額	6	54.5%	4	36.4%
	減額	5	45.5%	7	63.6%
データなし		5		5	
合計		101		101	
2005年3月期減損企業		企業数	割合	企業数	割合
減損大	増額	17	41.5%	28	66.7%
	減額	24	58.5%	14	33.3%
減損小	増額	88	45.6%	141	72.7%
	減額	105	54.4%	53	27.3%
影響なし	増額	11	42.3%	6	23.1%
	減額	15	57.7%	20	76.9%
データなし		20		18	
合計		280		280	

第3章 減損会計情報の信頼性

図表Ⅴ-3-3は,減損処理をした企業を,①経常利益の50％以上の減損処理をした企業,②経常利益の０％超50％未満の減損処理をした企業および③減損処理を行ったがその金額に重要性がない企業に分けて,翌会計期間における営業キャッシュ・フロー（ＣＦＯ）および経常利益がどのように変化したかについて示している。減損処理を行った企業の70％以上が,翌会計期間の経常利益を増加させている。ＣＦＯへの影響は,この表からでは明確ではない。

図表Ⅴ-3-4は,減損損失額とＣＦＯおよび経常利益の変化額について回帰分析をした結果である。減損損失額とＣＦＯとの間には負の関係があり,減損損失額と経常利益との間には正の関係がある。すなわち,減損損失が多い企業では,翌会計期間のＣＦＯの減額が大きく,経常利益の増額が大きい。ここから,減損処理が将来の利益回復を目指したビッグ・バスとしての役割を果たしてきたことが明らかになる。

図表Ⅴ-3-4　減損処理とＣＦＯおよび経常利益との関係

年　　度		2004年3月期減損企業		2005年3月期減損企業	
		ＣＦＯ	経常利益	ＣＦＯ	経常利益
減損大	定 数 項	20,659	22,920	7,705	8,353
	偏回帰係数	−0.194	0.004	−1.197	3.135
	修正済R^2	0.172	—	0.379	0.778
	判　　定	[＊]	[ ]	[＊＊]	[＊＊]
	相 関 係 数	−0.460	0.033	−0.628	0.885
減損小	定 数 項	4,369	2,160	3,713	2,849
	偏回帰係数	0.017	0.277	−0.010	0.169
	修正済R^2	0.033	0.675	0.209	0.208
	判　　定	[ ]	[＊＊]	[＊＊]	[＊＊]
	相 関 係 数	0.219	0.825	−0.461	0.461

（注）　＊：5％で有意　　＊＊：1％で有意

4. 結びに代えて

　会計基準の国際的収斂を進めるIASBおよびアメリカは，資産負債観の会計観から，減損会計基準をはじめとして，様々な会計基準の改訂および設定を進めている。その中で，企業会計審議会は減損処理を収益費用観に基づいた費用配分として位置づけている。しかし，減損処理を，臨時償却，臨時損失等の費用配分と同様の理論的基礎から説明することは困難であり，減損は資産負債観に基づいた資産の公正価値評価の結果である。

　日本の減損会計基準は，IASBとアメリカの会計基準の内容をそれぞれ部分的に取り入れており，理論的に一貫性のないものとなっている。これは，財務諸表の国際的な比較可能性を損なう原因となっている。また，減損損失の測定では，回収可能価額の算定に経営者の裁量的判断が介入する可能性が指摘された。これは，公正価値評価の最大の問題でもあり，財務情報が信頼性を得る上での問題でもある。減損処理を行った企業の多くが，次年度の経常利益を大幅に増額しており，かつ減損損失額と経常利益との間には強い正の相関関係がみられたことは，経営者の裁量のもと，減損処理がビッグ・バスとして利用されている可能性を指摘するものである。

（注）
1）　ビッグ・バスとは，当期純損失となる企業が，将来発生しうる費用または損失の中で，当期に計上可能なものをできるだけ計上して，損失額を増やすことである。Watts, R. and Zimmerman (1986). (須田一幸訳 (1991) p.213。)
2）　減損会計基準適用企業に関する実態調査分析については，次の文献を参照していただきたい。向伊知郎・盛田良久 (2006)。

【参考文献】
井上良二 (2000)「時価会計における減損会計の意味」『會計』第158巻第6号，1－12頁。
企業会計基準委員会 (2003)「固定資産の減損に係る会計基準の適用指針」。
企業会計基準委員会 (2006) 企業会計基準第9号「棚卸資産の評価に関する会計基準」。
企業会計審議会 (2002a)「固定資産の減損に係る会計基準の設定に関する意見書」。
企業会計審議会 (2002b)「固定資産の減損に係る会計基準」。
神戸大学IFRSプロジェクト・あずさ監査法人IFRSプロジェクト編 (2005)『国際会計基準と日本の会計実務』同文舘出版。

向伊知郎・盛田良久 (2006)「減損会計基準適用企業の特質:早々期, 早期, 強制適用3期間の分析」『企業会計』第58巻第10号, 10月号, 96-103頁。

米山正樹 (2000)「原価配分のもとでの簿価修正〜減損の意義〜」『會計』第158巻第2号, 82-94頁。

連続意見書第三「有形固定資産の減価償却について」。

Financial Accounting Standards Board;FASB (1995) Statement of Financial Accounting Standards (SFAS) No. 121, *Accounting for the Impairment of Long-Lived Assets and for Long-Lived Assets to Be Disposed Of*, FASB.

FASB (2000) Statement of Financial Accounting Concepts (SFAC) No. 7, *Using Cash Flow Information and Present Value in Accounting Measurements*, FASB. (平松一夫・広瀬義州訳 (2004)『FASB財務会計の諸概念 (増補版)』中央経済社)

FASB (2001) SFAS No. 144, *Accounting for the Impairment or Disposal of Long-Lived Assets*, FASB.

International Accounting Standards Board;IASB (2004) International Accounting Standards No. 36, *Impairment of Assets*, IASB. (企業会計基準委員会訳 (2005)『国際財務報告基準書』レクシスネクシス・ジャパン)

International Accounting Standards Committee;IASC (1998) International Accounting Standards No. 36, *Impairment of Assets*, IASC.

Watts, R. and Zimmerman (1986) *Positive Accounting Theory*, Prentice-Hall. (須田一幸訳 (1991)『実証理論としての会計学』白桃書房)

第4章
財務情報の信頼性に関する経理担当者の意識調査

1. はじめに

　日本会計研究学会・特別委員会「財務情報の信頼性に関する研究」では，会計情報の信頼性を回復する糸口を探るべく，2006年の6月から7月にかけて，東証1部上場企業1,636社を対象に「財務情報の信頼性」に関するアンケートを行った。財務情報を作成する職責を担っている方々に回答をお願いしたところ，20％を超える336社から回答をいただいた。いただいた回答は，会計の信頼性を回復するための貴重な資料となる。この場をお借りして厚くお礼申し上げる。

　ここ数年来，アメリカではエンロンやワールド・コム事件，日本ではカネボウやライブドアによる会計不正が大きな話題となった。会計不正は会計不信をまねく。また，会計不正に至らなくても，会計プロセスの複雑性ゆえに，企業には一定の範囲で報告利益を動かせる余地が与えられている。そのうえ，会計ビッグバンによって時価会計が導入され，見積りに依存する局面が一層大きくなった。このことも財務情報の信頼性に影響を与えている。

　信頼性は目的適合性と並んで情報の有用性を決める重要概念とみなされてきた。ところが，その一方で，最近になってFASBとIASBの合同委員会は，信頼性概念を見直して，この概念の使用を止める動きを見せている。しかし，信頼性という用語の使用を止めたからといって，会計不信がなくなり財務情報の信頼性の問題がなくなるとも思えない。むしろ，このような状況であるからこそ，財務情報の信頼性を形成する要因が何なのか，いっそう追究しておく必要

があると思われる。

　信頼性に関するアンケートは，財務情報の作成者だけでなく，監査人および利用者にも向けられるべきものではあるが，今回は，諸般の事情から，作成者である企業を対象として実施された。

2. アンケートの構成

　アンケートの内容と集計結果は章末の資料に掲載した。アンケートは36の質問項目からなるが，このアンケートには次の3つの考慮がなされている。

　第1に，質問項目は，本書の第Ⅰ部第1章「財務情報の信頼性」で図示された財務情報が作り出されるプロセスに従って，①企業行動に関する10項目（問1～問10），②会計システムに関する18項目（問11～問28），③監査に関する8項目（問29～問36）により構成されている。

　第2に，信頼性（reliability）は，目的適合性（relevance）とともに有用性を決定する情報特性であり，信頼性と目的適合性はトレードオフの関係にあるとするFASBの情報特性を認めたうえで，目的適合性については尋ねないで，信頼性と有用性について質問した。その上で，会計に関連する「システムの信頼性（credibility）」と「人の信頼性（trustworthy）」を区別している。

　第3に，企業をとりまく環境の変化として，①会計ビッグバン，②グローバリズム，③社会的責任（とくに環境責任），に関して質問している。財務情報の信頼性は，これらの動向を回答者が受容する程度にも影響されると考えられるからである。

3. 調査結果の概要

　アンケートの質問項目ごとの単純集計の結果が，章末で示されている。そこから読み取れることをまとめると以下のようになる。

(1) 企業行動

　企業システムに関しては次の4点が興味深いと思われる。

① 企業の目的（問1）に関しては，「有用な財・サービスの提供」が第1位で(116件)，「企業の継続」がそれに続いた(101件)。「株主価値の増加」(35件)と，「利益の増加」(35件)を挙げる回答は当初予想したほどではなかった。
② 企業は誰のものか（問2）については，株主(37.2%)，社会(20.8%)，企業自身(14.6%)，従業員(8.6%)という結果であった。株主との回答数よりも，それ以外の回答合計が上まわっている。
③ グローバル化について（問3～問7）は肯定的な意見が多かったが，それが「貧富の差を拡大させる」(問5)や「環境破壊をもたらす」(問6)といったマイナスの側面については意見が分かれていた。
④ 環境への意識（問8～問10）は高まっているものの，同時に企業収益にも気を配っている（問9）ことがうかがわれた。

東証一部上場企業は，日本の代表的企業である。この結果から，おぼろげながら浮かび上ってくるそのイメージは，株主主権を意識しつつも企業自身を社会的存在ととらえ，時代の流れとしてグローバリズムをやや楽観的に前向きに受け入れながらも，企業の社会責任の重要性を強く意識している。収益性と社会性が対立するときに，社会性をあえて優先しうるような気概が見て取れる。高潔さ（integrity）が伝わってくる。

(2) 会計システム

会計システムに関しては次の4点が重要であろう。
① 「日本経済の発展には，財務情報の信頼性が不可欠である」(問14)を肯定する回答が84.5%あったこと。
② 財務情報の信頼性とは，「情報の正確性（重要な虚偽表示がないこと）」(問11)と「企業の経済実態を反映していること（表現の忠実性）」(問12)を肯定する回答が90%を超えていたが，「現行の会計原則や会計基準に準拠すれば少なくとも確保される」(問13)に対しては47%が肯定しただけだった。
③ 企業評価をする上では，個別財務諸表より連結財務諸表を重視しており(問17a～f)，また，連結財務諸表情報の株価関連性を65%以上の人が認めている。とくに連結キャッシュ・フロー計算書の有用性に対する認識（問

17d〜f）89.6％は，貸借対照表（95.5％）と損益計算書（95.0％）に比べて極わずかの差があるが，ほとんど遜色ない。

④ キャッシュ・フロー計算書の有用性（問19）を85.7％の人が肯定し，信頼性（問20）を75.6％が肯定するが，時価会計の有用性（問21）と信頼性（問22）を支持しているのは60％程度にすぎない。また，時価評価情報の表示についても，株主資本等変動計算書が財務情報の信頼性を高める（問23）としたのは46.2％であった。さらに，金融資産の未実現損益を業績の一部として損益計算書に計上することについては（問24），賛成意見は26.8％にすぎなかった。

①と②より，次のことがいえよう。おそらく，日本の会計担当者は，財務情報の信頼性の意義を十分に認識しており，信頼性ある財務情報の提供は，現行の会計基準によるだけでは十分ではないが，何らかの工夫と努力を追加することにより，現行実務でほぼそれが達成できていると考えている。

③と④に着目して，会計ビッグバンがらみの次のA〜C3項目の有用性と信頼性に関する回答を組みあわせて再検討してみると，興味深い結果が浮かび上がる。

A．会計ビッグバンは，財務情報の有用性を高めたと思いますか。それは，財務情報の信頼性を高めたと思いますか。

B．キャッシュ・フロー計算書は，財務情報の有用性を高めると思いますか。それは，財務情報の信頼性を高めると思いますか。

C．時価会計は，財務情報の有用性を高めると思いますか。それは，財務情報の信頼性を高めると思いますか。

会計ビッグバンの有用性については，それを肯定する回答は合計（「全くその通り」と「そう思う」の合計）で71％あったが，信頼性については62％しかなかった。これは何故であろうか。一般に，情報が役に立つ（すなわち有用である）ためには，それが目的適合性と信頼性という2つの情報特性を満たさねばならない。この回答結果が示唆するのは，会計ビッグバンは情報の信頼性を犠牲にして目的適合性を追求したと受け止められている，ということであろう。

そこで，キャッシュ・フロー計算書に目を向けてみると，その有用性を86％が肯定し，信頼性についても76％が肯定した。ところが，時価会計に関しては，

その有用性を67％が肯定したものの，信頼性を肯定したのは62％であった。会計ビッグバンの信頼性と同じ割合である。

ポイントは時価評価差額の収容先である。日本で実施が決まっている「株主資本等変動計算書は財務情報の信頼性を高めるか」については，46％が肯定しただけで，否定する回答が8％あった。いわゆる一計算書アプローチで「時価評価差額を損益計算書に含める」ことに対しては，27％が肯定するだけで，24％がその信頼性を否定している。会計ビッグバンの信頼性を下げていたのは，じつは時価会計であった。

(3) 監　　査

監査に関しては次の4点が重要であろう。

① 会計監査によって財務情報の信頼性は高まっている(問29)に対しては88.7％が肯定した。その一方で，企業は合法的利益操作をしているかという問い(問33)についての否定意見は74.4％であったが，肯定意見が24.7％であった。

② 日本の監査基準は信頼に足りるか(問30)という質問に対しての肯定意見は62.5％で，否定意見が6.0％であった。

③ 内部統制の監査が財務情報の信頼性を高める(問31)を肯定したのは67.6％であった。

④ 監査報酬が企業から支払われていることは，監査の独立性に影響を与えるか(問32)についての肯定意見は33.4％にすぎなかった。

現行の監査制度によって信頼性が賦与されていることを認めるものの，合法的利益操作がなされていることを肯定する回答が25％あり，監査基準が十分でないとの回答が6％あった。このあたりに，日本の財務情報の信頼性を回復する鍵が潜んでいそうである。

4. アンケート結果の解析

上記のとおり，単純集計を通じて企業行動，会計システム，監査に関する回答者の意識を読み取ることができた。そこで特に重要な結果は，時価会計の導

入によって信頼性が高まったと考える回答者がそれほど多くない点と，キャッシュ・フロー計算書の導入が財務情報の信頼性を高めたとの回答が多い点であろう。時価会計やキャッシュ・フロー計算書の導入は，いずれも会計ビッグバンにおける会計制度改革の柱だからである。そこで引き続き，因子分析とクロス集計を行い，その結果を手掛かりとして時価会計やキャッシュ・フロー計算書の導入と財務情報の信頼性との関係について検討する。

(1) 因子分析

まず，会計システムに関する質問項目を対象に因子分析を行った[1]。因子数は固有値が1以上のものを選択して5つとし，因子軸の回転にはバリマックス法を用いた。因子負荷量は図表V－4－1の通りである[2]。この表から5つの共通因子の意味について解釈したい。

第1共通因子は因子負荷量が問17－b，17－a，17－cの順となっていることから，これは個別財務諸表を企業評価に活用しようとする因子と考えられる。また，第3共通因子は連結財務諸表を企業評価に活用しようとする因子である。

第2共通因子の因子負荷量は，問22，問21，問15，問16の順となっていることから，財務情報の信頼性や有用性が時価会計の有無によって左右されると思う程度を表す因子であると考えられる。また，第4共通因子は財務情報の信頼性や有用性がキャッシュ・フロー計算書の有無によって左右されると思う程度を表す因子であると考えられる。

第5共通因子はやや特殊な因子である。この共通因子の因子負荷量は，問11，問12で高くなっているが，これらは信頼性の意味を問うものであり，第5共通因子は財務情報の信頼性の意味を情報の正確性や表現の忠実性という意味でとらえようとする因子である。情報の正確性と表現の忠実性は同じような意味で理解されている可能性がある。

財務情報の信頼性を考察する際に重要なのは，第2共通因子と第4共通因子である。これと単純集計の結果を合わせると，財務情報の信頼性は時価会計やキャッシュ・フロー計算書の導入によって影響を受けていた可能性があり，キャッシュ・フロー計算書が財務情報の信頼性の向上に寄与していることが読み取れる。なお，そこでの信頼性は情報の正確性又は表現の忠実性という意味

である。

このように，会計システムに関する質問項目に因子分析を行った結果，回答者は個別及び連結財務諸表・時価会計・キャッシュ・フロー計算書が目的適合性を有する財務情報を提供し，キャッシュ・フロー計算書が信頼性（正確性・表現の忠実性）を有する財務情報をもたらしていると潜在的に考えていることが明らかとなった。

表Ⅴ－4－1　因子分析の結果

質問項目	第1共通因子	第2共通因子	第3共通因子	第4共通因子	第5共通因子
問17－a	**0.902206**	0.081954	0.157322	－0.024	0.104471
問17－b	**0.938211**	0.023048	0.170697	0.033445	0.072764
問17－c	**0.742901**	－0.01479	0.203793	0.298048	0.025687
問15	－0.07778	**0.62563**	0.216504	0.064029	0.07828
問16	－0.04044	**0.607997**	0.295989	0.110381	0.069454
問21	0.11171	**0.759611**	0.035134	0.104248	0.039964
問22	0.099397	**0.805669**	－0.02081	0.117608	0.019155
問17－d	0.213022	0.248659	**0.796749**	0.04466	0.208735
問17－e	0.241654	0.186585	**0.826229**	0.091351	0.158403
問17－f	0.234806	0.066325	**0.63569**	0.465039	0.042193
問19	0.042825	0.165658	0.166301	**0.811328**	0.102778
問20	0.119426	0.17631	0.05363	**0.829829**	0.154899
問11	0.082739	0.087854	0.121496	0.112854	**0.741672**
問12	0.059115	0.047659	0.127639	0.101695	**0.772085**
固有値	2.461507	2.164213	2.014722	1.728059	1.280976
寄与率	17.58%	15.46%	14.39%	12.34%	9.15%
累積寄与率	17.58%	33.04%	47.43%	59.78%	68.92%

（注）　因子負荷量が0.5以上の数値を太字の網かけで表している。

(2) キャッシュ・フロー計算書と利益操作

単純集計の結果は，回答者がキャッシュ・フロー計算書の導入は財務情報の信頼性を向上させたが，他方では企業は合法的利益操作を行うと考えているこ

とを表している。

　利益操作は発生主義調整額に影響を及ぼして，利益と営業活動によるキャッシュ・フロー（ＣＦＯ）の差としての利益の質を左右する。キャッシュ・フロー計算書は利益とＣＦＯの差に関する情報を提供するため，利益の質の評価に役立つとされる。情報利用者が利益の質を評価するようになれば，情報作成者が利益操作を行う意欲は減退すると考えることができる。にもかかわらず，「企業は合法的利益操作を行っている」という問33に対してイエスとノーが拮抗している。

　そこで，「キャッシュ・フロー計算書が財務情報の信頼性を高めた」という問20と「企業は合法的利益操作を行っている」という問33のクロス集計を実施した（図表Ⅴ－４－２）[3]。

　問20を「全くその通りだ」と回答した48名のうち23名は問33を「どちらとも言えない」と回答しているが，それに次いで多いのが「そう思う」15名であり，これは否定派の10名よりも多い。したがって，「キャッシュ・フロー計算書が財務情報の信頼性を高めた」ことに強く賛同した回答者であっても，合法的利益操作の存在を否定するわけではないことが窺える。ただし，問20を「そう思う」とした回答者については，合法的利益操作の否定派が肯定派をわずかに上回る。また，問20を「そうは思わない」と回答した９名についても否定派のほうが多い。

　これらの関係性から，回答者が「キャッシュ・フロー計算書が財務情報の信頼性を高めた」と考えた理由は，それにより利益操作が減少したからではなく，むしろ「企業は合法的利益操作を行っている」からであると言えよう。企業が利益操作を行っているのでキャッシュ・フロー計算書による利益の質の評価が必要だということである。

　ただし，問20をノーと回答した理由は合法的利益操作が行われていないからというだけではないであろう。問19で「キャッシュ・フロー計算書が財務情報の有用性を高めた」ことに賛同する回答も多いことから，キャッシュ・フロー計算書を現金創出力の評価のために利用するという意識のほうが利益の質の評価に利用するという意識よりも強い場合もあると考えられる。

　あるいは，アンケートの回答者が財務諸表作成者であることを考慮すれば，

利益とCFOとの差を間接法で表示するキャッシュ・フロー計算書は，貸借対照表と損益計算書の信頼性に依存していると理解している可能性もあるだろう。そうだとすれば，利益の質に関する意識を向上させるために，利益とキャッシュ・フローの関係をよりクリアに表す資金法情報の作成と開示が必要かもしれない[4]。

図表Ⅴ－4－2　クロス集計の結果

分類項目	集計項目	全体	問20			
			2	1	3	4
全体		336	206	48	73	9
問33	3	162	96	23	39	4
	4	83	54	6	19	4
	2	79	50	15	13	1
	5	8	2	4	2	0
	1	4	4	0	0	0

5. 結びに代えて

本章での検討をふまえて，日本の財務情報の信頼性に関して見えてくるのは，次の3点である。

第1は，会計ビッグバンの柱である時価会計の導入，連結財務諸表中心主義への移行，並びにキャッシュ・フロー計算書の導入が，回答者の心理に大きく影響しており，会計システムに関するアンケート結果を左右する因子となっている点である。とりわけ，時価会計やキャッシュ・フロー計算書の導入は財務情報の信頼性を左右している可能性が高い。

第2は，キャッシュ・フロー計算書の導入による財務情報の信頼性の向上は企業が合法的利益操作を行っているためにもたらされているという点である。本来，利益の質の評価は利益操作の有無や程度を推測するために行われるはずであり，企業価値や支払能力を評価するという目的以外にキャッシュ・フロー計算書が利用できるという考えが普及することが望ましい。

第3は，キャッシュ・フロー計算書の監査にスポットライトを当てる必要性である。ASBJのワーキンググループによる「財務会計の概念フレームワークに関する『討議資料』」では，当初，キャッシュ・フロー計算書は主要財務諸表から外されていた。2006年12月のASBJによる『討議資料』になって，ようやく主要財務諸表と位置づけられたが，このような位置づけでは，キャッシュ・フロー計算書の監査に，どの程度重要性が認められているのか，という根本的な疑問が提起されうる。個別キャッシュ・フロー計算書が有価証券報告書で開示されないので，したがって，作成されないか，作成されても監査されていない可能性がある。キャッシュ・フロー計算書の監査についてさらに検討がなされる必要があろう。

　最後に本研究のさらなる課題を指摘しておきたい。この研究は，東証１部上場企業の経理担当者を対象にしたアンケート調査の結果を集計・分析することを通じて行っているが，投資家などの他の利害関係者にもアンケート調査を行う必要があるかもしれない。財務情報の信頼性は作成者よりも利用者の問題と考えることができるし，作成者と利用者では信頼性に関する意識が異なるかもしれないからである。そして，その比較を通じて財務情報の信頼性と目的適合性との関係が回答者の意識というレベルで見えてくるかもしれない。

（注）
1）　各質問内容は巻末資料を参照されたい。ただし，問28は回答形式が異なるため分析から除外している。
2）　因子負荷量が0.5以下の項目を除外して再度因子分析を行った。また，クロンバック α は0.8407であり，有効サンプル数は336である。
3）　x^2 値は19.61（P値＝0.0747）であった。また，クラメールの独立係数は13.7％である。
4）　資金法については，本書の第Ⅴ部第１章を参照されたい。

【参考文献】
企業会計基準委員会（ASBJ）（2006）『討議資料　財務会計の概念フレームワーク』。
佐藤倫正（1993）『資金会計論』白桃書房。
柳井晴夫，繁枡算男，前川真一，市川雅教（1990）『因子分析－その理論と方法－』朝倉書店。

資料：財務情報の信頼性に関するアンケート

問1　企業の目的として重要と思われるものに順位をつけてください。

	1位	2位	3位
a．売上の増加	4	6	5
b．有用な財・サービスの提供	116	75	36
c．利益の増加	35	74	69
d．株主価値の増加	35	84	100
e．企業の継続	101	51	80
不　　明	45	46	46
合　　計	336	336	336

問2　企業は誰のものですか。

	割　合	回答数
a．株　　主	37.2%	125
b．従 業 員	8.6%	29
c．企業自身	14.6%	49
d．社　　会	20.8%	70
e．その他	15.5%	52
不　　明	3.3%	11
合　　計	100.0%	336

問3　企業が成功するためには国際的な競争が行われなければならない。

	割　合	回答数
1　全くその通りだ	17.3%	58
2　そう思う	42.9%	144
3　どちらとも言えない	28.3%	95
4　そうは思わない	10.1%	34
5　全然そうは思わない	1.2%	4
不　　明	0.3%	1
合　　計	100.0%	336

問4　国内企業における外国人持株比率の増加は，望ましいことである。

	割　合	回答数
1　全くその通りだ	0.9%	3
2　そう思う	19.6%	66
3　どちらとも言えない	64.9%	218
4　そうは思わない	12.8%	43
5　全然そうは思わない	1.5%	5
不　　明	0.3%	1
合　　計	100.0%	336

問5　経済のグローバル化は，貧富の差を増大させる。

	割　合	回答数
1　全くその通りだ	4.2%	14
2　そう思う	27.1%	91
3　どちらとも言えない	39.3%	132
4　そうは思わない	26.8%	90
5　全然そうは思わない	2.4%	8
不　　明	0.3%	1
合　　計	100.0%	336

問6　経済のグローバル化は，環境破壊をもたらす。

	割　合	回答数
1　全くその通りだ	1.5%	5
2　そう思う	18.2%	61
3　どちらとも言えない	40.8%	137
4　そうは思わない	35.7%	120
5　全然そうは思わない	3.6%	12
不　　明	0.3%	1
合　　計	100.0%	336

資料：財務情報の信頼性に関するアンケート

問7　経済のグローバル化は，世界の人々の生活水準を高める。

	割　合	回答数
1　全くその通りだ	3.3%	11
2　そう思う	46.7%	157
3　どちらとも言えない	40.5%	136
4　そうは思わない	8.3%	28
5　全然そうは思わない	0.3%	1
不　明	0.9%	3
合　計	100.0%	336

問8　社会貢献が低い企業の製商品の購入が抑制されるのは避けられない。

	割　合	回答数
1　全くその通りだ	5.7%	19
2　そう思う	42.9%	144
3　どちらとも言えない	31.5%	106
4　そうは思わない	18.5%	62
5　全然そうは思わない	0.9%	3
不　明	0.6%	2
合　計	100.0%	336

問9　企業は環境に配慮するならば，収益を犠牲にしてもかまわない。

	割　合	回答数
1　全くその通りだ	0.6%	2
2　そう思う	19.3%	65
3　どちらとも言えない	36.0%	121
4　そうは思わない	39.0%	131
5　全然そうは思わない	4.5%	15
不　明	0.6%	2
合　計	100.0%	336

問10　新技術を採用する前に，環境への影響をよく考えるべきだと思う。

	割　合	回答数
1　全くその通りだ	25.0%	84
2　そう思う	68.5%	230
3　どちらとも言えない	6.0%	20
4　そうは思わない	0.3%	1
5　全然そうは思わない	0.0%	0
不　明	0.3%	1
合　計	100.0%	336

問11　財務情報の信頼性とは，情報の正確性（重要な虚偽表示がないこと）である。

	割　合	回答数
1　全くその通りだ	36.0%	121
2　そう思う	60.1%	202
3　どちらとも言えない	1.8%	6
4　そうは思わない	1.5%	5
5　全然そうは思わない	0.0%	0
不　明	0.6%	2
合　計	100.0%	336

問12　財務情報の信頼性とは，企業の経済実態を反映していること（表現の忠実性）である。

	割　合	回答数
1　全くその通りだ	28.3%	95
2　そう思う	64.9%	218
3　どちらとも言えない	4.8%	16
4　そうは思わない	1.5%	5
5　全然そうは思わない	0.0%	0
不　明	0.6%	2
合　計	100.0%	336

問13 財務情報の信頼性は，現行の会計原則や会計基準に準拠すれば少なくとも確保される。

	割合	回答数
1　全くその通りだ	1.2%	4
2　そう思う	45.8%	154
3　どちらとも言えない	32.7%	110
4　そうは思わない	18.5%	62
5　全然そうは思わない	1.2%	4
不　明	0.6%	2
合　計	100.0%	336

問14 日本経済の発展には，財務情報の信頼性が不可欠である。

	割合	回答数
1　全くその通りだ	22.3%	75
2　そう思う	62.2%	209
3　どちらとも言えない	12.5%	42
4　そうは思わない	2.1%	7
5　全然そうは思わない	0.0%	0
不　明	0.9%	3
合　計	100.0%	336

問15 会計ビッグバンは，財務情報の信頼性を高めた。

	割合	回答数
1　全くその通りだ	3.6%	12
2　そう思う	58.6%	197
3　どちらとも言えない	29.8%	100
4　そうは思わない	6.5%	22
5　全然そうは思わない	0.3%	1
不　明	1.2%	4
合　計	100.0%	336

問16 会計ビッグバンは，財務情報の有用性を高めた。

	割合	回答数
1　全くその通りだ	6.0%	20
2　そう思う	64.9%	218
3　どちらとも言えない	22.6%	76
4　そうは思わない	4.8%	16
5　全然そうは思わない	0.6%	2
不　明	1.2%	4
合　計	100.0%	336

問17 企業を評価する上で重要だと思う。

a．個別貸借対照表

	割合	回答数
1　全くその通りだ	16.7%	56
2　そう思う	56.5%	190
3　どちらとも言えない	19.0%	64
4　そうは思わない	3.9%	13
5　全然そうは思わない	1.5%	5
不　明	2.4%	8
合　計	100.0%	336

b．個別損益計算書

	割合	回答数
1　全くその通りだ	14.3%	48
2　そう思う	59.2%	199
3　どちらとも言えない	17.9%	60
4　そうは思わない	5.7%	19
5　全然そうは思わない	0.9%	3
不　明	2.1%	7
合　計	100.0%	336

c．個別キャッシュフロー計算書

	割 合	回答数
1　全くその通りだ	12.8%	43
2　そう思う	52.1%	175
3　どちらとも言えない	23.2%	78
4　そうは思わない	7.1%	24
5　全然そうは思わない	2.1%	7
不　明	2.7%	9
合　計	100.0%	336

f．連結キャッシュフロー計算書

	割 合	回答数
1　全くその通りだ	40.2%	135
2　そう思う	49.4%	166
3　どちらとも言えない	6.8%	23
4　そうは思わない	1.5%	5
5　全然そうは思わない	0.9%	3
不　明	1.2%	4
合　計	100.0%	336

d．連結貸借対照表

	割 合	回答数
1　全くその通りだ	46.4%	156
2　そう思う	49.1%	165
3　どちらとも言えない	2.1%	7
4　そうは思わない	0.6%	2
5　全然そうは思わない	0.9%	3
不　明	0.9%	3
合　計	100.0%	336

問18　連結財務諸表の数値は，個別財務諸表の数値よりも，企業の株価と密接に関わっている。

	割 合	回答数
1　全くその通りだ	16.1%	54
2　そう思う	49.1%	165
3　どちらとも言えない	28.0%	94
4　そうは思わない	6.0%	20
5　全然そうは思わない	0.3%	1
不　明	0.6%	2
合　計	100.0%	336

e．連結損益計算書

	割 合	回答数
1　全くその通りだ	43.5%	146
2　そう思う	51.5%	173
3　どちらとも言えない	3.0%	10
4　そうは思わない	0.3%	1
5　全然そうは思わない	0.6%	2
不　明	1.2%	4
合　計	100.0%	336

問19　キャッシュフロー計算書は，財務情報の有用性を高める。

	割 合	回答数
1　全くその通りだ	16.7%	56
2　そう思う	69.0%	232
3　どちらとも言えない	11.9%	40
4　そうは思わない	1.8%	6
5　全然そうは思わない	0.0%	0
不　明	0.6%	2
合　計	100.0%	336

問20　キャッシュフロー計算書は，財務情報の信頼性を高める。

	割　合	回答数
1　全くその通りだ	14.3%	48
2　そう思う	61.3%	206
3　どちらとも言えない	21.1%	71
4　そうは思わない	2.7%	9
5　全然そうは思わない	0.0%	0
不　明	0.6%	2
合　計	100.0%	336

問21　時価会計は，財務情報の有用性を高める。

	割　合	回答数
1　全くその通りだ	4.8%	16
2　そう思う	61.9%	208
3　どちらとも言えない	28.0%	94
4　そうは思わない	3.0%	10
5　全然そうは思わない	1.2%	4
不　明	1.2%	4
合　計	100.0%	336

問22　時価会計は，財務情報の信頼性を高める。

	割　合	回答数
1　全くその通りだ	4.5%	15
2　そう思う	57.4%	193
3　どちらとも言えない	31.3%	105
4　そうは思わない	4.5%	15
5　全然そうは思わない	1.2%	4
不　明	1.2%	4
合　計	100.0%	336

問23　株主資本等変動計算書は，財務情報の信頼性を高める。

	割　合	回答数
1　全くその通りだ	2.7%	9
2　そう思う	43.5%	146
3　どちらとも言えない	44.9%	151
4　そうは思わない	7.4%	25
5　全然そうは思わない	0.6%	2
不　明	0.9%	3
合　計	100.0%	336

問24　金融資産の未実現損益を業績の一部として損益計算書に計上することは，財務情報の信頼性を高める。

	割　合	回答数
1　全くその通りだ	0.6%	2
2　そう思う	26.2%	88
3　どちらとも言えない	48.8%	164
4　そうは思わない	20.8%	70
5　全然そうは思わない	2.7%	9
不　明	0.9%	3
合　計	100.0%	336

問25　国際会計基準による財務諸表は，日本を含めて，あらゆる国の証券市場で受け入れられるべきである。

	割　合	回答数
1　全くその通りだ	3.0%	10
2　そう思う	43.2%	145
3　どちらとも言えない	42.3%	142
4　そうは思わない	9.5%	32
5　全然そうは思わない	1.2%	4
不　明	0.9%	3
合　計	100.0%	336

資料：財務情報の信頼性に関するアンケート

問26　環境報告書は，財務情報の信頼性を高める。

		割合	回答数
1	全くその通りだ	0.6%	2
2	そう思う	20.5%	69
3	どちらとも言えない	54.5%	183
4	そうは思わない	21.1%	71
5	全然そうは思わない	2.4%	8
不明		0.9%	3
合計		100.0%	336

問27　「事業等のリスク」情報の開示が有価証券報告書に義務づけられたことにより財務諸表の信頼性が高まる。

		割合	回答数
1	全くその通りだ	2.1%	7
2	そう思う	49.1%	165
3	どちらとも言えない	33.3%	112
4	そうは思わない	13.1%	44
5	全然そうは思わない	0.9%	3
不明		1.5%	5
合計		100.0%	336

問28　4つの「事業等リスク」情報の中で，重要と思うものから順位をつけてください。

	1位	2位	3位	4位	不明	計
金融リスク	23	43	144	111	15	336
事業リスク	124	130	49	18	15	336
営業リスク	134	110	53	24	15	336
法令リスク	40	38	75	166	17	336

問29　会計監査によって財務諸表の信頼性は高まっている。

		割合	回答数
1	全くその通りだ	12.8%	43
2	そう思う	75.9%	255
3	どちらとも言えない	9.2%	31
4	そうは思わない	0.9%	3
5	全然そうは思わない	0.0%	0
不明		1.2%	4
合計		100.0%	336

問30　日本の監査基準は信頼に足りる。

		割合	回答数
1	全くその通りだ	2.7%	9
2	そう思う	59.8%	201
3	どちらとも言えない	30.7%	103
4	そうは思わない	6.0%	20
5	全然そうは思わない	0.0%	0
不明		0.9%	3
合計		100.0%	336

問31　内部統制の監査は財務情報の信頼性を高める。

		割合	回答数
1	全くその通りだ	4.8%	16
2	そう思う	62.8%	211
3	どちらとも言えない	26.5%	89
4	そうは思わない	4.5%	15
5	全然そうは思わない	0.6%	2
不明		0.9%	3
合計		100.0%	336

問32 監査報酬が企業から支払われることは、監査の独立性に影響を与える。

		割　合	回答数
1	全くその通りだ	4.8%	16
2	そう思う	28.6%	96
3	どちらとも言えない	35.1%	118
4	そうは思わない	28.9%	97
5	全然そうは思わない	2.4%	8
不　明		0.3%	1
合　計		100.0%	336

問33 企業は合法的利益操作をしている。

		割　合	回答数
1	全くその通りだ	1.2%	4
2	そう思う	23.5%	79
3	どちらとも言えない	47.3%	159
4	そうは思わない	24.7%	83
5	全然そうは思わない	2.4%	8
不　明		0.9%	3
合　計		100.0%	336

問34 財務情報の信頼性は、監査人よりも経営者によって影響を受ける。

		割　合	回答数
1	全くその通りだ	7.7%	26
2	そう思う	49.1%	165
3	どちらとも言えない	33.6%	113
4	そうは思わない	8.3%	28
5	全然そうは思わない	1.2%	4
不　明		0.0%	0
合　計		100.0%	336

問35 役員に会計の専門家を加えることは、財務情報の信頼性を高める。

		割　合	回答数
1	全くその通りだ	6.0%	20
2	そう思う	44.3%	149
3	どちらとも言えない	38.7%	130
4	そうは思わない	10.1%	34
5	全然そうは思わない	0.9%	3
不　明		0.0%	0
合　計		100.0%	336

問36 委員会設置会社制度の導入は、財務情報の信頼性を高める。

		割　合	回答数
1	全くその通りだ	0.3%	1
2	そう思う	17.9%	60
3	どちらとも言えない	67.6%	227
4	そうは思わない	12.8%	43
5	全然そうは思わない	1.5%	5
不　明		0.0%	0
合　計		100.0%	336

おわりに

　会計環境と監査環境が激変し，収益費用観から資産負債観へと会計観の一部重点移行に見られるように，会計領域が経済的実態把握を志向し，将来事象の見積り要素を多く取り入れ，経済取引のグローバル化が進み，経営諸業務の電子化などの諸要素が絡み，かなりの複雑化現象を招いている。経営者がそれらを裁量的に利用し，その結果，不適切な会計調整や報告利益管理などが発覚したとき，監査人はそれをなぜ発見，防止できなかったかが社会的に厳しく問われ，「監査の厳格化」への要請となって現れている。

　いまや，会計はコンバージェンスを意識したグローバル化の動きを軽視することができず，経済的実態把握の志向のもと，主に過去情報を中心にしていた段階から，現在情報へ，さらには不確実性を伴う将来情報を取り入れ，割引現在価値計算を行う公正価値会計へと進展していることにより，財務情報の信頼性がある「幅」を持ち始め，それに合わせ監査証拠も客観的証拠から説得的証拠を収集することに依存せざるを得なくなっている。それは会計判断と監査判断に主観性，許容性，説得性が強まっていることを物語っているといえる。

　そのような状況の中で，主に投資者の意思決定有用性に役立つ情報提供のために，会計と監査を取り巻く多くの関係者が，実にいろいろな実効施策を発表し，社会秩序形成のための会計改革と監査改革を断行することにより，公共の利益の実現のための解決的対応を図っている。その正当性，有意味性を本質的に解明するため立ち上げた財務情報の信頼性とその保証に関する研究においては，活発な議論を繰り返し，多くの啓発を受け，無数の有益な知見を得た。

　ここに，それらを踏まえ，会計と監査が追求する財務情報の信頼性を高めるとともに，その保証が有効に実施に移される必要性があるとの観点から，包括的に次の4点が重要であることを提言する。

① 　財務情報の制度設計者側では，会計基準と監査基準の設定において，国際的コンバージェンスを意識しつつ，進展するグローバル化社会における公正な市場評価を踏まえ，デュープロセスを経て，公共の利益が守られる有効な基準設定を目指すとともに，個別情報と連結情報の法整備に関しては，行為

規制の会社法と開示規制の金融商品取引法との棲み分けを図り，財務情報の信頼性の監視・監督機能を高める必要がある。

② 財務情報の作成者側では，経営者が自己への規律づけとして，企業社会責任（CSR）の遂行を自覚し，リーダーシップの発揮と高潔な誠実性を保持することが重要であり，コーポレート・ガバナンスが有効に機能する監視の中で，キャッシュ・フロー情報を含む企業価値を適切に表示する財務情報を作成するとともに，信頼性を補完するために定性的情報を含むIR活動を積極的に行い，財務情報の信頼性を高める必要がある。

③ 財務情報の評価者側では，厳格さが求められる監査人は社会的使命感のもと独立性と専門性を保持し，社会的負託に応えるよう倫理教育研修など不断の努力を重ね，キャッシュ・フロー情報を含む財務情報の信頼性を高める第三者評価としての保証を意見として表明する際には，職業的懐疑心をもって慎重に対処し，コスト・ベネフィットの明示により，期待ギャップの解消に努め，監査とレビューの信頼性を確保する必要がある。

④ 財務情報の利用者側では，基準設定主体の独立性，ルール適用可能性が妥当であるか，経営者が高潔な誠実性のもと財務情報の開示を通して説明責任を果たしているか，監査人が表明する監査意見が妥当であるか，アナリストの中間解読者が，利益などの再計算を行う有用な技法を開発しているかについて，自己責任を負う投資者の利益が保護されているかの観点から，財務情報の信頼性に注意を払う必要がある。

これらの提言が，部分的ではなく全面的に実行に移されれば，激動化するグローバル化社会において，コンバージェンスが求められている中で，財務情報の信頼性の確保とその保証問題を積極的に解決することが可能となり，「会計不正」と「監査不正」の防止は，「利益の質」と「監査の質」を高め，「会計不信」と「監査不信」の払拭は，「会計の信頼性」と「監査の信頼性」を回復，向上させることに繋がるはずである。

ここに，3年間にわたる財務情報の信頼性とその保証問題に関する総合的研究の成果に関して，良好なチームワークのもと，有意義な知見としてまとめることができた本書の趣旨が，前向きに理解され，会計と監査の健全な発展に寄与することを期待するものである。

編著者紹介

友杉 芳正(ともすぎ・よしまさ)
慶應義塾大学大学院商学研究科博士課程修了,商学博士。
現在:早稲田大学大学院会計研究科教授。
『内部監査の論理』(中央経済社)など。

田中 弘(たなか・ひろし)
早稲田大学大学院商学研究科博士課程修了,商学博士。
現在:神奈川大学経済学部教授。
『不思議の国の会計学』(税務経理協会)など。

佐藤 倫正(さとう・みちまさ)
一橋大学大学院商学研究科博士課程修了,博士(商学)。
現在:名古屋大学大学院経済学研究科教授。
『資金会計論』(白桃書房)など。

編著者との契約により検印省略

平成20年10月30日　初版発行

財務情報の信頼性
― 会計と監査の挑戦 ―

編著者	友杉　芳正 田中　　弘 佐藤　倫正
発行者	大坪　嘉春
印刷所	税経印刷株式会社
製本所	株式会社　三森製本所

発行所　東京都新宿区下落合2丁目5番13号　株式会社 **税務経理協会**
郵便番号 161-0033　振替 00190-2-187408　電話(03)3953-3301(編集部)
　　　　FAX(03)3565-3391　　　　　　　(03)3953-3325(営業部)
URL http://www.zeikei.co.jp/
乱丁・落丁の場合はお取替えいたします。

© 友杉芳正・田中　弘・佐藤倫正　2008　　　　Printed in Japan

本書を無断で複写複製(コピー)することは,著作権法上の例外を除き,禁じられています。本書をコピーされる場合は,事前に日本複写権センター(JRRC)の許諾を受けてください。
JRRC(http://www.jrrc.or.jp　eメール:info@jrrc.or.jp　電話:03-3401-2382)

ISBN978-4-419-05167-9　C1063